Le Monde *diplomatique*

Vol. 191   Août · 2024

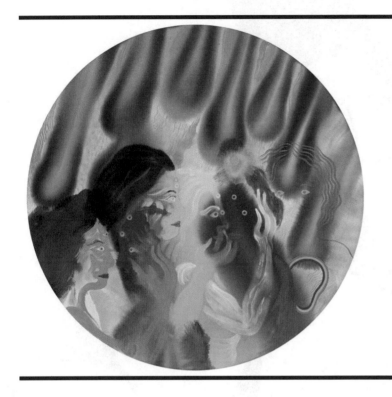

Article de couverture

극우 정당을 키운 것은 '약자를 배제한' 세계화였다!

글 · 브누아 브레빌 외

극우 세력이 정치 무대에서 두각을 나타낸 이후 역대 프랑스 정부는 극우 세력의 부상을 비난했지만 사실상 그 원인을 제공한 것은 역대 정부였다. 마크롱의 변덕은 그 오랜 위선의 주기가 끝났다는 것을 의미한다.

7면 계속▶

Editorial

유럽 선거

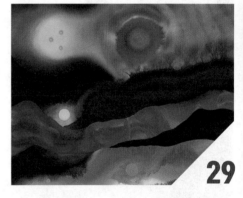

29

Focus

Guerre

34

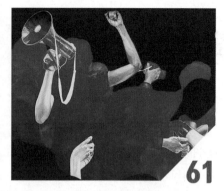

86

96

아, 공화주의여! 정치를 바꾸는 청년들의 저항

성일권 | 〈르몽드 디플로마티크〉 한국어판 발행인

"청년들이여! 언제나 정의와 함께 있으라. 그 대들의 내면에서 정의의 관념이 희미해지는 날, 그대들은 파멸하리라."

"아직 이해관계나 인간관계가 뒤얽힌 이전투구에 휩싸이지 않은 그대들, 아직 어떤 비열한 사건에도 연루되지 않은 그대들, 순수와 선의로 목청껏 외칠 수 있는 그대들이 아니라면, 도대체 누가 정의의 완성을 위해 일어날 것인가?"

최근 영국과 프랑스에서 치러진 총선의 결과에서 문득 에밀 졸라가 1898년 1월 18일에 쓴 「나는 고발한다(J'accuse)」의 몇몇 대목이 떠오른 것은 극우적인 보수 반동의 기류를 강력 저지한 젊은 세대에게서 졸라가 간절히 바란 청년상(像)을 보았기 때문이다. 프랑스 청년들은 최근 전국 곳곳에서 최루탄 가스 속에 "파시스트를 반대한다"면서 반(反)극우 시위를 벌였고, 영국 청년들은 보수당 정권의 무조건적인 이스라엘 지원과 미국 지지에 분노감을 표출했다.

아무런 근거 없이 권력과 언론이 유대인 드레퓌스를 모함하고 간첩죄 누명을 씌울 때, 졸라는 '나는 고발한다'라는 글을 통해 재심의 필요성을 주장하며 당시의 극단적인 극우 세태를 비난했다. 보수세력과 이들의 지원을 받은 일부 청년들은 졸라의 글이 실린 신문을 길거리에서 불태우고, 초상을 목매달았으며 "졸라를 죽여라", "유대인을 죽여라!" 따위의 구호를 외치면서 유대인 상점을 약탈하거나 유대인에게 테러를 가했다.

하지만 졸라는 '청년들에게 고함'이라는 장문의 글을 통해 청년들에게 정의로움을 잊지 말아달라고 당당히 호소했다. 청년세대가 당연하게 누리는 권리와 자유는 윗세대가 피 흘린 투쟁의 대가로 이루어진 성과들이라는 사실을 절대로 잊지 말아 달라는 졸라의 발언은 점차 청년들을 움직였다.

사실, 졸라의 말처럼 지금 우리가 누리는 자유와 민주주의는 그냥 하늘에서 떨어지지 않았다. 졸라의 조국인 프랑스에서는 1789년 전제군주의 상징인 바스티유 감옥의 습격으로 시작한 대혁명이 전제군주제를 무너뜨리고 지금의 공화국을 탄생시키기까지 수많은 혁명가와 민중들이 피와 눈물을 뿌려야 했고, 같은 시기 의회민주주의를 가져온 영국의 청교도혁명 역시 많은 이들의 희생을 요구했다.

우리나라에서도 봉건제의 악습에 반대하고 인간해방을 주장한 동학혁명을 비롯해, 3·1 독립운동, 4·19 혁명, 5·18 광주민주화운동, 6·10 민주항쟁, 가까이는 촛불혁명 등 수많은 혁명적 거사에서 운동가들과 민중들의 저항과 희생 때문에 그나마 우리 사회는 가까스로 지금의 민주공화국을 만들어 낼 수 있었다(오해 마시라! 우리의 '공화국'은 북한의 전체주의적 인민공화국과 구별하기 위해, 민주공화국이라고 명명한다).

미국식 신자유주의가 지구촌을 강타하면서, 민중들이 숱한 피를 흘리며 발전시킨 각국의 공화주의는 자본과 권력이 강고하게 결합한 보수적 과두제로 인해 하나둘씩 파탄에 이르고 있다.

공화주의는 원래 주권이 인민에게 있고, 인민이 선출한 대표자가 인민의 인권과 이익을 위해 국정을 행하며, 국가원수가 국민의 선거에 의해 선출되고 일정한 임기로 교체되는 정치 체제를 말한다. 영국은 아직 군주제이지만, 왕은 어디까지나 상징적인 존재일 뿐이어서 실제적으로는 인민의 인권과 이익을 중시하는 공화주의 체제에 가깝다.

자본과 권력의 지배를 받는 보수적 과두제는 극단의 증오 정치를 낳는다. 보수적 과두제는 극소수의 기득권을 지키기 위해 가진 자에게 유리한 세제개편, 약자와 이민자를 조롱하는 반사회정책을 일삼으며 계층 간 대립과

갈등을 부추긴다. 보수세력의 기득권화는 극단의 증오 정치를 가져온다. 미국과 유럽, 우리의 현실이 그러하다.

다행스러운 것은 극단의 증오 정치로 얼룩진 유럽 정치를 청년들이 저지하고 나섰다는 점이다. 특히 노골적인 인종 정책으로 유럽의회에서 돌풍을 일으킨 프랑스 국민연합(RN)의 위세가 젊은이들이 연대한 특유의 '공화주의 전선'에 힘입어 어김없이 꺾였다. '공화주의 전선'이란 극우 세력의 집권 저지라는 목표 아래 이념을 초월해 정치 세력이 하나로 연대하는 현상을 말한다. 한때 나치 치하의 치욕적인 역사를 경험한 프랑스에게 '공화주의 전선'은 프랑스만의 독특한 연대의식을 일깨웠다. 청년들이 곳곳에서 극우 세력의 급부상에 위기감을 느껴 힘을 합쳤다.

임기가 3년이나 남은 마크롱 대통령이 프랑스 의회를 해산하고 조기 총선이라는 극약처방을 선택한 이유는 유럽연합(EU) 의회 선거에서 돌풍을 일으킨 극우 세력인 국민연합에 대한 위기의식 때문이었다. 극우파 마린 르펜의 국민연합은 프랑스에 할당된 81석의 유럽의회 의석 중 30석을 가져갔다. 반면 마크롱 대통령의 르네상스(RE)는 겨우 13석을 얻었다. 모두가 충격을 받았다. 이대로 가다간 차기 2027년 프랑스 대선을 극우정당에게 고스란히 갖다 바치는 오욕의 인물로 낙인될 판이었다.

마크롱의 위험천만한 결단은 2024 파리올림픽을 2주가량 앞두고 치러진 탓에 '자살골 아니냐'는 비아냥과 조소가 쏟아졌다. 그러나 그의 결단은 절반의 성공을 거두었다. 지지율 1위를 달리던 극우 국민연합은 3위로 내려앉았고 대신 2위에 그쳤던 장뤼크 멜랑숑의 좌파연합 신민중전선(NFP)이 깜짝 1위에 올라섰다. 위기의 범여권은 2위로 기사회생했다. 마크롱은 '폭망'할 것이라는 예상을 깨고 '반쪽짜리 승리'를 거뒀다.

극적 반전의 배경엔 '공화주의 전선'이 있었다. 마크롱은 일찍이 이걸 계산해뒀다면, 22년 전의 공화국 전선을 염두에 뒀을 것이다. 2002년 대선에서 연임에 도전한 자크 시라크 대통령이 마린 르펜 현 국민연합 대표의 부친이자 원조 극우의 상징인 장마리 르펜 후보를 상대로 싸운 결선에서도 합리적인 좌우 세력이 연대한 공화국

전선이 위력을 발휘했다.

또 2017년 마크롱 대통령과 마린 르펜 후보가 결선에서 맞붙었을 때, 2022년 대선에서 두 사람이 재대결을 펼쳤을 때도 마찬가지였다. 좌파 진영에서 마크롱 대통령이 너무 얄밉지만, 밉더래도 극우 세력에게는 표를 주지 않겠다는 심리가 작동한 탓이다.

영국 총선에서 제1야당인 노동당이 14년 만에 압도적인 승리를 거두며 정권을 되찾은 것도 청년들의 적극적인 정치참여에 힘입은 바 크다. 2020년 보수당의 극우적인 브렉시트(영국의 유럽연합 탈퇴) 이후 침체된 경제 상황에서 영국 청년들은 에라스무스 제도를 통한 유럽 대학 교환학생 불가, 유럽 국가 인턴 및 취업 기회 박탈 등 과거 자신들의 정치적 무관심이 빚은 현실의 암담함에 분노해왔다. 하원 650석 가운데, 노동당이 412석을 차지해 과반을 훨씬 넘긴 반면, 집권 보수당이 121석으로 기존 의석보다 250석을 잃고 참패한 것은 영국 청년들의 정치참여가 절대적이었음을 알 수 있다.

새로 출범한 영국 노동당 정부는 유럽연합 탈퇴 이후 처음으로 EU 회원국과 양자 정상회담에 나서는 등 보수당 집권 14년 동안 파행으로 치달은 대외관계의 정상화에 나서고 있다. 영국 노동당 정부는 최근 의회 공식 개원식에서 사회기반시설과 주택 건설을 늘려 침체한 영국 경제에 활력을 불어넣겠다는 계획을 공개했다.

찰스 3세 영국 국왕은 웨스트민스터궁(국회의사당)에서 킹스 스피치(국왕 연설)를 통해 "노동당 정부는 지속적 경제 성장을 추진하고 주택 부족, 에너지 등 문제 해결에 집중하는 서비스 중심의 정부가 될 것"이라고 말했다. 찰스 3세의 연설을 통해 발표된 노동당 정부의 40개 주요 법률 제정 계획을 보면, 사회기반시설 확충을 통한 성장 정책 외에 노동자의 권리 부문 강화 등 사회 정책 강화가 주요 골자다.

특히 최소 노동시간을 설정하지 않아 노동 착취적이라는 비판을 받은 '제로아워 계약' 폐지, 취업 첫날부터 출산휴가와 유급 병가 허용, 사용자에게 유리한 근로계약을 위한 '해고 후 재고용' 금지, 노조 활동에서 불필요한 제약 철폐 등이 추진된다. 그러나 신자유주의 전도

사 격인 〈파이낸셜 타임스〉 같은 경제신문은 영국의 낮은 경제성장률과 생산성, 주요 7개국(G7) 중 최저 수준인 투자, 높은 공공부채 등의 상황을 들어 노동당의 비전에 벌써부터 회의적인 반응을 보이지만, 지지층은 새 정부의 '국가의 복원'에 압도적인 응원을 보내고 있다.

유럽 정치의 흐름을 주도하는 프랑스와 영국에 좌파의 바람이 동시에 거세게 분 것은 1997년 영국 토니 블레어 정부와 프랑스 리오넬 조스팽 정부의 등장 이후 처음이다. 두 나라를 휩쓴 좌파 바람이 앞으로 치러질 각국의 총선에서 '우경화한 극보수 정권들'을 교체시키는 태풍으로 작용할지는 두고 볼 일이지만, 극단화한 정치권력에 경종을 울릴 것으로 보인다.

극단화한 정치권력의 증오 정치는 지구촌 곳곳에서 기승을 부린다. 미국에서 발생한 트럼프 공화당 대선후보를 겨냥한 암살 시도 총격 사건은 증오 정치가 불러온 비극이다. 용케 총알의 관통을 피한 트럼프 전 대통령은 피범벅인 채로 주먹을 불끈 쥐고 "싸워라, 싸워라, 싸워라"를 외치며, 삶과 죽음의 문턱에서조차 자신의 정치적 목적을 위해 증오를 부추겼다.

일국의 지도자로서 무모한 짓이지만, 지구촌에는 증오를 자신의 정치적 무기로 삼는 극우 정치 지도자들이 득세한다. 3년 가까이 소모적인 전쟁으로 수많은 자국민을 사지에 내몬 러시아의 푸틴 대통령과 우크라이나의 젤렌스키 대통령, 1년 가까이 테러 행위와 '제노사이드'를 자행하는 하마스 세력과 이스라엘 네타냐후 대통령, 명분 없는 이 두 전쟁을 적극 지지하는 바이든 미국 대통령과, 그를 따르는 미국의 '동맹' 지도자들은 "더 이상 전쟁은 안된다"는 자국민의 간절한 외침에 귀를 닫는다. 선거가 치러지지만, 극우 정치 지도자들은 좀체 자리에서 내려오려 하지 않는다.

지하의 에밀 졸라를 되살려 125년 만에 「나는 고발한다」를 다시 쓰게 한다면, 다음 문장을 빨간 고딕체로 강조하며 '지구촌 공화주의'를 지켜내려 하지 않을까 싶다. 더욱이 한평생 사리사욕을 채우는 데만 몰두해온 자들이 권력의 단맛에 더 취하고자, 평생을 다 바쳐 공화주의를 지키기 위해 독재와 싸운 사람들을 청산되어야 할

'구악'이나 '좌빨'로 매도하는 우리 현실에서는 가슴 깊이 새겨둘 만한 경구다.

"청년들이여! 언제나 정의와 함께 있으라. 순수와 선의로 목청껏 외칠 수 있는 그대들이 아니라면, 도대체 누가 정의의 완성을 위해 일어날 것인가?" <small>LD</small>

크리티크M 9호
『불온한 자들의 예술』
권 당 정가 16,500원

글·성일권
〈르몽드 디플로마티크〉 한국어판 발행인

극우 정당을 키운 것은 '약자를 배제한' 세계화였다!

유럽 선거에서 돌풍을 일으킨 극우 정당 국민연합(RN)이 급히 치러진 6월 30일 프랑스 총선 1차 투표에서 1위를 기록해 유럽연합과 세계를 놀라게 했으나, 7월 7일 결선투표에서 중도우파와 좌파가 함께 협력한 '공화주의 아치'에 가로막혀 3위에 머물렀다.

하지만 RN(본래 당명은 국민전선 FN이었으나 2018년 국민연합으로 개명-역주)이 창당 50여 년만에 이제 무시할 수 없는 정치세력으로 성장한 것은 프랑스 사회가 직면한 어두운 현실의 단면을 역설적으로 보여준다.

RN이 이념적 우선순위에 두는 형법 강화, 이민자 및 '생활보호대상자'에 대한 투쟁 등은 이미 에마뉘엘 마크롱 대통령의 정책에 영감을 주고 있고, 훨씬 오래전부터 집권당의 양보와 타협으로부터 힘을 얻어 왔다.

브누아 브레빌 ▮〈르몽드 디플로마티크〉 프랑스어판 발행인
세르주 알리미 ▮〈르몽드 디플로마티크〉 프랑스어판 편집고문
피에르 랭베르 ▮〈르몽드 디플로마티크〉 프랑스어판 기자

극우정당 국민연합(RN)이 태풍의 눈으로 소용돌이친 것은 해체된 정치 질서의 단면을 그대로 보여준다. 어쩌다 여기까지 왔을까? 6월 9일 유럽의회 선거에서 조르당 바르델라가 당수로 있는 국민연합(RN)이 에마뉘엘 마크롱 대통령이 속한 집권당 '르네상스'에 두 배 차이로 압승을 거두자 마크롱 대통령은 의회 해산을 결정했다. 의회 해산은 은행을 운영하듯 국가를 운영하려고 했던 극단적 중도파의 쓰라린 실패를 상징할 뿐만 아니라, 권력의 문이 열리기도 전에 극우파에 대항하는 방패 역할을 자처했던 충동적이고 오만한 마크롱의 실패를 의미했다. 그는 2017년 3월 20일 라 플렌 생드니에서 "우리가 이기면 그들은 다음날 무너질 것이다. 의심의 여지가 없다"라고 말했다.

극우 세력이 정치 무대에서 두각을 나타낸 이후 역대 프랑스 정부는 극우 세력의 부상을 비난했지만 사실상 그 원인을 제공한 것은 역대 정부였다. 마크롱의 변덕은 그 오랜 위선의 주기가 끝났다는 것을 의미한다. 1983년 지방 선거에서 국민전선(FN)이 처음으로 성공을 거둔 것은 집권당이었던 사회당이 강령에 명시된 '자본주의와의 단절' 정책을 포기하고 유럽공동체의 재정적·정치적 제약을 따르기로 한 시기와 일치한다.

당시 두 사건이 서로 연관은 없었지만, 좌파와 우파 정당 모두 때때로 '행복한' 것으로 표현하던 세계화 규칙에 복종함으로써 1981년 총선에서 10만 표를 얻었던 국민전선에 비옥한 토양을 제공하게 됐다. 지도층이 점점 더 많은 경제적·통화적·법적 주권을 초국가적 기관에 넘겨주면서 이전까지 자유주의와 사회주의의 대립이 지배적이었던 공론은 국가, 문화, 안보, 정체성, 심지어 문명적 갈등으로 재구성됐다.

과거 비시정권과 프랑스 식민지 알제리를 지지했던 사람들이 1972년 설립한 군소 정당에 불과했던 국민전선은 탈산업화와 대량 실업으로 인한 사회적 혼란 속에서 세력을 키웠다. 국민전선은 세계화의 관리자가 된 자유주의나 사회주의 과두정권에 대한 분노를 위로는 역대 지도자와 그들의 지식인 동맹과 언론 동맹에, 아래로는 가장 취약한 계층에 대한 불안한 분노로 전환했다. 가

장 취약한 계층은 첫 번째 대규모 실업이 일어난 기간 동안 '우리의 일자리를 빼앗은' 아랍 노동자와 2001년 9월 11일 테러와 그 이후 2012년에서 2016년 사이에 있었던 프랑스 테러 공격 이후 '우리의 가치를 위협한' 무슬림들이었다.

극우의 성공은 (충분하지 않지만) 실업과 고용 불안, 삶의 혼란, 그리고 그로 인해 야기되는 미래의 불확실성에 달려있었다. 하지만 정치적 목적을 위해 의도적으로 이용된 결과이기도 하다. 지배 계층은 국민전선이, 그리고 이후에는 국민연합이 선거에서 이길 가능성이 없다고 생각했기 때문에 '파리아(사회에서 배척받는 사람)' 정당인 국민전선-국민연합과 이민 및 안보 관련 우선순위를 어느 정도 타협한 후 재선을 위해 이들과 반대되는 선거운동을 진행했다.(1)

6월 9일 이후 여기저기에서 들려오는 '극단주의 세력과의 싸움'이라는 주제는 마크롱 대통령의 표현처럼 오직 '중도적이고 진보적이고 민주적이고 공화주의적인 집단'만을 위한 중도 정당만이 영원히 국가를 통치할 권리가 있다는 옛 주장을 다시 떠올리게 한다.

국민전선 장마리 르펜, 레이건과 피노체트로부터 영향받아

의회 해산은 또한 정치적 그림자 연극이 끝났다는 사실을 암시한다. 1990년대 초부터 이 드라마는 연극 속 배우들이 수용한 논리를 따랐다. 첫 번째 논리는 민족주의의 부상(이 경우에는 국민전선의 부상)이 주로 세계화와 변동성, 세계화로 인한 두려움의 정치적 부산물이라는 점이다. 두 번째 논리는 그럼에도 불구하고 정치 지도자들이 세계화가 불가피하고 심지어 바람직하다고 생각한다면, 이제 민주주의에서는 매 투표마다 극우 세력의 집권을 막고 극우 세력을 '저지'하는 일을 우선순위에 놓고 따라야 한다는 점이다.

이미 수년 전부터 전통 정당들은 그들에게 유리하게 조정된 투표 시스템을 활용해 왔고 국민전선과 국민연합은 전통 정당들에게 이익을 제공해 왔다. 2022년까지 국민연합은 의회 의석수가 많지 않았고 오늘날에도 프랑스의 13개 레지옹 중에서 행정권을 장악한 곳은 한 곳도 없다. 결국 '공화주의 아치(극우 세력을 막기 위해 중도 및 좌파 정당들이 협력하는 연합-역주)'에 속하는 정당들은 번갈아가며 국민전선-국민연합에 대항했고, 국민전선-국민연합이 왜 성공을 거두는지에는 관심을 가지지 않은 채 그들을 이길 수 있다고 거의 확신했다.

공공연히 인종차별주의자인 국민전선과 국민연합 활동가와 간부들을 전면에 내세우는 것은 선거에서 점점 더 큰 비중을 차지하는 노동자 계층과 중산층 유권자들을 선거 경쟁에서 배제하기 위한 구실이 된다. 한편 노동자 계층과 중산층 유권자들은 기존의 주요 정당에 대한 불만을 표출하기 위해 국민전선과 국민연합을 선택하고 있다. 처음에는 국민전선에 투표했다가 이후 국민연합에 투표한 사람들은 잠시 엘리트들을 놀라게 했지만, 이후에는 기권표처럼 정치적으로 실질적인 영향을 미치지 못하는 상태로 되돌아갔다.

사회당 미테랑 대통령, 장마리 르펜의 뉴스 생방송 출연 도와줘

민주주의가 두려움에 사로잡히고 무차별적인 정치적 열정에 위협받으며 최근에는 가짜 뉴스와 외국의 간섭으로 인해 위협받는 상황에서 민주주의의 절차를 우회하려는 '공화주의적' 요구는 전문가들의 판단이 대중의 선택과 반대되더라도 정당하다고 말할 수 있게 만들었다.

극우 정당을 지지하는 투표 그 자체 이상으로 '포퓰리즘' 투표에 대한 경멸이 정치적 미덕으로 자리잡았다. 유럽연합과 무디스(신용평가기관), 맥킨지(컨설팅 회사)의 요구가 전통적으로 파리정치대학(Sciences Po)이나 국립행정학교(ENA), 에콜 폴리테크니크(École Polytechnique) 출신에게는 좀 더 자명하게 보였지만, 그에 반해 2005년 5월 29일 국민투표(유럽연합 헌법조약안에 대한 찬반 국민투표-역주)에서 반대표를 던진 54.8%의 사람들과 '노란 조끼' 시위자들, 의료진, 파업 노동자, 최근 연금 개혁에 반대하는 70%의 프랑스 국민

들에게는 그렇지 않았다.

수십 년 동안 우파와 좌파 정치인들은 여전히 신속하고 강하게 행동할 수 있다는 사실을 보여줬다. 과거 경쟁 세력이 유럽연합 규칙을 무시하자고 요구했을 때는 불가침이라고 응했지만 이제는 그 규칙을 배제할 수 있음을 보여줬다. 하지만 그것은 오로지 모든 것이 이전처럼 계속되도록 하기 위함이었다. 그래서 자유무역협정에 대한 협상이 새롭게 이루어지고 은행에 자금이 지원되고 팬데믹 동안 경제 지원이 이루어졌다.

서방 국가의 주요 경제·사회 방침은 모두 서로 맞물려 있기 때문에 프랑스도 예외가 아니다. 노동자와 사무직 직원, 경영진, 공공서비스 사이의 보편적인 경쟁 체제는 모든 곳에서 안정된 자와 불안정한 자, 경제활동을 하는 자와 실업자, 교통시설이 잘 마련되어 있는 대도시와 버려진 지역, 교육받은 계층과 그렇지 못한 계층 사이에서 국가적 대립을 불러 일으켰다.(2)

지역 엘리트들이 주도하는 국가 자본주의를 옹호하는 극우 세력도 다양한 형태로 커졌다. 하지만 국민전선의 세력이 확장된 데에는 몇 가지 특징이 있다. 공장과 우체국 폐쇄, 구매력 상실, 6월 9일 선거에서 극우 정당이 얻은 31.4%의 지지율 등으로 이어지는 우여곡절을 따라가려면, 40년 동안 기존 정치 엘리트들의 행동이 어땠는지 다시 살펴볼 필요가 있다. 그들은 극우 정당을 신이 내린 부기맨(유령과 비슷한 괴물로

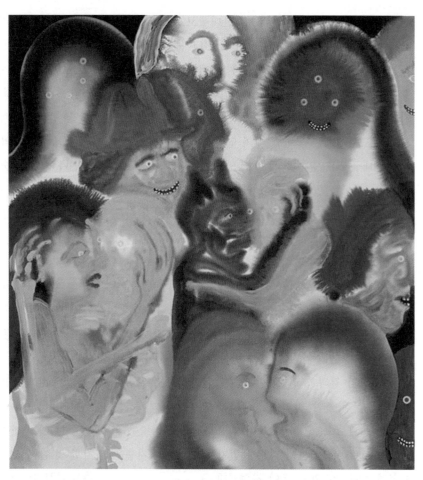

<검은 고양이와 함께 있는 카우보이>, 2020 - 애런 존슨

어떤 모양도 없다-역주)쯤으로 받아들였고, 정치적인 위협으로 간주하면서도 정계에서 영원히 배제할 수 있는 존재로 여기면서 자신들의 입지를 공고히 하고 그를 통해 지속적인 기쁨을 누렸다.

1988년 4월 24일, 대선 1차 투표에서 14.39%를 득표한 장마리 르펜은 텔레비전에 출연해서 "국가 재생의 큰 물결"이 "쇠퇴하고 뒤처지는 지지자들"을 끌어모을 것이라고 자축했다. 그는 2%포인트 차로 레이몽 바르 전 총리를 바짝 뒤쫓았고 공산당 소속 앙드레 라조니(6.76%)를 크게 앞질렀다. 1972년 창당 이래 국민

전선은 프랑스 혁명 반대, 극렬한 반공주의, 이민자 추방, 사형제 부활 등 전형적인 극우 강령을 옹호했다. 도덕적 질서도 빠뜨리지 않았다. 친가부장적 성향의 국민전선은 낙태의 자유와 성 소수자의 권리를 강력하게 반대했다.

국민전선,
1984년 유럽의회 선거에서
첫 승리 거둬

경제적 측면에서는 발레리 지스카르 데스탱의 재무부 장관 (1959~1966, 1969~1974) 재임 시

절 마르크스주의와 혼합 경제에 반대했고, 지스카르 데스탱이 대통령에 당선된 후(1974~1981)에는 그가 지향하는 경제적 자유주의를 반대했다. 르펜은 국가 경제(보호주의)와 복지국가의 해체, 세금 인하, 사회보장제도 폐지, 세대 간 분배 연금제도(현재 일하는 세대가 납부한 기여금으로 현재 은퇴한 세대의 연금을 지급하는 방식-역주), 대규모 민영화를 지지했다. 그가 함께 사진을 찍으려고 큰 공을 들인 로널드 레이건 미국 대통령, 또한 그가 "조국을 구했다"고 지지를 표한 칠레 독재자 아우구스토 피노체트에게서 영감을 받은 강령이었다.

국민전선이 전국적으로 거둔 첫 번째 승리는 1984년 유럽의회 선거로 거슬러 올라간다(득표율 11%를 기록함). 장마리 르펜은 소규모 사업자와 기술이나 상업 교육을 받은 관리자, 가톨릭 신자이자 프랑스 식민지 알제리에 대한 향수를 가지고 있는 반동적 부르주아층 사이에서 최고의 결과를 얻었다. 4년 후 탈산업화로 위협받는 장인, 상점 주인, 사업주 중에서 국민전선을 지지하는 비율이 증가했고(27%), 노동자 비율도 높아졌다(19%). 이처럼 서로 이해관계가 다른 유권자들이 함께 지지층을 형성하는 현상이 20년 동안 지속됐다.

당시 정당의 강령보다는 정치적 상황이 더 중요한 역할을 했다. 프랑수아 미테랑이 대통령에 당선된 후 이민 노동자와 그 자녀를 둘러싼 사회적 문제는 공공질서와

민족-종교적 분리 문제로 재구성됐다. 1982~1984년 수천 명의 노동자가 정리해고된 자동차 공장 분쟁이 일어났고, 보수 언론에서는 이민자들에 대한 혐오 감정을 부추겼다. 사회당 소속 피에르 모루아 총리는 1983년 1월 "종교 및 정치 단체에 의해 선동된 (...) 이민 노동자들"이라고 언급하면서 외국인 혐오 분위기를 더 자극했다. 주로 이민자 출신의 숙련 노동자들에게 영향을 미친 대량 실업, 좌파 정부의 동요, 혼란과 범죄에 대한 우익의 과잉 경쟁, 이민과 불안정을 향한 높은 미디어의 관심 등으로 국민전선은 선거에서 큰 성공을 거두었다. 1983년 3월, 국민전선은 '이민, 불안, 실업, 세금, 지긋지긋함'을 내세워 파리 20구에서 11.26%의 득표율을 얻었다! 그해 가을 드뢰 지방선거에서 국민전선은 16.72%를 득표했다. 온건파 지식인 레이몽 아롱은 "파시즘 스타일을 띠는 유일한 인터내셔널은 갈색이 아니라 붉은색이다"라고 말했다(그의 말은 웬만하면 틀린 적이 없었다). 아롱은 "(장마리) 르펜의 동료 네 명"이 드뢰 시의회석에 앉아 있다는 사실은 "내각에 공산주의자 네 명을 받아들이는 것보다 덜 심각한 것 같다"고 말했다. 사회당 좌파는 사회적인 측면보다는 문화적인 측면에서 극우 세력의 진전에 대응했다.

언론은 '마그레브 젊은이들의 문화'를 찬양하고, 사회당은 이미 많은 간부가 가입한 SOS 인종주의(SOS Racisme: 반인종차별단체-역주)를 후원했다.

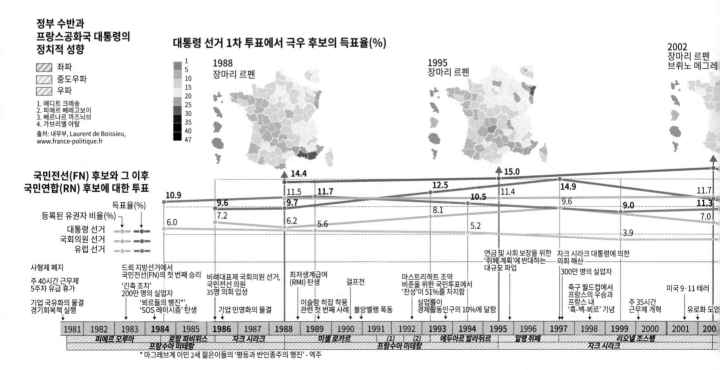

정부 수반과 프랑스공화국 대통령의 정치적 성향

- ⬚ 좌파
- ⬚ 중도우파
- ⬚ 우파

1. 에디트 크레송
2. 피에르 베레고부아
3. 베르나르 카즈뇌브
4. 가브리엘 아탈

출처: 내무부, Laurent de Boissieu, www.france-politique.fr

대통령 선거 1차 투표에서 극우 후보의 득표율(%)

범례: 1, 5, 10, 15, 20, 25, 30, 35, 40, 47

1988 장마리 르펜

1995 장마리 르펜

2002 장마리 르펜 브뤼노 메그레

국민전선(FN) 후보와 그 이후 국민연합(RN) 후보에 대한 투표

득표율(%)
등록된 유권자 비율(%)
- 대통령 선거
- 국회의원 선거
- 유럽 선거

연도	수치
(대통령)	10.9 ... 14.4 ... 15.0 ...
	9.6 ... 11.5 / 11.7 ... 12.5 / 14.9 ... 11.7
	9.7 ... 10.5 / 11.4 ... 9.6 / 9.0 ... 11.3
(등록 유권자)	6.0 ... 7.2 ... 6.2 / 5.6 ... 8.1 / 5.2 ... 3.9 ... 7.0

사형제 폐지
주 40시간 근무제
5주차 유급 휴가
기업 국유화의 물결
경기회복책 실행

드뢰 지방선거에서 국민전선(FN)의 첫 번째 승리
'긴축 조치'
200만 명의 실업자
'뵈르들의 행진*'
'SOS 레이시즘' 탄생

비례대표제 국회의원 선거, 국민전선 의원 35명 의회 입성
기업 민영화의 물결

최저생계급여 (RMI) 탄생
이슬람 히잡 착용 관련 첫 번째 사례
걸프전
불당벨랭 폭동

마스트리히트 조약 비준을 위한 국민투표에서 '찬성'이 51%를 차지함
실업률이 경제활동인구의 10%에 달함

연금 및 사회 보장을 위한 '쥐페 계획'에 반대하는 대규모 파업
자크 시라크 대통령에 의한 의회 해산

300만 명의 실업자
축구 월드컵에서 프랑스의 우승과 프랑스 내 '흑·백·뵈르' 기념
주 35시간 근무제 개혁

미국 9·11 테러
유로화 도입

| 1981 | 1982 | 1983 | 1984 | 1985 | 1986 | 1987 | 1988 | 1989 | 1990 | 1991 | 1992 | 1993 | 1994 | 1995 | 1996 | 1997 | 1998 | 1999 | 2000 | 2001 | 200 |

피에르 모루아 | 로랑 파비위스 | 자크 시라크 | 미셸 로카르 | (1) (2) | 에두아르 발라뒤르 | 알랭 쥐페 | 리오넬 조스팽

프랑수아 미테랑 | 프랑수아 미테랑 | 자크 시라크

*마그레브계 이민 2세 젊은이들의 '평등과 반인종주의 행진' - 역주

그중 한 명인 할렘 데지르는 프랑수아 올랑드 대통령 5년 임기 초기에 사회당을 이끌다가 유럽 담당 차관이 되기도 했다.

국민전선은 사회당에 있어서 없어서는 안 될 존재라는 사실을 증명했다. 사회당은 1983~1984년 자유주의적 대전환으로 망연자실한 활동가들을 재결집시키고 적들 사이에 불화를 뿌리기 위해 국민전선을 이용했다. 1984년 6월 피에르 베레고보이 사회부 장관은 "국민전선을 부추기는 것이 우리에게 유리하다. 국민전선이 우파를 당선 불가능하게 만든다. 국민전선이 강해지면 강해질수록 우리는 무적이 될 것이다"라고 설명했다.

이는 사회당에게 역사적인 기회였다. 미테랑 대통령은 1986년 총선에서 국민전선의 성장을 예상하고 비례대표제를 실시하게 했고, 그 결과 국민전선 소속 의원 35명이 의회에 입성하게 됐다. 사회당은 국민전선의 부상을 부추겨서 우파 의원들이 선거에서 성공을 거두지 못하도록 방해하려고 했고 이민자에게 지방 선거에서 투표권을 주겠다며 주기적으로 선동했지만 막상 입법은 하지 않았다.

장마리 르펜의 첫 번째 미디어 출연 기회는 미테랑 대통령 덕분이었다. 미테랑 대통령은 미디어 노출이 부족하다며 불만을 표시한 르펜의 편지를 받고 1982년 6월에 직접 개입하여 텔레비전 뉴스에 생방송 출연 기회를 만들어줬고, 1984년 2월에는 정치적 도약의 발판이 될 수 있는 '진실의 시간(L'Heure de vérité)' 프로그램에 출연하게 도와주었다. 당시 사회당 소속이었던 미테랑 대통령은 장마리 르펜을 그저 무해한 '주목할 만한 인물' 정도로만 여겼다. 그는 2022년 자신의 텃밭인 니에브르에서 장마리 르펜의 딸인 마린 르펜이 승리할 것이라고는 상상도 못했을 것이다.

장마리 르펜, 유럽연합체제에 반대 제기

그동안 국민전선은 트레이드 마크로 남을 두 가지 행보를 취했다. 첫째, 미디어의 변화를 활용하여 시사 이슈를 자신들의 주장을 입증하는 근거로 제시했다. 샤를 파스카와 로베르 팡드로의 엄격한 감독 아래 이루어진 우파 안보 의제의 급진화(1986~1988년)부터 1990년 10월 '교외의 투석전'으로 텔레비전에서 생중계된 볼앙벨랭 폭동, 크레이에서 벌어진 최초의 이슬람 히잡 사건과 1년 전 아야톨라 루홀라 호메이니가 작가 살만 루시디를 상대로 발표한 파트와(이슬람 교리와 법을 바탕으로 한 이슬람 판결-역주)까지 미디어와 정치적 상황은 아랍 출신과 이슬람 종교에 대한 충성도보다 프랑스

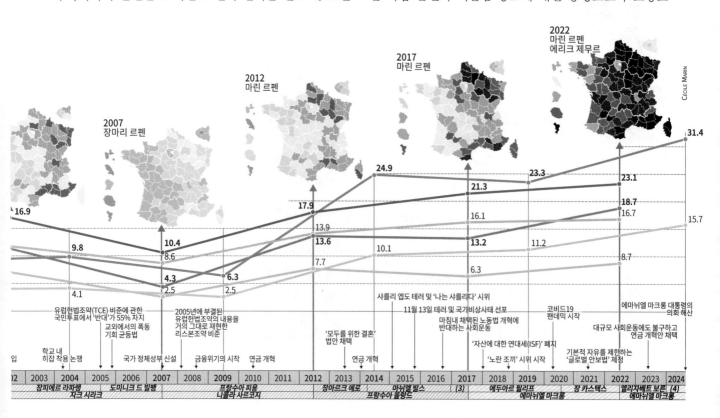

에 대한 충성도가 더 낮은 이민자 2세에 대한 불안을 부추겼다. 두 번째로 국민전선은 국수주의적 교조주의를 전술적 유연성으로 보완했다. 우파와 사회당이 찬성했던 단일시장의 시행(1986~1993년)과 냉전의 종식은 장마리 르펜의 행보에 급격한 변화를 몰고 왔다.

그는 1980년대 중반까지만 해도 소련의 '위협'에 대항하기 위해 하나의 통화와 유럽 공동 방어를 찬성했지만 이후 '세계주의적이고 제3세계주의적인 유럽', 유럽연합의 '연방주의자', 마스트리흐트 조약(장마리 르펜은 이 조약에 반대했다)의 배후에 있는 '무국적 은행가'를 비난하는 쪽으로 방향을 선회했다.(3) 그리고 공동농업정책(CAP), 자유무역협정, 2005년 유럽헌법조약, 그리고 2년 후 리스본조약도 반대했다.

이를 바탕으로 1992년 국민전선의 경제 강령에 변화가 일었다. 이제 국민전선은 '자유방임적 자유주의'와 '일반화되고 규제가 완화된 글로벌 자유무역을 추구하는 주요 다국적 기업의 지원을 받는 새로운 세계 질서에 대한 개념'과의 투쟁에 중점을 뒀다. 마스트리흐트 조약에 대한 찬반을 묻는 국민투표를 두고 같은 의견을 가진 정치권과 언론은 만장일치를 예상했으나 결과는 찬성이 51%에 불과했고 유럽시장의 인기가 상대적으로 낮다는 사실이 드러나자 국민전선은 레이건의 초자유주의를 포기했다. 그리고 유럽연합으로부터 위협받는 '많은 공공서비스, 경찰서, 산부인과 병동, 병원서비스'의 수호자를 자처했다.

마린 르펜, 유로화 탈퇴 요구

사업가, 교육받은 계층, 언론 및 여당은 유럽통합 프로젝트에 강한 지지를 표명했으나 국민전선은 일반 대중 사이에서 인기가 시들해진 유럽연합 체제에 급진적인 비판을 제기하는 위치를 사실상 독점하게 됐다. 국민전선은 좌파와 달리 '사회적 유럽' 방향으로 개혁하자고 주장하지 않았다. 2009년 국민전선은 유럽에 관한 정책 성명서에서 다음과 같이 말했다. "유럽연합은 전체주의 체제가 됐으며 경제적으로, 사회적으로 정말 재앙이라 할 수 있다. 경기 침체, 해외 이전, 국민들의 경멸, 유로화 도입 이후 물가 폭등, 농업과

공공서비스의 소멸, 대규모 이민, 국가 정체성의 파괴가 나타났다." 마린 르펜은 유로화 탈퇴를 요구하면서 위와 같은 입장을 이어갔고 2018년까지 고수했다.

여러 요인이 주기적으로 극우 세력의 부상을 저지했다. 첫째, 내부 분열이나 위기가 있었다. 1998~1999년 장마리 르펜과 브뤼노 메그레 간 분열로 국민전선에서 많은 핵심 인물이 이탈했고 그 결과 2002년 대선에서 참담한 성적을 거두었다. 국민전선은 2차 결선투표까지 진출했지만 득표율이 18%에도 미치지 못했고 1차 투표 때와 거의 비슷하게 저조한 성적을 기록했다.

당시 국민전선이 직면한 '유리 천장 지수'는 아주 낮고 깨는 것이 불가능할 정도로 견고해 보였다. 2005년 11~12월 폭동 이후 불안정과 이민, 국가 정체성에 중점을 둔 선거 캠페인 덕분에 당시 내무부 장관이었던 니콜라 사르코지 후보는 국민전선 유권자 일부를 흡수했고, 장마리 르펜의 대선 득표율을 10.4%에 머물게 하며 다섯 번째이자 마지막 대권 도전에서 승리했다.

모두가 보기에 위험은 지나간 것처럼 보였다. 하지만 국민전선의 부상을 저지하는 또 다른 요소가 등장했다. 좌파 활동가들이 신자유주의 개혁에 대한 항의를 주도하는 역할을 더 잘 수행한다는 점이었다. 그래서 사회운동이 증가하면 증가할수록 국민전선에게는 곤란한 상황이 초래됐다.

2015년 4월, 사르코지당 출신 에릭 시오티 의원은 "마린 르펜 후보의 경제 공약은 장 뤽 멜랑숑과 올리비에 브장스노(반자본주의당·NPA 당수)의 경제 공약과 아주 똑같다"고 주장했다.

물론 '아주 똑같'지는 않다. 극좌파와 극우 유권자들은 이슬람과 이민 문제에 관해서는 비슷한 입장이지만, 60세 은퇴와 부유세 폐지, 자본주의 시스템의 '근본적' 개혁, 더 나아가 '부자에게서 빼앗아 가난한 사람에게 주는 사회 정의'에 관해서는 이미 점점 더 의견이 갈리고 있었다.(4) 따라서 우파 정당 간의 연정은 불가능해 보였고, 실제로 마린 르펜은 연정을 원하지 않았다.

보수 정부와 사회주의 정부가 시행하는 신자유주의 정책에 반대하는 사회운동에서 국민전선-국민연합의 모습은 보이지 않았다. 물론 노조가 이들 극우 정당을 거부한 것도 있지만, 사회운동에서는 '프랑스인'과 이민자를 함께 아우르기 때문에 극우 세력의 정책적 무기인 '정체성 갈등' 이슈가 뒤로 밀려나게 되어 노조의 대의는 오히려 극우를 당혹스럽게 만들었다.

부분적인 승리라 할 수 있는 1995년 11~12월의 대규모 사회운동, 2010년 연금 개혁, 2014년 철도 노동자 파업, 2016년 노동법, 2018년 '노란 조끼' 운동, 이듬해의 새로운 연금 개혁 등에서도 국민전선-국민연합은 편치 않은 상황에 처했다. 국민전선-국민연합은 사회적 시위와 연대하면서도 유권자와 가까워야 하고, 동시에 경찰을 향해 폭력을 행사하는 시위대에 대해서는 '질서의 정당'이라는 이미지를 유지해야 했다.

이러한 모순적인 상황을 해결하기 위해 국민전선-국민연합은 자신들도 반대하는 사회적 신자유주의 정책이 일부 노동조합과 좌파 활동가들이 지지한 유럽조약에서 비롯된 결과며, 극우를 막기 위해 선출된 역대 정부(2002년, 2017년, 2022년)의 책임이라고 주장했다.

1992년부터 미테랑과 자크 시라크가 마스트리흐트 조약을 지지했고, 13년 후 사르코지와 올랑드가 유럽헌법조약을 지지했다는 사실을 내세웠다. 1981년부터 2017년까지 4명의 대통령(우파 2명, 좌파 2명)이 유럽 통합과 관련하여 동일한 선택을 했다는 사실은 유럽연합이 점점 더 많은 경제 및 사회 정책에 영향을 미쳤음을 보여준다고 했다. 국민전선-국민연합은 주요 우파 정당인 대중운동연합(UMP)과 좌파 정당인 사회당(PS)의 약자를 결합해서 'UMPS'라는 용어를 만들어냈다. 이 용어를 통해 우파와 좌파가 유럽의회에서 동일한 다수파를 구성하고 있으며, 둘 다 유사한 유럽통합 정책을 지지한다는 점을 강조하면서 현실을 크게 왜곡하지 않고도 자신들의 주장을 전달했다.

기성 정치권, '봉쇄 투표' 전략으로 국민전선-국민연합에 맞서

유럽조약을 동일하게 지지하고 유럽연합에서 동일

하게 다수파이며 주요 선거에서 극우에 대항하기 위해 '공화주의 전선'에서 동일하게 투쟁하는 등 프랑스의 주요 정당들의 모습을 보면 국민전선-국민연합이 주요 대안 세력으로 나타난 것도, 기존 정당들이 국민전선-국민연합을 막기 위해 연합하는 '봉쇄 투표'가 현상 유지를 위한 노력으로 보이는 것도 놀랍지 않다.

'봉쇄 투표' 전략은 1936년 인민전선(파시즘에 반대하는 광범위한 공동전선-역주)의 경우처럼 초기에는 파시즘적이고 정치적 결집을 넘어서는 활동을 하는 조직의 집권 경로를 차단하기 위한 것으로 이해됐지만, 시간이 지날수록 설득력을 잃었기 때문에 더욱 그렇다. 그리고 극우가 점점 일상화되고 있고 자신들의 주장을 완화하고 심지어 친유대주의를 표방하기 때문이기도 하고, 극우에 맞서기 위해 연합한 정당들이 극우 핵심 정책 요소를 계속 모방하기 때문이기도 하다.

2016년 11월 16일, 올랑드 대통령은 의회 회의에서 다음과 같이 선언했다.

"우리는 국가의 근본적 이익을 공격하거나 테러 행위로 유죄 판결을 받은 개인이 프랑스에서 태어났더라도, 확실히 말하지만, 프랑스인으로 태어났다고 하더라도 다른 국적의 혜택을 받는다면 프랑스 국적을 박탈해야 합니다."

마린 르펜은 사회당 소속 대통령이 프랑스 국민을 출신에 따라 구분한다는 사실에 즉각 환영의 뜻을 표하며 "국민전선은 프랑수아 올랑드 대통령에게 영감의 원천이 될 만큼 현실적이고 진지한 강령을 가지고 있다"고 말했다. 마크롱 대통령의 경우에는 극우파에게 크리스마스와 같다. 경찰 권력 강화, 시위 금지, 이민법, 반'분리주의'법, '야만으로의 회귀'나 '탈문명', '이민주의' 등의 극우적 용어 사용을 보면 알 수 있다. 이번에는 국민연합의 장필리프 탕귀 의원이 기쁨을 표했다.

"우리의 주장이 검증되면서 프랑스 국민들이 보기에 우리 당의 집권 가능성이 크고 바람직하다고 여겨지고 있습니다. 원본은 항상 나쁜 복제본, 심지어 (내무장관인 제라르) 다르마냉식의 극단적인 복제본보다 우위에 있습니다"라고 말했다. 다르마냉 장관은 마린 르펜에

게 이슬람주의에 대해 "너무 무르다"고 말한 바 있다.

2008년 금융위기, 극우 정당 세력 확대에 불붙여

2001년 9월 11일, 프랑스에서는 테러리즘과 급진 이슬람 문제가 주요 논쟁 주제로 자리잡게 됐다. 알카에다의 공격으로 국제적으로 불안정한 시대가 열리면서 이주민이 크게 증가했고 극우파는 이 점을 이용했다. 1980년 전 세계적으로 강제로 이주한 사람들은 840만 명이었다. 1990년에는 1,730만 명, 2001년에는 1,910만 명, 2013년에는 4,100만 명으로 증가했으며 2024년 4월 말에는 1억 2,000만 명에 달했다. 동시에 히잡과 부르카와 관련된 논쟁이 뉴스를 장악했는데, 특히 유대인 학교 테러와 샤를리 에브도 테러, 바타클랑 공연장 테러, 니스 테러, 사무엘 파티 피살사건 이후 논쟁은 더 거세졌다.

국민전선은 네덜란드에서 이탈리아까지 이슬람을 유럽 문명의 숙적이라고 표현하는 새로운 상황에 맞춰 담론을 조정했다. 24시간 뉴스 채널이 그와 같은 주장을 확산시키는 데 기여했다. 국민전선-국민연합은 (악마화하려면 어쩔 수 없는) 인종주의적 편견을 과도하게 내세우지 않고 오히려 '잃어버린 공화국 영토' 내에서 무슬림의 '분리주의'에 의해 위협받을지도 모르는 자유와 공생(양성평등, 게이 및 레즈비언 권리, 표현의 자유 및 풍자만화)을 수호한다는 명목으로 남반부로부터의 이민과 싸울 수 있게 됐다. 즉 위와 같은 이념과 샤를리 에브도 사건 이후 새로운 세속 종교로 자리 잡은 '공적인 영역에서의 종교의 철저한 분리원칙'이 융합되면서 극우파의 주장에 공화주의적인 정당성을 부여하는 분위기가 만들어졌다.

국민전선-국민연합의 이념적 영향력은 점점 커졌지만 그렇다고 실제 권력으로 이어지지는 않았다. 2008년 금융위기와 그로 인한 사회적 충격은 국민전선-국민연합의 영향력을 확장시키는 데 기여했다. 1980년대 석유 파동 이후 대도시의 대형 공장이 전멸했다면, 2008년 금융위기 이후에는 목재와 판지, 운송 장비, 농식품 및 의약품 부문 등 농촌과 소도시의 소규모 사업장들이 붕

괴했다.

수만 명의 노동자들은 일자리를 잃었고, 새로운 일자리를 찾기 위해 집에서 먼 곳까지 이동하느라 교통비 부담이 커졌다. 그전까지 해외 이전도 견뎌냈던 지방의 제조업 기반이 붕괴됐고 국가는 이를 방치했다. 세계화된 대도시는 빠르게 회복했지만 나머지 지역은 그렇지 못했고, 이로 인해 대도시와 지방 간의 격차가 점점 더 벌어졌다.

공정하지 못하다는 생각은 급속한 디지털화와 유럽연합에서 강요하고 프랑스 정부에서 옹호하는 긴축정책에 의해 악화됐고, 이는 국가에 대한 불신으로 이어졌다. 몇 년 사이에 대도시뿐만 아니라 특히 소도시와 촌락에서 학교와 기차역, 법원, 산부인과, 응급실, 세무서 등이 수백 개씩 문을 닫았다. 예를 들어 프랑스 북서부의 사르트 데파르트망에서는 2011년부터 2016년 사이에 우체국 절반이 문을 닫았다.

국가는 점차 이들 지역에서 철수하고 있었다. 국민전선은 이 같은 상황을 이용해서 빈곤층 간의 경쟁을 부추기는 전략을 손쉽게 펼칠 수 있었다. 국민전선은 자격이 있는 사람들이 공적자금의 혜택을 받는 것이 아니라 사회보장제도를 악용하는 외국인, 프랑스공화국의 법을 따르기를 거부하는 교외 지역이 혜택을 받는다고 주장했다.

2014년 말 역사학자 발레리 이구네는 이런 주장을 했다. "노동총연맹(CGT)의 티에리 르퐁 사무총장이 노조 연맹 회의에 참석했다. 그는 전단지 하나를 큰소리로 읽어 내려갔다. 보호주의가 필요하다, 전략적 국가가 유럽연합에 '헐값에 팔아치운' 주권을 되찾아 공공서비스를 방어해야 한다는 것이 주요 내용이었다. 그는 동료들의 전폭적인 지지를 받았다. '한 가지 문제가 있습니다', 그가 말했다. '이 전단지는 국민전선에서 작성한 것입니다. 이제 우리는 어떻게 해야 할까요?'"(5)

농촌 지역의 빈곤화가 국민연합 세력 확장의 촉매

세계화에서 배제되고 상류층으로부터 멸시받는 사람들을 옹호한다는 국민전선의 포지셔닝은 지리학자 크리스토프 길루이의 '주변부 프랑스'에 관한 논문과 여론 조사 전문가 제롬 푸르케의 분석에서 영감을 얻었는데, 정확한 현실 인식을 바탕으로 하고 있기 때문에 더욱 효과적이었다. 사실 도시 엘리트들은 농촌 지역을 휴가지 정도로 보기 때문에 시골 지역의 걱정에 대해서는 크게 신경쓰지 않았다.

하지만 환경 문제의 중요성이 커지면서 그 모습도 변했다. '지하철-직장-집'이라는 일상에 지친 도시 거주자와 달리, 오랫동안 이상적으로 여겨져 왔던 소규모 단독주택 소유 모델은 기후 위기의 시급함으로 인해 기피 모델로 변해버렸다. 미래는 자전거를 타고 다니고 유기농 채소를 먹고 짧은 유통 경로를 선호하는 등 가격이 비싸더라도 가치 있는 것을 도덕적 의무로 삼는, 친환경적인 시민의 몫이다. 긴축정책으로 여러 혜택이 대도시에 집중되면서 이 새로운 진보적 현대성은 그 외 지역의 많은 이들을 뒤떨어진 존재로 만들었다. 그들에게 남은 것이라고는 잘못된 투표를 하는 것밖에 없었다. 국민전선은 지난 20년 동안 남동부와 북동부 지역에 그 세력이 집중되어 있었지만 다른 시골 지역으로 눈을 돌려 기반을 넓힐 수 있었다.

마크롱 대통령이 보인 농촌 지역에 대한 무관심, '아무것도 아닌 사람들'에 대한 멸시, 연금과 실업 보험, 노동법, 유류세 등 주요 개혁은 대도시가 아닌 지역의 빈곤화에 대한 정치적, 대중적 반발을 불러일으켰다. 사회적 구성과 행동 방식 면에서 전례가 없는 '노란 조끼' 운동은 언론의 적대감, 일부 좌파의 불신, 정부의 탄압에 맞서야 했다. 그리고 결국 이 운동도 극우 세력에 장악당했다.

마린 르펜은 "저는 '당신들은 아무것도 아니다, 당신들은 아무것도 아닌 사람들이다'라는 말을 듣고 굴욕감을 느낀 프랑스를 대신해 여러분께 말씀드리러 왔습니다"라며 분노했다(〈유럽1〉, 2018년 11월 29일 방송). "이제 그만하면 됐습니다. 수년 동안 정치가들은 프랑스에서 생각할 수 있는 모든 소수자에게 우선권을 부여하고 심지어 배타적인 관심을 기울여 왔습니다. 이제는 우리 다수의 차례이고 우리는 배려와 존중을 받을 자격이 있습니다."

과연 극우파에 승리할 수 있는 전략은?

"우리"라고? 마린 르펜이 언급한 노동계급 유권자들은 종종 투표보다 기권을 선택했다. 그들 중 일부가 극우파에 표를 던진 이유는 노동자와 사무직 직원 및 소수의 중산층을 초토화시킨 세계화를 막기 위해서였다. 하지만 이는 질 수밖에 없는 도박이었다. 왜냐하면 마린 르펜의 정당은 안보와 이민에 대한 집착으로 우파와 중도세력을 오염시키면서 자신들이 원하는대로 유럽연합 문제를 비롯해 경제 문제의 (국수주의적인) '정상화'를 이루어나가기 때문이다.

이번 총선에서 소수당으로 밀려났지만, 추후 혹시라도 마린 르펜이 집권하게 되면, 2002년 4월 21일 그녀의 아버지 장마리 르펜이 말한 것처럼 "소시민, 말단, 배제된 자, 광부, 금속공, 여성 노동자, 남성 노동자, 쥐꼬리만한 연금 때문에 빈곤에 내몰린 농민"같은 지지층에게 (일부는 바랄 수도 있는) 외국인 혐오 정책이 시행될 가능성이 크다. 물론, 극우가 집권한다더라도 지금의 마크롱 정부가 망쳐 놓은 근본적인 문제를 해결하기에는 역부족일 것이다. 따라서 이번 선거에서 제1당으로 부상한 좌파연합이 우리가 직면한 근본적인 문제들에 진정으로 집중한다면, 새로운 기회를 맞이할 것이다. 길에는 장애물이 가득하겠지만 동시에 새로운 역사를 써나갈 기회가 주어지기 마련이다. ⓓ

크리티크M 8호
『날개를 단 웹툰적 상상력』
권 당 정가 16,500원

글·브누아 브레빌 Benoît Bréville
<르몽드 디플로마티크> 프랑스어판 발행인
세르주 알리미 Serge Halimi
<르몽드 디플로마티크> 프랑스어판 편집고문
피에르 랭베르 Pierre Rimbert
<르몽드 디플로마티크> 프랑스어판 기자

번역·이연주
번역위원

(1) 세르주 알리미, 「Le Front national verrouille l'ordre social 사회질서를 어지럽히는 국민전선」, <르몽드 디플로마티크> 프랑스어판, 2016년 1월호.
(2) 「Pourquoi la gauche perd 좌파는 왜 패배하는가」 기사 참조, <르몽드 디플로마티크> 프랑스어판·한국어판 2022년 1월호.
(3) Emmanuelle Reungoat, 「Le Front national et l'Union européenne 국민전선과 유럽연합」, dans Sylvain Crépon, Alexandre Dézé et Nonna Mayer, 『Les Faux-Semblants du Front national 국민전선의 가식』 (Presses de Science Po, Paris, 2015)에서 인용.
(4) <르피가로>, Paris, 2015년 4월 8일.
(5) Valérie Igounet, 「La conversion sociale du FN, mythe ou réalité ? 국민전선의 사회전환, 신화인가 현실인가?」, <프로제(Projet)>, n° 354, Paris, 2016년 10월.

LE MONDE diplomatique 「르몽드 에스파스」 개강!

인문학과 문화예술의 복합공간 「르몽드 에스파스」(Le Monde Espace)가 8월 문을 엽니다. 르몽드가 초빙한 정상급 아티스트들과 비평가들이 독보적인 지식과 안목, 열정이 가득한 강의로 달콤쌉쌀한 배움의 즐거움을 선사할 것입니다.

강좌명	강사	요일	기간	수강료
웹소설 쓰기: 입문에서 등단까지 노하우 (★)	이지우	월 19:00~21:30	4주	24만원
"샹송을 배울까요?" – '프랑스 유학파' 샹송 가수와 함께 샹송 부르기	강은영, 장경아	화 19:00~21:00	4주	18만원
			8주	35만원
노벨문학상 수상작 읽기 (9월 개강) (★)	안치용	수 18:00~20:00	6주	28만원
웹툰 그리기: 입문에서 작품 발표까지 (★)	하선영	목 19:00~21:30	4주	24만원
〈어린왕자〉 프랑스어로 읽어볼까요? (★)	이진홍	금 19:00~21:00	4주	18만원
유럽 포슬린(도자기) 페인팅: 이론 및 기법 (실습 有)	승지민 (+보조강사)	토 14:00~16:20	4주	24만원
로맨스, BL, SF, 영화 등 평론의 노하우 (★)	이지혜, 한유희	토 10:00~12:00	6주	24만원
와인을 공부하며 즐겨볼까요? – 유럽 와인, 유럽식으로 즐기기 (8월 10일)	권은중	토 16:30~19:30	원데이 클래스	9만원

장소 : 서울 마포구 양화로1길 83 석우빌 1층 르몽드코리아

＊〈유럽 포슬린 강의〉는 이론 수업 후 작가의 아틀리에에서 실기수업이 이뤄집니다.

＊〈노벨문학상 수상작 읽기〉는 9월에 개강하며 선착순 5명에 한하여 10만원 할인됩니다.

르몽드 구독자 10% 할인 / 2개 이상 신청시 10% 할인
수강생 전원 도서 증정! / 수료증 발급 가능

정원 선착순 12명, 5명 미만 신청시 폐강됩니다.
8월 15일 광복절 휴강 / ★: 온라인 Zoom 강의 병행

자세히 보기

수강 문의　www.ilemonde.com　|　02 777 2003

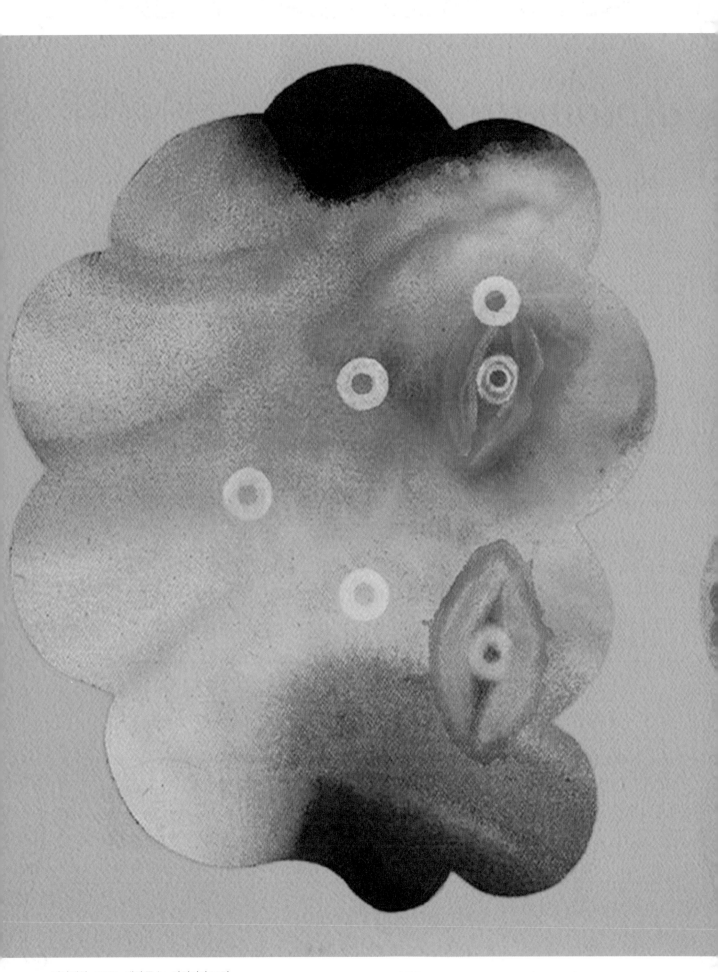

<기상대원>, 2020 - 애런 존슨 _ 관련기사 20면

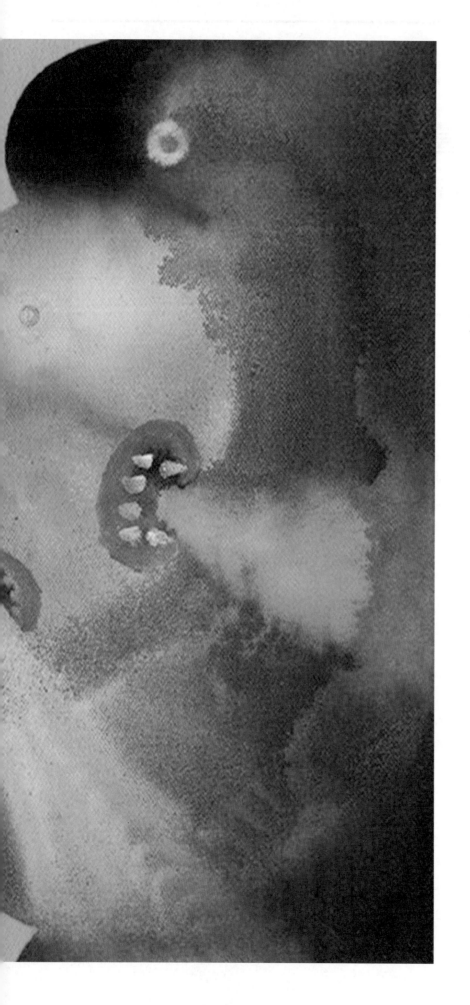

DOSSIER

유럽 선거

극우 엘리트,
"헌법재판소를 끌어들이면 못할 게 없다"

극우 국민연합(RN)에 임원급 간부의 부족과 재계의 불신은 걸림돌이 돼왔다. 재정, 통화, 유럽 문제 정상화는 지도층에 도그 휘슬(dog whistle, 특정 집단을 대상으로 그들만 알아들을 수 있게 메시지를 전달하는 커뮤니케이션 방법-역주)처럼 울린다. 지도층은 이 소리에 어떻게 반응하고 있을까?

프랑수아 드노르, 폴 라뇨-이모네 ▮사회학자

그리스·로마 신화는 고전 인문학에 일가견이 있다고 과시하고 싶어 하는 사람들에겐 무궁무진한 보고(寶庫)와 같다. 티투스 리비우스는 『로마사』에서 기원전 673~641년, 각각 로마와 알바를 대표하는 두 가문 호라티우스가와 큐라티우스가 사이에 벌어진 전투를 다루었다. 호라티우스 가문의 3형제에게는 무엇보다 고향이 먼저였다. 그들은 자신들의 여동생이 적군의 유혹에 넘어갔다며 그녀를 죽이려 했다(호라티우스가의 딸 카밀라는 큐라티우스가의 아들과 혼인을 앞두고 있었다-역주). 큐라티우스가는 이런 희생정신이 부족했고, 결국 전투에서 패했다. 전승에 따르면 이들의 죄는 사내답게 행동하지 못한 것이었다고 한다.

2016년 앙드레 루제는 '호라티우스(Les Horaces)'라는 단체를 만들었다. 루제는 프랑스 건설회사 부이그(Bouygues) 임원을 역임했고, 새힘당(PFN)과 공화국연합(RPR)을 거쳐 현재는 국민연합(RN) 소속 유럽의회 의원이다. 호라티우스에는 정치인, 기업의 경영진, 고위 공무원 및 여론 형성자들이 포진해 있다.

이 단체는 이 시대의 큐라티우스가에 맞서, 극우 정당에 사상, 의견, 법안을 제시하거나 정치적 논제를 제안하기도 한다. 국립행정학교(ENA) 출신인 장 메시아는 국방부 행정관을 지냈고 2020년 아폴로 연구소(Institut Apollon)를 설립했다. 그는 〈CNews〉 방송에서 이 반동

적 단체의 열렬한 추종자가 되어, 국민연합이나 에리크 제무르의 재정복(Reconquête)당에서 활동한다.

극우파, 기업 임원진에
소속 인사 심는 것이 당면과제

이 단체 밖에서, 극우 세력은 정치·경제·행정·문화 당국 중 어디에 권력을 행사할 수 있을까? 국민전선(FN)과 국민연합에는 언제나 기업의 임원급 간부가 부족했다. 선거에서 성공한 이들은 이제 직위, 직책, 경력을 제공해야 하는 위치에 놓였다. 집권층의 어떤 세력이 자신들을 수락할지 이해하려면 초점을 다시 맞추고 확대해야 했다.

파트리크 뷔송은 〈미뉘트(Minute)〉 기자이자, 니콜라 사르코지 집권 후 비선으로 활동했다. 그는 "저항의 사슬을 사회주의 국가의 이념적 영향력과 잇는 연결고리를 형성하기 위해" 1983년에 『야당 가이드(Le Guide de l'opposition)』(앙테르발 출판사)를 출간했다.

이 책에는 각종 협회, 단체, 신문(〈르피가로 마가진〉, 〈발뢰르 악튀엘('현재의 가치')〉 등), 정당(공화국연합(RPR), 프랑스민주연합(UDF), 국민전선(FN) 등), 필리프 빌리에가 세운 〈알루에트 FM〉과 같은 '자유 라디오' 등 1만 개에 달하는 인명과 3,000개의 주소가 수록

돼 있다. 그러나 사회-공산주의 정부에 맞서 드골주의 계승자와 필리프 페탱의 계승자를 통합하는 문제가 남아있었다. 전직 육군비밀조직(OAS) 대원과 알제리 해방을 받아들인 이들, 전통주의 가톨릭 신자와 제2차 바티칸 공의회(가톨릭 전례를 현대적으로 개혁하고자 하는 종교회의) 추종자는 어떤가? 또한 자유시장 지지자, 동업조합주의 지지자, 드골주의적 '참여'의 지지자도 경제 질서 안에서 통합해야 했다. 기준이 너무 높았고, 계획은 실패했다.

이 계획을 쇄신할 새 임무는 에리크 시오티가 맡았다. 알프마리팀 지역 프랑스공화당(LR) 의원인 시오티는 뱅상 볼로레로부터 영향을 받았다. 열렬한 가톨릭 신자인 볼로레는 '프랑사프리크(Françafrique, 프랑스와 과거 프랑스 식민지였던 아프리카 국가들 간의 경제·정치·군사적 관계를 가리키는 말-역주)'에서 얻은 이익을 언론제국(〈카날 플뤼스〉, 〈CNews〉, 〈C8〉, 〈유럽 1〉, 〈르 주르날 뒤 디망슈〉, 〈파리마치〉)에 재투자했다.

국민연합과 손을 잡고도 프랑스공화당(LR) 유력인사들을 설득하지 못하자, 시오티는 소수의 우파 연합과 이 단체에 들어오고 싶어 하는 지망자들을 규합했다. 그중에는 베르나르 카라용 의원의 아들 길렘 카라용이 있다. 베르나르 카라용은 과거 연합수호단(GUD, 1960년대에 결성된 프랑스 극우 학생 연합-역주)에서 활동했고, 드골주의자와 국민전선의

화합을 열성적으로 지지한 인물이다.

젊은 프랑스공화당(Jeunes Ré-peublicains) 대표 길렘 카라용은 동료이자 친구인 피에르-로맹 티오네(국민연합 소속) 및 스타니슬라스 리고(재정복 소속)와 함께 2023년 3월 잡지 〈앵코렉트(L'Incorrect)〉 '1면'을 장식했다. 이 잡지는 전통주의 기업인 샤를 베그베데가 후원하고 있다. '우파 연합'에 속한 또 다른 '2세' 후보자로는 아르노 다시에가 있다. 부친 장-클로드 다시에는 〈TFI〉, 〈LCI〉,

〈CNews〉, 〈유럽 1〉 등에서 일했다. 아르노 다시에는 다양한 로비 활동으로 온라인 콘텐츠를 생산하는 아비자 파트너스를 공동 설립했다.(1)

극우 정당들, "대기업 로비단체는 우리를 무시해"

프랑스 극우 정당들은 나치 점령기 대독 협력부터 현재까지 항상 소수의 기업 경영자 측에 지지를 구

<검은 고양이와 딥스페이스>, 2022 - 애런 존슨

(1) Julien Fomenta Rosat, 「Moi, journaliste fantôme au service des lobbies 나는 로비 서비스에 종사하는 유령 기자다」, 〈Fakir〉, Amiens, 2022년 5월 19일.

(2) Benoît Collombat & David Servenay (sous la dir. de), 『Histoire secrète du patronat de 1945 à nos jours 1945년부터 지금까지 경영자의 비밀스런 역사』, La Découverte, Paris, 2009.

했고, 대부분 그 지지를 확보해왔다.(2) 그 접점에는 이른 정치 활동과 그랑제콜이 제공하는 자원을 기반으로 한 인맥이 자리한다. 예를 들어 세바스티앵 셰뉘는 프랑스대중운동연합(UMP)의 지나친 동성애 혐오가 그의 성향과 맞지 않아 국민연합(RN)으로 옮겨오면서, 과거 선출직 공무원 및 장관들과 협력했던 이들의 주소록을 가져왔다.

에섹경영대학과 시앙스포(파리정치대학)를 졸업한 장-필리프 탕기와 함께 셰뉘는 국민연합과 주요 경영자 단체 간 소통 창구 역할을 하고 있다. 2024년 3월 18일자 〈르피가로〉에서 탕기는 이렇게 말했다. "중소기업연맹(CPME) 지역 당국은 언제나 우리를 두 팔 벌려 환대하지만, 대기업 로비 단체인 프랑스민간기업협회(AFEP)는 우리를 무시한다." 중소기업연맹 지역 당국이 군소업체 지도자들의 이익을 대변하면 할수록 이 조직들은 특히 세금, 분담금 및 노동·보건·환경 관련법 폐기 등 극우 사상에 더 개방적이 된다.

〈코죄르(Causeur, '달변가')〉는 기업가 샤를 가브가 후원하는 월간지다. 이 잡지의 2022년 1월 31일자 기사에서 소피 드 망통은 마린 르펜이 중소기업의 개선행진을 저지하는 규제를 비판했을 때 환호했다. 이듬해 가을, 소피 드 망통은 마린 르펜의 요청에 따라 '에틱(ETHIC, Entreprises de taille humaine, indépendantes et de croissance, 인간적 규모의 독립적 성장 기업)'과 국민연합 의원 간 회의를 조직했다(〈르파리지앵〉, 2022년 10월 7일).

소피 드 망통은 텔레마케팅의 주창자이자, 독특한 동화책 『어린이를 위한 '기업' 이야기』(오로르 지스카르 데스탱 그림) 외 다수의 어린이책을 쓴 동화 작가다. '에틱' 대표인 망통은 2021년 11월, 파리에서 가장 명망있는 클럽 중 하나인 '연합동맹서클(Cercle de l'Union interalliée)'과 에리크 제무르의 만남을 주선했다(〈렉스프레스〉, 2021년 10월 28일). 소피 드 망통은 〈폴리티스〉에서 "경영자들은 나의 중재와 소양에 깊이 감사해한다"라고 밝혔다.

좌파 연합에 겁먹은 대기업 경영진들, 극우 계층 비위 맞추기 나서

대기업 경영자들과의 관계는 유동성이 떨어진다. 2011년, 재계를 대표하는 로랑스 파리조는 『블루 마린이라는 함정』(로즈 라프렐 공저, 칼만-레비 출판사)을 출간했다. 또한 조프루아 루 드 베지외는 2019년에 프랑스산업연맹(Medef) 하계대회에 마린 르펜을 초청하기로 한 계획을 접어야 했다. 갑옷을 입고 말을 타는 마상 창 시합 애호가 올리비에 드 파나피외는 에리크 제무르 후원 기금을 조성했다는 이유로 야비한 인간 취급을 받으며 롤랜드버거 컨설팅 기업의 경영진에서 물러나야 했다.

파리 이공과 대학 출신의 프랑수아 뒤르비는 마린 르펜과 조르당 바르델라에게 자신을 추천할 수 있는 인물이다. 그러나 인지도가 떨어지는 그는 투자기금을 통해 피에르-에두아르 스테랭의 자산을 관리하고 있다. 스테랭은 '스마트박스(Smartbox)'라는 선물 상자 서비스와 이커머스로 부를 축적한 '전통주의 가톨릭 신자'다.

국민연합은 유로화 포기 의사를 철회하고 임금노동자 쪽에 유리한 몇 안 되는 조치(특히 60세 정년)를 재검토했다. 주요 경영자 조직은 국민연합의 국가자유주의보다는 언제나 현 정부의 신자유주의를 선호하는 편이지만, 그럼에도 프랑스산업연맹과 국민연

합의 관계는 다소 완화되는 분위기다.

프랑스산업연맹은 바르델라와 신인민전선(Nouveau Front populaire)이 6월 19일 성명에서 발표한 강령에 문제가 있다고 지적했다. 이 강령에 포함된 10가지 조치 중 에너지 제품에 대한 부가세(VAT) 인하만이 극우 정당에서 발의한 것이다. 좌파연합의 강령에 겁을 먹은 대기업 경영자들이 극우 계층의 '비위를 맞추고' 있다는 점을 주의 깊게 살펴야 한다.(〈파이낸셜 타임스〉, 2024년 6월 18일)

우파 연합에 대한 지지를 서슴없이 하는 〈르피가로〉 편집국장

2023년 11월 28일, 바르델라는 고등경영학교(HEC) 학생들과 토론을 벌였다. 일주일 전, 베올리아 및 프랑스전력공사(EDF) 최고경영자(PDG)를 지낸 앙리 프로글리오는 마린 르펜과 공개적으로 오찬을 함께했다. '투-파리 데자페르(Tout-Paris des affaires)'의 한 구내식당에서 마련된 식사는 테스트 성격을 지닌 것이었다. 프로글리오는 다쏘가(家)의 '자문회의'에 속해 있는데, 다쏘가는 과거 로홀로주 클럽(Club de l'Horloge, 극우 성향의 자유주의 싱크탱크-역주) 회원이었던 프로글리오를 단 한 번도 질책하지 않았다.

다쏘 항공의 에리크 트라피에 사장도 2024년 유럽의회 선거 전에 마린 르펜을 만났다(〈르누벨 옵스〉, 2024년 5월 16일). 다쏘 그룹이 소유한 〈르피가로〉의 편집국장 알렉시스 브레제는 2024년 6월 13일 〈유럽 1〉 논평에서 '우파 연합'에 대한 지지를 서슴없이 표명했다. 공공의 명령 없이는 수익을 얻는 무기거래상도 없다는 사실 외에, 알렉시스 브레제가 극우 편에 선 역사는 길다. 그는

이미 1989년에 국민전선 소속 유럽의회 의원이자 훗날 툴롱 시장이 될 장-마리 르 슈발리에를 위해 『유럽 이민: 위험을 경계하라』(유럽극우단체 출판사)의 편집을 맡은 바 있다.

극우파는 경제 질서(와 경제 질서의 미디어 중재자 역할)의 통합을 무엇보다 우선순위에 두고 있다. 신자유주의는 행정과 정치를 민간 기업의 목적에 종속시켜 지배계급 내 균형을 쇄신했다. 그러나 권력을 행사하기 위해서는 믿을 만한 대리자를 확보하는 것이 여전히 중요하다. 고위 공직자 사회에서 극우파는 일부는 원칙주의에, 일부는 기회주의에 의지할 수 있고, 또한 자신의 대의에 충실한 소수 활동가들의 단호한 행동에 의지할 수 있다.

〈발뢰르 악튀엘〉에서 공공질서의 군사적 회복을 요구한 군부에서만이 아니라, 사실상 반(反)공화주의 전통이 존재한다고 볼 수 있다.(2021년 4월 21일) 로홀로주 클럽은 각각 드골주의와 지스카르 데스탱을 지지하는 두 성향의 국립행정학교(ENA) 졸업생들이 1974년에 설립한 단체다.

로홀로주 클럽, 지스카르-르펜-시라크 사상의 실험실

1980년대 중반, 우파 및 극우파 성향의 기업 경영진 거의 대부분이 이 지스카르-르펜-시라크 사상의 실험실을 들락날락했다.(3) 2015년 로홀로주 클럽은 주요 강령을 혁신하면서 '카르푸르(교차로) 드 로홀로주(Carrefour de l'Horloge)'로 명칭을 바꿨다. '국민적 선호'가 명칭을 바꾼 이유였다.

회원 중 한 명인 회계감사원 명예 법관 필리프 바쿠는 '호라티우스'의 반성에 동참

(3) Philippe Lamy, 「Le Club de l'Horloge 1974-2002. Évolution et mutation d'un laboratoire idéologique 1974~2002 로홀로주 클럽. 사상 실험실의 변화」, 파리8대학 사회학 박사논문, 2016.

한다. 최근 국민연합은 파브리스 레게리도 영입했다. 고등사법학교, 국립행정학교 출신으로 내무부와 유럽연합 집행위원회에 몸담았던 레게리는 2022년 유럽 국경 및 해안 경비대 프론텍스 대표직에서 물러나야 했다. 그가 국제법에 위배되는 이민 억제를 조장한 사실이 알려졌기 때문이다. 2024년 6월, 그는 바르델라가 주도적으로 작성한 명단에서 유럽의회 의원으로 선출됐다. 호라티우스 소속 다른 인사들도 경력, 지역사회 기관에서 맡은 임무, 동료들의 배척, 지방정부 장을 거쳤다는 점에서 유사하다.

이 행정부의 일부 구성원들은 직을 유지하고 있기 때문에, 정치권력의 혼란스러운 목표와 약화된 국가 인식을 비판한다. 그들은 특히 사르코지 대통령 집권기에 영토 내 서비스 약화나, 프랑수아 올랑드 재임 시절 '제3기' 지방분권을 개탄하는 목소리를 낼 수 있다(올랑드는 도지사에 대한 '선출직 고위 공무원'을 보강했다).(4)

2011년 4월, 마린 르펜은 그들에게 다음과 같은 서한을 보냈다.

"여러분의 뛰어난 직무로 인해 여러분은 국가를 약화시키는 정책, 인력의 사기를 저하하는 정책, 거버넌스의 비효율성을 부추기는 정책에 직면하게 됐습니다."(5)

르펜은 2021년 5월에는 가장 뛰어난 국가 고위직 공무원 7,000명에게 다시 한번 서한을 보냈다. 르펜은 이 서한에서 도(道)와 현 지도부 및 외교 기관을 폐지하는 고위 공직자 개혁으로 다시 돌아오겠다고 약속했다.(6)

이와 더불어 프랑스와 유럽의 기준에 부합하는 공공 행동을 보장하는 규정상 책임을 맡은 사람들과, 위정자들이 추진하는 법규와 규칙을 적용할 책임이 있는 고위 공직자 사

이에, 국가 내부에서조차 긴장이 높아지고 있다. 유럽사법재판소(CJEU)와 유럽인권재판소(CEDH)(7) 같은 유럽 법정들과 프랑스 법정들이 견제 능력을 비판하고 문제 삼으려는 유혹이 이른바 능동적인 행정부 내에 존재한다.

셰르(Cher) 제3지구의 국민연합 후보자인 피에르 장티예는 정당 변호인이자 코카르드 에튀디앙트(Cocarde étudiante, 파리 2대학 팡테옹-아사스 캠퍼스에서 결성된 극우 민주주의 연합-역주) 설립자다. 그는 〈르몽드〉의 2024년 6월 17일자 기사에서, 극우파의 전술을 공무에 활용했을 때 어떤 일이 벌어질지 의문을 제기했다. "헌법재판소를 끌어들이기만 한다면, 우리는 못할 게 없다." **ID**

(4) Benoît Bréville, 「"Vos régions, on n'en veut pas!" '당신들의 지역, 우리는 원치 않아!'」, <르몽드 디플로마티크> 프랑스어판, 2021년 7월호, 한국어판, 8월호 참고.

(5) Patrick Roger, 「L'opération séduction de Marine Le Pen auprès du corps préfectoral 도청과 마린 르펜의 유혹 작전」, <르몽드>, 2011년 4월 20일에서 인용.

(6) Lire Simon Arambourou et Grégory Rzepski, 「La réforme dévore ses enfants '번아웃' 맥킨지화로 치닫는 프랑스 개혁」, <르몽드 디플로마티크> 프랑스어판, 2022년 12월호, 한국어판, 2023년 1월호 참고.

(7) Vincent Sizaire, 「Le juge européen peut-il être un contre-pouvoir au service de la démocratie? 유럽연합법, 신자유주의의 '트로이목마'?」, <르몽드 디플로마티크> 프랑스어판, 2018년 1월호, 한국어판, 2018년 2월호 참고.

글·프랑수아 드노르 François Denord
사회학자
폴 라뇨-이모네 Paul Lagneau-Ymonet
사회학자

번역·조민영
번역위원

"포퓰리즘의 가면을 벗어라!"

그레고리 르젭스키 ▌〈르몽드 디플로마티크〉 프랑스어판 부편집장

프랑스 공공서비스부의 스타 니슬라스 게리니 장관은 부임 전에, 자신의 아버지처럼 그랑제콜인 고등상업학교(HEC)를 졸업하고 기업을 운영했다. 행정부를 관리하게 된 현재, 게리니 장관은 '게으름뱅이'들을 더욱 쉽게 해고할 수 있기를 바란다. 정부는 올해 100억 유로를 절약해야 한다.

2022년, 게리니 장관이 보유한 자산은 농촌 주택 두 채, 면적이 200㎡가 넘는 파리의 아파트 한 채를 포함해 400만 유로에 달했다. 2023년에 서민임대주택(HLM)을 얻지 못한 8만 명의 공무원과 소득이 낮아 집을 구하기 어려운 수백만 명의 시민에게, 정부는 공공 주택 공급에 필요한 비용을 지원하는 대신, 거주 자격 소득 상한선을 초과하는 세입자들을 임대 주택에서 내쫓겠다고 약속했다. 2021년, 전문가 그룹 '그라쿠스'가 한 문서에 언급한 것처럼 "공공 주택의 회전율을 높이겠다"는 것이다.

프랑스 중앙은행의 프랑수아 빌르루아 드갈로 총재 역시 이 싱크탱크 소속이다. 드갈로 총재는 매달 주택 수당 6,182유로와 2만 5,321유로의 급여를 받는다.(1) 신념을 지닌 이가 받는 대가다(사회적 가톨릭주의는 약간의 여유로움을 배제하지 않는다). 드갈로 총재는 지난 3월에 열린 한 강연에서 "정부가 약속을 지키지 않은 채 15년이 흘렀다"라고 불편한 심기를 드러내며, 정부가 공공지출을 좀 더 "신중하게" 관리해야 한다고 주장했다. 빌르루아 총재는 인력을 감축하고, 여러 부서를 폐쇄하며 예산 절약의 모범을 보였고, 지난해 중앙은행 직원 3명이 자살했을 때 즉시 '직장 내 복지 프로그램'을 가동했다.(2)

피에르 모스코비시 회계감사원장은 빌르루아 드갈로 총재가 "뼛속까지 공공서비스 정신이 깃든 사람"이라고 평가했다. 모스코비시 감사원장도 공공부문에 관해서라면 모르는 게 없다. 지난 2월, 정부가 재정 적자가 심화하고 있다는 사실을 인정했을 때, 모스코비시 감사원장은 정부 지출에서 500억 유로를 줄여야 한다고 주장했다.

〈레제코〉와의 인터뷰에서는 "성역화되는 분야는 없어야 한다. 사회 영역도 기여해야 한다"라고 목소리를 높였다. 고위공직자 급여에 국회의원 연금과 유럽연합집행위원회 위원 연금을 합쳐 매달 2만 3,000유로를 받기로 한 사람의 말이다.

장르네 카즈뇌브 국회 예산보고관은 4월 17일 〈로피니옹〉과의 인터뷰에서 "언제까지 이렇게 인심을 베풀 수는 없다"고 말하며 언짢은 표정을 감추지 못했다. 역시나 각종 사회 보조금을 염두에 두고 한 말이었다. 르네상스당 소속 제르 지역 국회의원인 카즈뇌브는 자산 소득을 관리

하고 연구하는 임무를 수행하면서, 금융자산 과세 개혁
안은 단번에 배제했다. 지난해 카즈뇌브 의원은 과거에
몸담았던 부이그 텔레콤의 주식을 35만 3,000유로어치
나 보유하고 있었다.

　총리실 산하 정책 연구기관 '프랑스 전략'이 지난해
가을 발행한 보고서에 따르면, 금융 소득에 대한 일정 세
율 과세 신설, 부유세 폐지, 기업세 인하 등 2017년부터
추진된 정책은, 부유한 납세자들의 금융 소득만 증가시
켰다. 하지만 브뤼노 르메르 경제부 장관은 이 정책을 계
속해서 유지하려 한다. 그는 지난 3월 23일 트위터에 "포
퓰리즘의 가면을 벗어라!"라는 글을 올리기도 했다. **Ld**

글·그레고리 르젭스키 Grégory Rzepski
<르몽드 디플로마티크> 프랑스어판 부편집장

번역·김자연
번역위원

(1) 「Rapport annuel de la Banque de France 2023, 2023 프랑스 중앙은행 연례 보
고서」, 2024.3.15., https://www.banque-france.fr
(2) Clotilde Mathieu, 「Banque de France : dès 2019, un rapport pointait le
risque de suicides 프랑스 중앙은행: 2019년 이후, 보고서에 드러난 자살 위험」,
<L'Humanité>, Saint-Denis, 2023년 10월 9일.

Manière de voir

〈마니에르 드 부아르〉 16호
『길들여지지 않는 예술』

권 당 정가 18,000원
1년 정기구독 시 72,000원
⇨ 65,000원

'가틴의 베네치아' 몽타르지, 폭동이 남긴 트라우마

프랑스 낭테르에서 2023년 6월 29일 10대 청소년 나엘 메르주크가 경찰의 총격에 살해된 사건으로 인해, 프랑스 전역에서 며칠 밤에 걸친 폭동이 일어났다. 인구 1만 5,000명의 몽타르지에서는 청년 수백 명이 상점가에서 폭동을 일으켰다. 이 소도시의 쇄신을 위해 역사 중심지를 가꾸는 정책이 도입됐지만, 탈산업화의 폐해인 빈곤과 마약 밀매로 망가지고 방치된 도시의 실태를 감추기에는 역부족이다.

세드릭 구베르뇌르 ▌기자

고 속도로가 생기기 전에 7번 국도는 휴가를 떠나는 길이었다. 파리에서 이 길을 타고 110km를 달리면 몽타르지가 나온다. 빅토르 위고 광장 원형 교차로에는 작은 곤돌라가 좌초한 듯이 놓여있어, 132개의 다리와 운하가 있는 이 도시가 '가틴 지방의 베네치아'라고 불렸음을 상기시킨다.

중국은 루아르 지방과의 인연을 기념하는 의미로 133번째 다리를 지을 예정이다. 20세기 초에 이곳에 온 중국인 유학생과 일꾼 수백 명 가운데는 혁명 사상가 차이허썬과 덩샤오핑 같은 마오쩌둥의 동지들도 있었다. 기차역 광장은 덩샤오핑의 이름을 땄다. 공화당 소속 브누아 디종 시장은 "중국 공산당 당론은 아마 몽타르지에서 처음 작성되었을 겁니다"라고 말했다. 이곳에는 프랑스와 중국 우호를 기념하는 작은 역사박물관도 들어섰다.

하지만 이 그림 같은 풍경 뒤에는 쓰린 상처가 가려져 있다. 주요 상점가인 도레 거리에 즐비한 가게에는 유리창 대신 나무판자가 붙어있다. 지난해 6월 29일 폭동으로 상점 약 100곳이 피해를 보았는데, 유리창 파손, 약탈, 방화까지 있었다. 미라보 광장의 약국이 있던 자리에는 철조망이 쳐진 빈터만 남았다. 폭도들이 지른 불은 약국 옆 구두 수선점을 거쳐 결국에는 건물 전체로 번졌다.

건물 외벽이 무너져 내리자, 안전을 위해 옆 건물까지 철거했다. 맞은편에 있는 제네랄 르클레르 거리에도 황량한 빈터가 생겼다. 이곳에서 한 철물점이 방화 피해를 당해 건물 전체를 헐어야 했다. 시에서 추정하는 피해 규모는 40만 유로에 달하며, 민간 부문 추산 피해액은 1,000만~2,000만 유로에 이른다.

두 빈터의 중간 지점에는 17세기에 설립된 프랑스에서 가장 오래된 과자점 프랄린 마제 건물이 화려한 외관을 자랑하고 있다. 예전에는 제과업자 장 마제의 손자이자 디종 시장이 이 가게를 소유했는데, 2020년에 스타 셰프 기 사부아의 옛 동료 위그 푸제에게 가게를 매각했다.

폭동이 일어난 날 밤에 파리에 있었던 위그 푸제는 이렇게 말했다.

"폭도들이 유리창을 깨려고 했지만, 창문이 부서지지 않아서 가게 안으로 들어오지 못했어요. 1만 유로에 달하는 피해를 보고 10일간 가게 문을 닫아야 했답니다. 그런 일이 일어날 거라고 누가 상상이나 했겠어요? 이곳이 위험하다고 여긴 적도 없었거든요. 아무도 원망하지는 않아요. 앞날에 신경을 쓰는 것이 더 중요하다고 생각해요."

그날의 일을 잊고 싶어하는 몽타르지 주민들

이 과자점의 주인 위그 푸제는 "이제 지나간 일은 잊고, 건설적인 논의를 해야 해요. 이 도시는 루아르 계곡 성으로 통하는 길목에 있고, 2024년 판『미쉐린 가이드』'프랑스에서 가장 아름다운 우회로 100곳'에도 실렸

거든요"라고 강조했다.

몽타르지 주민들은 그날의 일을 기억에서 지우고 싶어 한다. 하지만 도심을 벗어나는 순간, '가틴 지방의 베네치아'의 이면을 외면할 방법이 없다. 그곳에서는 빈곤과 마약으로 망가진 도시의 모습이 여실히 드러난다. 이곳 주거지 중 42%는 1960년대에 수많은 공장 노동자들을 위해 지어진 사회주택이다.

서쪽 고원에는 케네디 지구가, 동쪽에는 쇼세 지구와 쇼탕 지구가 있다. 몽타르지와 샬레트쉬르루앙 사이에 있는 이 세 지구는 도시정책우선구역(QPV, 사회적으로 취약한 지역 활성화를 위한 도시 정책)으로, 주민이 약 1만 2천 명에 달한다. 몽타르지는 상트르발드루아르 전체에서 가장 가난한 도시다. 주민 3분의 1 이상이 빈곤선 아래에 살며, 4분의 1 이상은 직업이 없다.

어느 자선단체 자원봉사자는 "푼돈을 꾸어서 겨우 장을 보는 주부들도 있다"라고 귀띔했다. 2014년 이후로 이곳에서는 현장 상담사를 찾아볼 수 없다. 루아르주에서 해당 활동에 보조금 지원을 중단했기 때문이다.(1)

지하 경제는 갈수록 몸집을 키우고 있다. 파리에서 멀지 않은 프랑스 중심부에 자리한 몽타르지는 마약 밀매에 안성맞춤인 곳이다. 장세드리크 고 검사는 "이곳에 마약 거래 지점이 11곳 있습니다. 2022년에는 소탕 작전 단 한 번으로 헤로인 27kg, 코카인 6kg, 대마초 15kg을 압수했답니다."라고 상세히 설명했다.

지난 3월 초에 경찰은 피레네자틀랑티크주에서 대마초 116kg을 싣고 질주하던 차량을 적발했다. 장세드리크 고 검사에 따르면 "적재된 대마초 가운데 3분의 1은 몽타르지로 운반될 예정"이었다. 도시정책우선구역에서는 마약상들이 길가에서 버젓이 활동한다.

이곳을 찾은 날에도 마약상 두 명이 케네디대로 아파트 단지 앞에서 접이식 탁자 앞에 앉아 가판대를 지키고 있었다. '밀 수리르(Mille Sourires)' 협회장 크리스틴 쥘리앙은 협회 지원 대상의 3분의 2가 한부모 가정이라고 밝혔다. 파리에 가려면 트랑실리앙역에서 기차 편으로 대략 90분이 소요된다.

"이들 어머니 상당수가 파리에서 청소부로 일하는데, 매일 출퇴근에 3~4시간을 써야 해요. 아이들을 돌볼 시간이 얼마나 있겠어요?"

쥘리앙 씨는 마약 밀매의 사회경제적 폐단을 이렇게 지적했다.

"어머니가 12살짜리 아들에게 마약상들과 어울리지 말라고 했더니 아들이 이렇게 대꾸했대요. '그럼, 엄마가 대신 100유로를 줘봐요. 보초를 서주면 그 정도 돈을 준단 말이에요.'"(2)

운동복 차림에 마리화나를 손에 든 청년이 말했다.

"우리 중에서 마약으로 먹고 사는 사람은 많지 않아요."

자격증도, 직업도 없는 청년은 이 지역 특유의 말투로 툭툭 던지듯이 말을 이어갔다. "파블로 에스코바르 같은 마약왕은 없어요. 돈이라고 해봐야 케밥 사 먹을 돈, 어머니가 장 볼 돈, 그게 다예요. 비싼 옷을 걸치면 바로 눈에 띄죠."

폭동 사태에 관해 묻자 "거기 없었다"라고 했다. 하지만 폭동을 일으킨 이유를 이해했다. "우린 화가 났어요. 그런 일이 다시는 안 일어나게 한 방 먹여줘야 했다고요." 하지만 상점가의 피해는 '유감'이라고 했다.

"약국 일은 도가 지나쳤어요. 상인들은 나엘의 죽음과는 아무 상관도 없잖아요. 상점이 아니라 경찰서, 세무서, 시청 같은 데에

(1) 「Comparateur de territoires - Commune de Montargis 지역 비교 - 몽타르지 지자체」, Institut national de la statistique et des études économiques (Insee), 2024년 2월, www.insee.fr

(2) 「Le capitalisme débridé du cannabis 대마초 산업의 무분별한 자본주의」, <마니에르 드 부아르> 프랑스어판 제163호, Drogues. Changer la donne 마약: 판세의 전환, 2019년 2월~3월호

불을 질렀어야 해요."

2023년 6월 29일 목요일부터 6월 30일 금요일 밤, 도레 거리에서 두 개의 평행 우주가 충돌했다. 세바스티앙 드라팔라 부서장은 "밤 10시 30분까지는 잠잠했어요. 그러다 케네디 지구 쓰레기통에 불을 지르기 시작했고, 사람들이 길가로 몰려들었죠."라고 당시를 회고했다.

장세드리크 고 검사는 이렇게 설명했다. "휴대전화 이용 내용을 분석한 결과, 소셜 미디어를 통해 시내 중심가를 부숴버리자는 집결 구호가 있었던 것으로 밝혀졌어요. 아이러니한 점은 폭동 바로 며칠 전에 제가 중학생들을 대상으로 바로 그런 소셜 네트워크의 위험성을 알리는 예방 교육을 했다는 거예요."

폭동 가담자들은 폭죽을 쏘며 경찰서를 에워싸고, 인근 주차장에 세워진 차 20여 대에 불을 질렀다. 목격자들에 따르면 '이 동네에 살지 않는' 젊은이들이 '도레 거리가 어디인지' 물었다고 한다. 이들은 도심 진입로 세 곳에 불타는 차량으로 바리케이드를 쌓았고, 주민이 사는 집 대문을 강제로 열려고 시도하기도 했지만, 그 집 주인이 중세 시대 검을 들고 그들을 내쫓았다.

이에 대해 해당 주민은 "날카롭지 않은 연습용 검이었다"라고 설명했다. 이후 폭도들은 상점가로 가서 상점 다섯 곳, 특히 휴대전화 판매점과 의류점을 집중적으로 털었다. 그중에는 여자아이들도 몇 명 있었다. 인터뷰에 응답한 사람 중 한 명은

<친애하는 중력>, 2020 - 애런 존슨

'카트를 끄는 어른 서너 명'을 확실히 보았다고 말했다. 경찰은 비디오 게임이나 포켓몬 카드를 주머니에 잔뜩 쑤셔 넣은 아이들을 체포했다.

하지만 폭도들은 순식간에 지역 경찰이나 국가 경찰이 감당할 수 없는 인원이 되었다. "경찰 20여 명이 폭도 수백 명을 어떻게 상대하겠어요?" 드라팔라 부서장이 한숨을 내

었다. 십대들은 이렇게 외쳤다. "오늘 밤은 우리가 접수하자!" 새벽 1시쯤, 경찰들은 방어용 고무탄으로 공격자들을 격퇴해 시청 방화 시도를 막았다.

드라팔라 부서장은 2005년 가을에 있었던 도심지역 폭력 사태와 비교해 이렇게 설명했다.

"이번 폭동 가담자들은 단호하

고, 조직적이었고, 수도 많았어요. 2005년에는 차량 몇 대가 불에 탔지만, 우리가 돌진하자마자 청소년들이 흩어졌거든요."

그날 경찰과 폭도들의 대치는 새벽 5시까지 이어졌다.

**몽타르지시의 모순적인 모토,
"비틀거리는 자를 도우라"**

이튿날 6월 30일 금요일, 사람들은 충격에 빠졌다. 연기가 솟아나

는 폐허를 멍하니 바라보던 대다수 주민은 할 말을 잃었고, 몇몇 사람은 울음을 터뜨리기도 했다. 자구책으로 자율 방범대를 구성하자는 사람도 있었다. 폭도들이 볼링장에 불을 지를 것이라는 소문이 돌았다. 오후 3시가 되자 습격을 걱정한 주민들이 법원으로 몸을 피했다.

"사실 금요일은 조용히 지나갔어요. 가담자들은 신원이 밝혀질까 봐 두문불출했을 테죠."

드라팔라 부서장이 그날을 회

상했다. CCTV에 찍힌 폭동 가담자 26명(성인 15명, 미성년자 11명)은 2023년 7~12월 법정에 출두했다. 26명 모두 인근 도시정책우선구역에 산다. 상당수는 전과가 있었다. 뉘우친다고 밝힌 사람은 한 명뿐이었다. 17살 약국 방화 용의자는 재판을 기다리는 동안 투옥되었다. 장세드리크 고 검사는 피고들에게는 아무런 정치적 요구도 없었고, 폭력의 허무주의만 있었다고 말했다.

"나엘의 죽음을 언급한 피고는 아무도 없었어요."

검사는 처벌만으로 대응해서는 안 된다는 점을 인정했다.

"분명한 점은 우리의 젊은이들을 위해서 제 권한 밖에 있는 교육, 사회, 경제 차원의 조치가 따라야 한다는 것입니다. 우리의 젊은이들이니까요. 형제애라는 가치가 구호로 그쳐서는 안 됩니다."

2023년 7월 1일 토요일, 조르당 바르델라 국민연합(RN) 대표가 지역구 국회의원 토마 메나제와 함께 주민들이 충격에 빠진 몽타르지를 방문했다. 2022년 총선에서 메나제 의원에게 패배한 공산당 소속 브뤼노 노탱 시의원은 분개했다.

"국민연합은 분명히 이 상황을 이용하려 들겠죠. 그런데 이 상황을 초래한 것이 바로 우파의 정책이라서 더욱 유감스럽습니다."

2001년 우파 후보가 당선되기 전까지 몽타르지는 공산당의 텃밭이었다. 1990년대까지만 해도 이 지역은 산업의 중심지였지만, 이내 공

흔들리지 않는 언론, 뿌리깊은 서울신문
한결같이 민중을 대변하는 언론으로 올곧게 나아가겠습니다

서울신문
서울신문사 1904년 창간

대표전화 (02)2000-9000 | 광고안내 (02)2000-9393 | 구독안내 080-233-4967

장들이 하나둘씩 문을 닫았다. 몽타르지에서 오랫동안 영업해 온 미국계 고무회사 허친슨은 토탈에너지의 자회사가 되면서 계속해서 인력을 줄였다.

샬레트쉬르루앵의 공산당 소속 시장 프랑크 드모몽은 "지난 30년 동안 일자리 1만 개가 사라졌어요"라고 했다. 설상가상 군 통신학교였다가 2009년까지 헌병 학교로 쓰이던 귀댕 훈련소마저 문을 닫았다. 공장 노동자, 간부, 군인, 헌병을 대체한 것은 수도권과의 근접성과 저렴한 집값(1제곱미터당 아파트는 1,600유로, 주택 1,400유로)에 매력을 느낀 저소득층이었다.

은퇴한 몽타르지 출신 의사는 자신의 솔직한 심정을 이렇게 전했다.

"허친슨이 재채기를 하면 몽타르지는 감기에 걸립니다. 몽타르지와 주변 도시들은 1959년 프랑스 최초의 연합구(district), 요컨대 실질적인 경제적, 사회적 일관성을 갖춘 지역이었습니다. 지역사회의 특성이 달라졌어요. 사람들은 이곳에 살지만 출근은 파리로 해요. 지역사회에 참여할 만한 시간도 여력도 없어요. 제 주변의 은퇴한 사람들은 이런 변화를 안타까워해요. 결국 그런 사람들은 극우 정당에 표를 던질 가능성이 높죠."

그는 이 도시의 라틴어 모토 "수스티네트 라벤템(Sustinet Labentem, 비틀거리는 자를 도우라)"가 무척 모순적이라고 느낀다.

산업 이전에 따른 심각한 일자리 감소에 직면해 장피에르 도르 시장(2001~2018)과 브누아 미종 시장(2018~현재)은 몽타르지를 관광 명소로 만들기 위해 도시 미화에 희망을 걸었다. 은퇴한 의사는 시당국에 회의적인 어조로 반문했다.

"하지만 관광만으로는 충분하지 않아요. 몽타르지는 지나가는 관문일 뿐, 휴가 내

(3) François Guéroult, 「L'ex-préfète du Loiret reconnue coupable de 'prise illégale d'intérêts' 루아레 전 지사 '불법적 이익수수'로 유죄」, 2023년 12월 11일, www.francebleu.fr

내 여기서 머물지는 않죠. 고등교육 기관이 없다시피 해서 젊은이들은 이곳을 떠나고 있고요. 게다가 대체 누가 은퇴 후에 이런 의료 불모지에 살러 오겠어요?"

"이건 샤브롤식 부르주아예요"

시의 정책에 반대하는 사람들은 지역 상황을 고려했을 때 도심에만 집중된 고비용의 사업은 불필요하다고 비판한다.

"해변 종합 관광 시설 건설에 1,000만 유로, 육교 건설에 150만 유로, 레퓌블리크 광장과 벨마니에르 대로 정비에 700~800만 유로를 쏟아부었다니까요!"

노탱 시의원은 시의 부채를 못마땅하게 여기며 개탄하면서 2023년에 프랑크 쉬플리송 전 부시장이 불법 금전수수로 유죄 판결을 받았다고 지적했다. 상트르발드루아르 지역의 레진 앙스트롬 전 지사도 마찬가지였다. 앙스트롬 전 지사는 구댕 훈련소가 역사 기념물로 등재되지 못하게 방해했다. 자신이 일하던 부동산 개발업체 '넥시티(Nexity)'의 사업에 차질을 빚었기 때문이다.(3) 노탱 시의원은 꼬집어 말했다.

"이건 샤브롤식 부르주아예요(프랑스 영화감독 클로드 샤브롤의 작품에 등장하는 위선적이고 도덕적으로 타락한 중상류층을 비유적으로 지칭-역주). 하지만 그들은 쇼탕에 있는 넬슨 만델라 극장을 건축 요건에 맞게 개보수하는 사업은 꺼리죠."

반면, 디종 시장은 이런 비판을 단호히 부인했다.

"관광 투자는 일자리를 창출하면서도 지역에 해를 끼치지 않아요. 생로크 해변 종합 관광 시설은 지방과 도 자치단체 승인을 받았고 공동 출자로 진행되는 사업이랍니다."

몽타르지시는 여세를 몰아 2019년부터 토지공사(EPF)를 통해 제네랄 르클레르 거리에 있는 건물 70채를 매입했다. "도심 상업 공간 공실을 방지한다"라는 명목이었다. 몽타르지는 대다수 중소도시와 마찬가지로 외곽지역 상권이 발달하면서 어려움을 겪고 있다. 도레 거리에 있던 카마이외(Camaïeu) 매장이 문을 닫은 것은 폭동과는 무관하다. 이 기성복 브랜드는 매장이 한때 전국에 500개가 넘었지만 2022년에 파산했다.

악명 높은 케네디 도시정책우선구역은 몽타르지와 그 이웃 도시 샬레트쉬르루앙(인구 1만 3,000명)에 걸쳐 있다. 2001년부터 샬레트쉬르루앙 시장으로 있는 공산당 소속 프랑크 드모몽은 이렇게 강조했다.

"1853년 허친슨(Hutchinson) 공장이 문을 연 이래로 이곳은 노동 계층의 도시였어요. 1968년 허친슨 노동총동맹(CGT) 파업 참가자들은 3년 후 샬레트쉬르루앙 시의원으로 선출된 전례도 있고요."

드모몽 시장은 디종 시장과는 아주 다른 정책을 편다.

"네, 겉보기에는 좋겠지만 도심은 화석화되고 박물관처럼 변했어요. 직면한 현실을 부정하는 셈이죠. 우리 샬레트쉬르루앙시는 지역사회 단체들과 협력합니다. 우리 시에서는 지역사회의 특성을 반영하죠. '파비용 블뢰(Pavillon Bleu)' 인증을 받은 인공 호수 주변에서는 다양한 지역 축제와 활동이 펼쳐진답니다."

폭동이 일어났을 때는 "수요일 밤에 차량 여덟 대가 불에 탔다."

몽타르지에 비해 피해가 상대적으로 적었다. 7월 14일, 몽타르지에서는 행사를 모두 취소했지만, 샬레트의 호숫가 축제는 예정대로 진행됐다. 드모몽 시장은 이렇게 돌이켜 말했다.

"경찰서와 지자체에서는 사태를 염려하며 행사를 취소할 것을 권했어요. 하지만 우리는 그대로 밀어붙였죠. 무려 7천 명이 참석했고 모든 일이 순조롭게 진행되었답니다. 단 한 건의 사고도 없었죠." **ID**

글·세드리크 구베르뇌르 Cédric Gouverneur
기자. 어메이징 아메지안과 공동 작업한 『법적인 것. 금지의 종식(Légal. La fin de la prohibition)』(Casterman, Paris, 2014)의 시나리오를 썼다.

번역·이푸로라
번역위원

Manière de voir

〈마니에르 드 부아르〉 15호
『마약, 권태 또는 탐닉』

권 당 정가 18,000원
1년 정기구독 시 72,000원
⇨ 65,000원

식을 줄 모르는 세계 군사비 증액

매년 전 세계 군사비 지출에 관해 가장 광범위하고 일관성 있는 수치를 발표하는 스톡홀름 국제평화연구소(SIPRI)에 따르면 2023년 전 세계 군사비 지출은 2022년 대비 7% 증가한 2조 4,400억 달러를 기록하며 과거의 모든 기록을 경신했다. 2009년 이후 꾸준한 증가세를 유지한 군사비 지출은 9년 만에 처음으로 전 세계 모든 지역에서 증가한 것으로 드러났다.

필리프 레마리 ▮저널리스트

군사비 지출이 가장 급등한 곳은 당연히 (프랑스와는 달리) 실제로 '전시 경제' 체제에 있는 교전국들이다.(1) 2023년 러시아의 군사 예산은 24% 증가했다. 러시아는 국내총생산(GDP)의 약 6%, 국가 총지출의 16%에 해당하는 1,090억 달러를 국방에 할애한 셈이다. 러시아와 대적하고 있는 우크라이나의 2023년도 국방 예산도 51%에 달하는 폭발적인 증가세를 보이며 국가 총예산의 58%, GDP의 37%를 차지했다.

이러한 수치들은 타의 추종을 불허하는 '전략적 깊이'를 지닌 침략국 러시아를 상대로 우크라이나가 얼마나 취약한 상태에 놓여 있는지를 보여주는 지표다. 하지만 우크라이나는 2023년 350억 달러의 해외 원조를 통해 러시아 군사비 지출을 91%까지 따라잡았다. 덕분에 두 교전국 간 군사비 격차는 감소했다. 세계 10대 군사비 지출국 역시 예상대로 2023년 모두 군사비를 증액했다.

여전히 세계를 지배하는 강대국 미국의 2023년 군사 예산은 '겨우' 2.3% 증가한 9,160억 달러를 기록했다. 스톡홀름 국제평화연구소(SIPRI)에 따르면 미국은 북대서양조약기구(NATO) 군사비의 68%를 책임졌다. 유럽 국가들의 기여도는 10년 만에 최고치인 28%를 기록했다. 나머지 4%를 책임진 국가는 캐나다와 튀르키예다.

10년 전 NATO의 31개 회원국은 GDP의 2% 이상을 군사비 지출에 할애하겠다고 공식적으로 약속한 바 있다. 스톡홀름 국제평화연구소(SIPRI)에 따르면 작년 11개 회원국이 최초로 이 목표를 달성 또는 초과 달성했으며 군사 예산의 1/5 이상을 군사 장비 관련 지출에 할애한 회원국 수는 28개국(2014년에는 단 7개국)에 달했다.

중국 국방 예산, 아시아-오세아니아 전체 국방비의 절반

세계 군사비 지출 순위에서 2위를 차지한 중국의 군사력은 눈부신 속도로 발전을 거듭하고 있다. 중국은 2023년 국방 예산에 전년 대비 6% 증가한 2,960억 달러를 배정했다. 29년 연속 국방 예산을 증액한 중국이기에 충분히 예상했던 결과다. 이제 중국의 국방 예산은 아시아-오세아니아 지역 전체의 군사비 지출의 절반에 달한다.

중국의 공격 가능성을 우려하는 몇몇 국가들도 덩달아 군사비 지출을 늘렸지만 그 규모는 큰 차이를 보였다. 대만의 군사비 지출은 11% 증가한 166억 달러를 기록했다. 일본 역시 11% 증가한 502억 달러를 국방 예산에 할애했다(472억 유로로 7.5% 증가한 프랑스 군사 예산을 뛰어넘는 금액이다).

러시아에 이어 4위를 차지한 인도의 국방 예산은 4% 증가한 836억 달러를 기록했다. 인도는 이 중 수십억 달러를 프랑스산 라팔 전투기 구매에 할애했다. 5위를 차지한 사우디아라비아의 국방 예산은 16% 증가한 758억 달러로 지난 10년간 역내 가장 높은 증가율을 기록했다. SIPRI에 따르면 근동지역의 군사비 지출은 전체적으로 9% 증가했다.

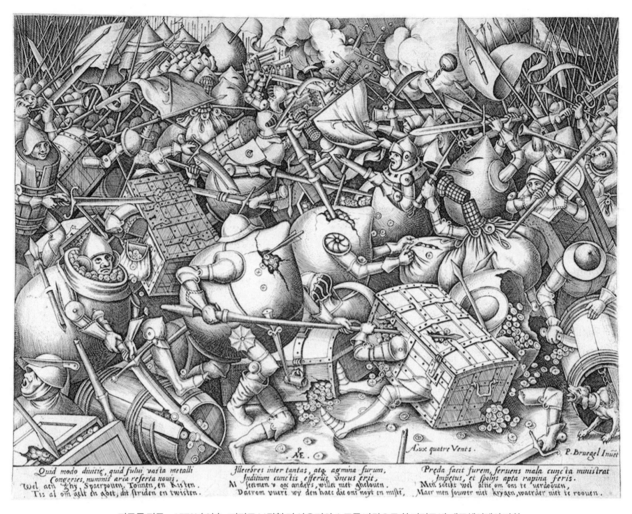

<저금통 전투>, 1570년 이후 - 피터르 브뤼헐 더 아우더의 소묘를 바탕으로 한 피터르 반 데르헤이덴의 판화

유럽 강대국들의 국방 예산도 증가했다. 영국은 14% 증가한 749억 달러, 독일은 48% 증가한 668억 달러, 이탈리아는 31% 증가한 237억 달러, 스페인은 42% 증가한 237억 달러를 기록했다. 다른 지역도 예외는 아니다. 2022년 이란은 440억 달러, 한국은 34% 증가한 479억 달러, 호주는 323억 달러, 캐나다는 272억 달러, 브라질은 229억 달러, 아랍에미리트는 203억 달러를 할애하며 국방 예산 증액 행렬에 동참했다.

폴란드, 유럽에서
가장 큰 폭으로 국방비 증가

군사비 지출 증가율에 초점을 맞추면 분쟁이 실제

로 진행 중이거나 잠재된 국가들이 2022~2023년 군사비 지출에서 큰 차이를 보였다. 2022~2023년 동부지역에서 전투가 재개된 콩고민주공화국의 군사비 지출은 105% 증가했다. 같은 기간, 남수단의 군사비 지출은 78% 증가했으며 알제리 역시 76% 증가한 183억 달러를 기록했다.

유럽 국가 중 국방비가 가장 큰 폭으로 증가한 국가는 러시아-우크라이나 분쟁의 최전선에 있는 폴란드다. 폴란드는 75% 증가한 316억 달러를 국방 예산에 할애했다. 이는 폴란드 GDP의 4%에 해당한다. 프랑스의 경우 내년 국방 예산을 나토가 요구하는 최소 기준인 GDP의 2%에 맞추기 위해 고군분투하고 있다.(2)

SIPRI는 또한 2023년 멕시코를 비롯한 중미 및 카리

브해 국가의 군사비 지출이 2014년보다 54% 증가했다고 지적하며 "범죄의 급격한 확산으로 역내 여러 국가의 범죄 조직 소탕 작전에서 군사력 사용이 증가했기 때문"이라고 설명했다. 가자지구에서 전쟁을 벌이고 있는 이스라엘의 2023년 국방 예산은 24% 증가한 275억 유로를 기록했다.(3)

두 배로 증가한 유럽의 무기 수입

지난 3월 SIPRI가 발표한 〈무기 수출 보고서〉에 따르면 우크라이나 분쟁은 세계 무기 시장의 질서를 뒤흔들었다. 우크라이나가 세계 4위 무기 수입국으로 부상했으며 프랑스는 러시아를 제치고 세계 2위 무기 수출국이 됐다. 하지만 2019~2023년 세계 무기 거래에서 프랑스가 차지한 비중은 11%로 미국의 42%에 크게 뒤처졌다.

2019~2023년, 유럽의 무기 수입은 이전 5년 대비 거의 두 배(94%) 증가했다. 이 중 절반 이상(55%)이 미국산 무기로 유럽의 미국산 무기 수입은 이전 기간 대비 33% 증가했다. 유럽의 미국산 무기 의존도와 러시아의 우크라이나 침공 이후 '기성품'을 포함한 각종 무기를 가능한 한 빨리 확보하려는 유럽의 '갈망'이 드러나는 부분이다.

이러한 상황 속에서 러시아의 무기 수출은 10년 만에 절반으로 감소했다. 지난 5년간 러시아산 무기 구매국은 31개국에서 12개국으로 감소했다. 이 12개국 중에는 여전히 러시아산 무기 최대 수입국인 인도(러시아 무기 수출의 34%)와 러시아산 무기 수입량을 상당히 줄인 중국 그리고 알제리가 포함된다. 러시아 무기 수출이 감소한 이유는 3년째 접어든 우크라이나 전쟁으로 무기 소비량이 많은 자국 군대를 위해 무기 생산량 대부분을 비축해야 하기 때문이다. 2023년 러시아군은 전년도보다 두 배 많은 200만 발 이상의 포탄을 발사한 것으로 추정된다. 군사정보 사이트 〈오릭스(Oryx)〉에 따르면 전쟁 초기 2년간 우크라이나에서 손상되거나 파괴된 러시아 지상군 차량은 1만 대에 달한다. ⓛⓓ

크리티크M 7호
『몸몸몸, 자본주의의 오래된 신화』
권당 정가 16,500원

글·필리프 레마리 Philippe Leymarie
저널리스트. <르몽드 디플로마티크> 프랑스어판과 <RFI> 라디오방송에 안보, 아프리카 문제 등에 관한 기사를 보도하고 있다.

번역·김은희
번역위원

(1) 'La France en tête de la 'coalition artillerie' pour l'Ukraine 우크라이나 지원 '포병 동맹' 선두에 선 프랑스', 온라인 국방, <르몽드 디플로마티크> 블로그, 2024년 2월 13일.
(2) 옌스 스톨텐베르그 북대서양조약기구(NATO) 사무총장은 "올해 회원국 과반수에 해당하는 18개국이 GDP의 2%를 국방에 투입할 것으로 예상"하며 유럽 국가들의 전례 없는 노력을 환영했다. (<레제코>, 2024년 2월 14일.)
(3) Akram Belkaïd, 'Gaza, enfer à ciel ouvert 지옥으로 변해버린 가자지구', <르몽드 디플로마티크> 프랑스어판, 2024년 4월호.

<전투병>, 2023 - 아심 리에트만 _ 관련기사 60면

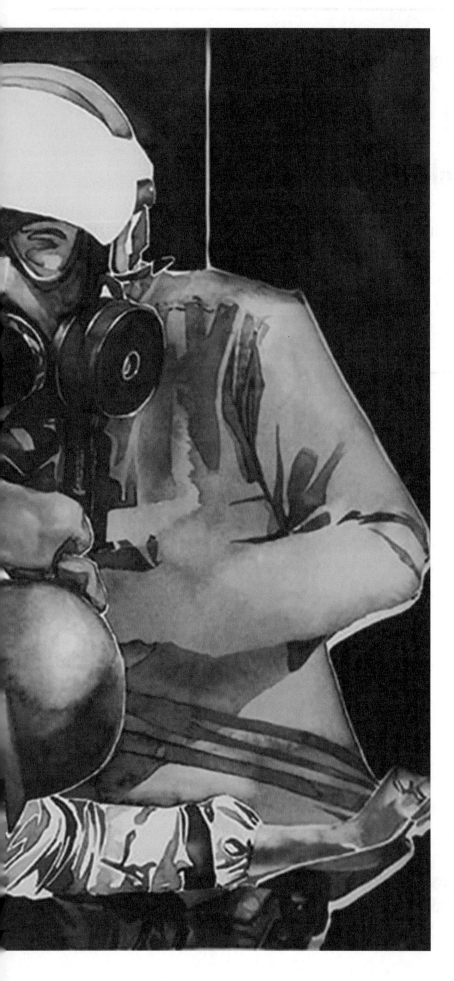

GÉNOCIDE

제노사이드

대학살 비극의 데칼코마니, 아르메니아와 팔레스타인

대학살 비극의 데칼코마니, 아르메니아와 팔레스타인

콩고민주공화국부터 가자지구를 거쳐 시리아에 이르기까지 여러 분쟁과 몇몇 권위주의적인 정권의 탈선에 대해 '제노사이드'라고 규정짓는 상황이 늘어나고 있다. 1944년 만들어진 '제노사이드'라는 단어는 이 단어가 생성된 지 오래된 만큼이나 어떤 사건이 제노사이드인지에 대한 논쟁도 오래됐다. 그리고 이는 법률가와 역사가들이 흥미로워하는 주제이다. 이들 덕분에 현재와 과거의 비극, 특히 오스만 제국 시민이었던 아르메니아인들의 비극을 명확히 이해할 수 있다.

라즈미그 크셰얀 ▌파리대학교 사회학 교수

1904년 일어난 헤레로족과 나마족 제노사이드와 더불어 1915년 일어난 아르메니아인 제노사이드는 20세기 초 발생한 제노사이드 중 하나다. 그리고 2023년 말 우리는 21세기 첫 번째 제노사이드라 일컬을 수 있는 사건을 목도하고 있다. 그것은 바로 가자지구에 거주하는 팔레스타인인 섬멸이다.

팔레스타인인 섬멸을 제노사이드라 '일컬을 수 있다'고 했던 표현을 보면, 무엇이 제노사이드인지를 규정하는 일이 복잡하다는 사실을 알 수 있다.(1) 법적으로 봤을 때 1948년 국제 연합(UN)이 채택한 제노사이드 범죄 예방 및 저지를 위한 협약은 제노사이드에 대해 '국민, 민족, 인종, 종교 집단 전체 또는 일부를 파괴할 의도로 저지르는' 모든 행동이라고 규정한다.

하지만 역사와 사회학 분야에서도 제노사이드를 어떻게 규정해야 할지에 대한 논쟁이 있다. 1950년부터 2000년 사이에는 '제노사이드 연구'에 대한 학문 간 연구에서 '반인류 범죄'가 논의 주제로 부상할 정도였다. 이 주제에 대한 연구 활동 중 하나는 이 반인류 범죄들을 세밀히 이해할 수 있도록 각 범죄를 비교하는 일이었다. 모든 제노사이드에는 독특한 특성이 있지만 유사성도 관찰된다. 반인류 범죄가 여럿 나타나는 경향을 보이는 전쟁 상황에서 특히 그렇다.

제노사이드를 법적으로 규정할 때 객관적인 기준을 근거로 한다지만 정치적 측면 또한 배제할 수 없다. 역사가 페리 앤더슨이 말했듯 국제법은 '강자의 법'이다.(2) 국가 행위자(국가)와 비국가 행위자(비정부 단체)는 대규모로 벌어지는 범죄가 제노사이드로 전개되는지 여부에 자신들이 관심을 가질 때에야 법률가나 역사가와 마찰을 빚으며 그 일이 제노사이드인지 규정하는 절차에 돌입한다. 알아두어야 할 점은 1948년 제정된 제노사이드 협약은 제노사이드가 일어나거나 지속되지 못하도록 행동에 나서는 데 목적이 있었다는 사실이다.

튀르키예 민족주의 세력, 아르메니아인들을 대학살

제노사이드로 보이는 새로운 케이스가 발생할 때마다 과거에 발생한 제노사이드 사건들과 비교할 부분이 많아진다. 현재 신규 사례는 가자지구에서 일어난 일이다. 비교를 통해 우리는 현재 진행 중이지만 애초부터 제

대로 파악하기 어려운 사건을 이해할 수 있다. 그렇다고 사용되는 용어들이 비슷비슷하다고 볼 수는 없다.

아르메니아의 경우 제노사이드로 인해 사망자가 약 150만 명 발생했다. 1915년부터 1923년까지 오스만 제국에 거주했던 아르메니아인 2/3가 사망한 것이다. 게다가 아르메니아인을 대상으로 한 강간, 노예 삼기, 유아 유괴, 강제 개종 등도 일어났다. 프란체스카 알바니스 점령지 담당 유엔 보고관은 이스라엘이 가자지구에서 작전을 개시한 이래 6개월간 이스라엘군은 팔레스타인 3만 명 이상을 살해했으며, 7만 천 명을 다치게 했다.(3) 이것이 다가 아니다. 아이들 만 3천 명 이상이 사망했고 이

스라엘은 가자지구 시민 80% 이상을 다른 곳으로 강제 이주시켰다.

1908년 쇠퇴해가는 오스만 제국에서 정권을 장악한 청년 튀르크당과 파시스트 성향의 장관들로 구성된 인종 민족주의 세력—이후 무스타파 케말 튀르키예 초대 대통령이 아르메니아인 제노사이드를 완수한다.(4)—이 아르메니아인들에게 집단 폭력을 자행함으로써 이들을 몰아내고 튀르키예 민족을 건설했다. 이스라엘 정부는 요르단과 지중해 연안 사이 영토를 되찾자는 대이스라엘 (Greater Israel) 프로젝트(성경에 쓰여 있는 이스라엘 영토를 회복하자는 운동-역주)를 진행하고 있다.

<꼭두각시 인형들>, 2021 - 뮤리엘 아마라니 자오 우아이츠

아르메니아의 경우 민족 국가 설립으로 가는 과도기에 제노사이드가 일어났다. 아르메니아인이 당한 폭력은 오스만 제국에는 튀르키예인이 아닌 민족들에게 제국의 문호를 개방한 시기가 지난 뒤, 청년 튀르크당이 장악한 정부가 무슬림이라는 단일 민족의 정체성 위에 정부를 세우고자 하는 의지로 인해 일어났다. 오스만 제국 내 타민족 추방은 아시리아인, 그리스인, 유대인에게도 각기 다른 형태로 일어났다.

대이스라엘 프로젝트,
파괴적인 인종 청소 작전으로 이어져

팔레스타인은 이스라엘인들이 이주해 사는 식민지, 즉 정착형 식민주의에 속한다. 이는 19세기 말부터 현재까지 계속되고 있다. 폭력은 시온주의, 즉 대이스라엘 프로젝트 안에 이미 존재하는 요소다. 2023년 10월 시작된 이스라엘의 공격은 오랜 기간 연이어 발생한 인종 청소 작전 중 가장 파괴적이었다. 역사가 라시드 칼리디는 이스라엘이 팔레스타인 민족을 대상으로 "백년 전쟁"을 개시했다고 말했다.(5) 이것을 빼놓고는 하마스가 10월 7일 저지른 이스라엘 침공을 설명하는 것이 무의미하다.

아르메니아에서도 이주 문제가 있었다. 그렇지만 아르메니아인 제노사이드의 경우에는 '인구 공학'적인 측면이 있다. 오스만 제국은 발칸 반도에서 일어난 전쟁에 패한 바 있는데 이때 튀르키예 정부는 다른 지역, 특히 발칸 반도에 거주하던 무슬림들을 오스만 제국 동쪽에 위치한 아르메니아 지방에 정착하도록 했다. 오스만 제국 말기를 연구한 역사가들은 이것을 내부의 식민지화라고 말했다.(6) 이는 곧 지역 내 아르메니아인 절멸을 뜻한다.

"개"·"돼지"로 불린 아르메니아인,
"인간 동물"로 비하된 팔레스타인인

대다수의 사람들은 아르메니아인 제노사이드의 시작을 1915년 4월 24일로 기억하지만 아르메니아인을 대상으로 한 다른 대규모 범죄들은 19세기 후반 이미 벌어졌다. 예를 들면 1894년부터 1897년까지 자행된 '하미디예' 대학살(오스만 제국의 압둘하미드 2세가 자신의 이름을 따서 만든 '하미디예' 기병대를 보내 아르메니아인들을 학살한 사건-역주)과 1909년 일어난 아다나 대학살(오스만 제국의 아다나 주에서 아르메니아인들이 학살당한 사건)을 특히 꼽을 수 있다.

역사학자들은 이렇게 대규모로 벌어지는 살인과 엄밀한 의미에서의 아르메니아인 제노사이드 사이의 연속성을 짚었다. 어쨌든 폭력은 지속됐다. 아르메니아인 제노사이드가 일어나고 한 세기가 흐른 2022년 9월 튀르키예가 지원하는 아제르바이잔은 나고르노카라바흐 지역에서 아르메니아인 12만 명을 추방했다.

또한 두 경우 모두 이들이 인간임을 부정하는 단어를 통해 이들을 공격하는 분위기가 조성됐다. 아르메니아인들은 "개", "돼지"로 불렸지만, 요아브 갈란트 이스라엘 국방부 장관은 팔레스타인인들을 "인간 동물"이라 불렀다. 대학살 이전에 인간임을 부인하는 행위가 선행되는 것이다. '탄지마트'라는 이름으로 19세기 중반 오스만 제국에서 시행된 개혁에도 불구하고 아르메니아인들은 2등 시민에 머물렀다. 여러 국제단체는 21세기 초 이스라엘에서 아파르트헤이트가 지배적이었던 상황에 대해 알렸는데 특히 국제 인권 단체 휴먼 라이츠 워치와 국제 앰네스티, 이스라엘 인권 단체 베첼렘은 민족과 종교에 따라 개개인의 권리가 차등됐다는 사실을 밝혔다.

아르메니아와 팔레스타인,
대학살로 못 이룬 독립의 꿈

그렇지만 아르메니아인과 팔레스타인인 간에는 두 가지 차이점이 있어 더 자세히 볼 필요가 있다. 먼저 오스만 제국에서는 아르메니아인들이 민족으로서는 2등 시민이라 하더라도 일부는 엘리트 계층, 특히 경제적으로 상류층에 속했다. 둘째로 아르메니아인들이 겪은 공간상의 분리-아파르트헤이트는 '분리'를 의미한다.-는 팔레스타인인들에게 가해진 상황과 같지 않았다. 팔레스

타인인들이 거주하는 요르단강 서안지구에는 분리 장벽이 있고 가자지구는 지붕 없는 감옥이다.

민족의식의 부상은 두 민족의 상황에 대해 알 수 있는 중요한 정보다. 먼저 아르메니아인들은 오스만 제국과 러시아 제국 안에서 자신들의 여러 권리와 안전을 보장해 줄 것을 요청했다. 이들은 두 제국에 살았으며 추후에는 독립을 요구했다. 팔레스타인의 정체성은 오스만 제국 시절의 행정 구역인 팔레스타인 지역에 거주하는 지식인 사이에서 19세기 말부터 형성됐다.(7) 그런 뒤 시온주의(유대인들이 자신들의 조상의 땅인 팔레스타인에 유대 민족 국가를 건설하려는 민족주의 운동-역주)와 대립하며 강해졌다. 아르메니아인과 팔레스타인인 모두 대학살로 인해 독립이라는 열망을 실현시키지 못한 것이 분명하다.

독일, 튀르키예의 아르메니아인 학살에 방조 책임 인정

비슷한 게 또 있다. 국제 사회가 두 비극에 아주 수동적인 입장에 있었다는 점이다. 역사가들 사이에서는 제1차 세계 대전 당시 튀르키예 정부가 아르메니아인을 섬멸할 때 튀르키예의 동맹국이었던 독일 제국이 정확히 어떤 역할을 했는지에 대해 의견이 분분하다.(8) 어떤 이들은 독일 관리들이 직접적으로 참여했다고 하는 반면 다른 이들은 그들이 최소한 제노사이드를 막는 데 일정 부분 일조했을 수 있다고 주장한다. 2016년 6월 독일이 오스만 제국의 아르메니아인 학살을 제노사이드로 인정했을 때 독일 연방 의회 결의안에는 "유감스럽게도 오스만 제국의 주요 동맹국이었던 독일 제국은 …… 이러한 반인류 범죄를 중단시킬 어떤 행동도 하지 않았다."라며 잘못을 인정했다. 이어 "독일 제국은 이 사건들에 일정 부분 책임이 있다.(9)"라고 덧붙였다. 가자지구에서 일어난 학살 또한 국제 사회의 지원이 있었다. 그 중에도 미국은 최일선에서 거의 무조건적으로 무기와 탄약을 공급하고 외교적으로 방패막이 돼 주고 있다.

제노사이드는 상징적 인간성 말살을 넘어 상당히 물질적인 과정에 속한다. 튀르키예 중산층은 아르메니아인의 토지 및 통장을 강탈함으로써 부상할 수 있었는데 이렇게 부상한 튀르키예 중산층은 케말주의 체제(튀르키예 초대 대통령인 무스타파 케말의 사상에 따라 이슬람주의가 아닌 세속주의를 표방함.-역주)의 기반을 다지게 된다.(10) 이스라엘과 팔레스타인 간 분쟁은 이스라엘이 팔레스타인 영토에 자국민을 이주시킬 목적뿐 아니라 그 땅의 경제적 가치를 보고 이스라엘이 팔레스타인 영토를 차지했기 때문에 일어났다.(11) 1993년 체결한 오슬로 협정 전 요르단강 서안지구에 거주하던 이스라엘인 인구는 11만 명이 되지 않았는데 현재는 거의 71만 명에 달한다.

국제사법재판소가 인정한 가자지구 제노사이드

이스라엘의 경우 종교적 논리로 유대인들이 팔레스타인에 거주할 권리를 주장한다. 아르메니아인 학살을 설명하는 데에도 종교가 포함되지만 확실히 팔레스타인 분쟁만큼 핵심적인 이유는 아니다. 역사가들은 모두 아르메니아인 학살에 대해 팔레스타인 분쟁만큼 종교에 큰 비중을 두지 않는다.

아르메니아의 경우 대학살에 있어 '현지' 자원을 사용했다는 점을 무시할 수 없다. 청년 튀르크당과 연계된 무장 단체 중 하나-특수 조직-는 보통법을 위반한 범죄자들이나 아르메니아인들을 제거하도록 선동된 비정규군 (특히 쿠르드족)을 이용해 아르메니아인들을 집단 학살했다.

팔레스타인의 경우 가자지구에서는 이스라엘군이 무차별 폭격을 퍼붓는 반면, 요르단강 서안지구에서는 자국의 비호를 받으며 급진적으로 행동하는 이들이 있었다. 즉 이스라엘 정착민들이 저지르는 권력 남용 또한 현지 자원을 이용한 측면이 있다.

1915년에 튀르키예에서 벌어진 제노사이드는 아르메니아인 엘리트층 숙청에서부터 시작됐다. 아르메니아 공동체의 지도층을 제거하는 일은 곧 그들의 공동체를 파괴하는 것이었다. 그렇게 함으로써 나머지 아르메니아

인들을 제거하는 일이 더 쉬웠다. 이스라엘은 가자지구에 총공세를 펼쳤지만 팔레스타인 지식인들 또한 타깃이 된 것도 사실이다. 이는 2023년 12월 6일 팔레스타인인 시인 레파트 알라리르가 이스라엘군에게 살해당한 점, 기자 125명이 사망했다고 알바니스 보고관이 집계한 점, 가자지구 내 12개 대학교가 파괴됐다는 점을 보면 알 수 있다.

1세기 만에 세계가 인정한 아르메니아 대학살

점점 많은 국가, 국제 시민 사회 단체, 전문가가 가자지구에서 벌어지는 일을 제노사이드로 보는 의견에 대해 진지하게 받아들이고 있다. 이스라엘 역사학자 자르 세갈이 이 의견을 10월 13일 처음으로 표명한 듯하다.(12)

그리고 얼마 지나지 않아 이스

라엘 출신 미국인이자 홀로코스트 전문가인 오메르 바르토브는 이스라엘이 의도를 가지고 제노사이드를 자행하려 한다며 자신의 생각을 밝혔다.(13) 또한 이스라엘의 제노사이드 혐의에 대해 남아프리카 공화국이 국제 사법 재판소에 제소한 바 있는데 1월 말 압도적으로 많은 판사들이 이스라엘의 가자지구 공격에 대해 실질적 위험이 있다고 밝혔다.

여러 사건이 벌어지고 한 세기 만에 '국제 사회'가 아르메니아인 대학살을 인정했다. 우리 세상은 크게 진일보한 것이다. 그럼에도 튀르키예는 여전히 아르메니아인 학살에 대한 책임을 인정하지 않았으며 자신들이 한 행동이 학살이라는 사실도 부인한다. 튀르키예는 제1차 세계 대전이라는 맥락에서의 대학살은 인정하지만 아르메니아인을 섬멸하려는 의도가 있었다는 의견은 받아들이지 않는다.

어떤 사건을 제노사이드로 규정할지에 대해 자주 토론이 있는 이유가 그 일에 의도가 있었는지를 따지고자 함이라면, 제노사이드를 저지른 이들 중 그 의도를 명시적으로 말하는 사람은 거의 없다.(14) 이스라엘 지도부는 '추방'에 대한 표현을 여러 차례 사용했다. 베냐민 네타냐후 이스라엘 총리는 참모진에 "가자 주민의 수를 최소한으로 줄일" 수 있는 계획을 세우라고 말했다. 이스라엘군은 체계적으로 팔레스타인인들을 살해하기 위해 인공 지능을 이용했다.(15) 팔레스타인인 말살 방법에

19세기, '주의'라는 논쟁적 개념은 어떻게 떠오르고 변형되고 재구성되었나?

근대의 문턱에서 이뤄진 지각 방식의 중대한 변화를 포착하고 스펙터클과 주의 관리 기술이 중첩된 현시대까지 아우르는 예술비평가 조너선 크레리의 대표작

우리 시대의 고전 27

지각의 정지
주의·스펙터클·근대문화

조너선 크레리 지음
유운성 옮김

"크레리는 우리의 스펙터클한 삶에 관한 역사가-철학자이다." _『아트포럼』
2001년 라이어널 트릴링 북어워드 수상작, 영화평론가 유운성 번역

크레리는 […] '주의의 계보학'을 치밀하게 그려 보인다. 이 책의 치밀함과 집요함은 이따금 독서 중에 길을 잃게 할 정도지만, 그의 논의가 그저 역사적 호기심을 자극하는 수준에서 멈추는 법은 없다. 오히려 그것은 오늘날 '주목 경제' 혹은 '관심 경제'라고도 불리는 주의 경제의 운용을 위한 시청각적 인프라가 근대문화의 한복판에서 어떻게 형성되었는지를 규명하는 작업이다. _옮긴이 후기에서

www.moonji.com　　Instagram moonji_books　　facebook moonjibooks　　twitter @moonji_books　　문학과지성사

대한 자료를 모으는 것은 시간이 걸릴 것이다. 그렇지만 제노사이드를 할 의도가 있음은 행동으로도 확인된다.

아르메니아와 팔레스타인에서 일어난 두 비극이 서로 주고받는 메아리를 인식한 팔레스타인 시인 나즈완 다르위시는 자신의 시에 "누가 아르메니아인을 기억하나?(16)"라는 문장을 썼다. 폴란드 침공 전날 아돌프 히틀러가 던진 질문을 인용한 것이었다. 다르위시는 영국 일간지 <가디언>과의 인터뷰에서 이렇게 말했다.

"저는 아르메니아 역사에 대한 시를 썼습니다. 오늘 저는 우리, 팔레스타인인들이 또다시 비슷한 일을 겪는 상황을 보고 있습니다. 여러분은 여기서 역사의 아이러니를 목도합니다. 역사는 우리를 비웃고 있죠. 역사는 우리에게 이렇게 말합니다. '그대들은 과거에 대해 쓴다고 생각하겠지. 하지만 사실 그대들은 그대들의 미래에 대해 쓰는 것이라네.'라고요."(17) ◾

글·라즈미그 크셰얀 Razmig Keucheyan
파리대학교 사회학 교수

번역·김은혜
번역위원

(1) Dominik J. Schaller, 「From Lemkin to Clooney : The development and state of genocide studies」, Genocide Studies and Prevention, vol. 6, n° 3, Toronto, 2011년 11월.

(2) Perry Anderson, 「Le droit international du plus fort 강자들의 국제법」, <르몽드 디플로마티크> 프랑스어판, 2024년 2월호.

(3) Francesca Albanese, 「Anatomy of a genocide. Report of the special rapporteur on the situation of human rights in the Palestinian territory occupied since 1967 to Human Rights Council. Advance unedited version (A/HRC/55/73)」, 24 mars 2024, www.un.org

(4) Raymond Kévorkian, 『Parachever un génocide. Mustafa Kemal et l'élimination des rescapés arméniens et grecs (1918-1922) 제노사이드를 완성하다. 무스타파 케말 그리고 아르메니아인과 그리스인 생존자들의 추방 (1918~1922)』, Odile Jacob, Paris, 2023년.

(5) Rashid Khalidi, 『The Hundred Years' War on Palestine. A History of Settler Colonialism and Resistance, 1917-2017』, Metropolitan Books, New York, 2020년.

(6) Olivier Bouquet, 『Pourquoi l'Empire ottoman? Six siècles d'histoire 왜 오스만 제국인가? 6세기의 역사』, Folio, Paris, 2022년.

(7) Cf. Rashid Khalidi, 『L'Identité palestinienne. La construction d'une conscience nationale moderne 팔레스타인의 정체성. 현대 민족의식의 성립』, La Fabrique, Paris, 2003년.

(8) Cf. notamment Stefan Ihrig, 『Justifying Genocide. Germany and the Armenians From Bismarck to Hitler』, Harvard University Press, Cambridge, 2016년.

(9) Frédéric Lemaître, 「En réaction à la reconnaissance du génocide arménien par l'Allemagne, la Turquie rappelle son ambassadeur à Berlin 독일이 아르메니아인 제노사이드를 인정하자 튀르키예, 독일 주재 자국 대사 본국 송환」, 2016년 6월 2일 자 <르몽드>.

(10) Hamit Bozarslan, Vincent Duclert et Raymond Kévorkian, 『Comprendre le génocide des Arméniens 아르메니아인 제노사이드 이해하기』, Tallandier, Paris, 2015년.

(11) Cf. Haim Yacobi et Elya Milner, 「Planning, land ownership, and settler colonialism in Israel/Palestine」, Journal of Palestine Studies, vol. 51, n° 2, Washington, DC, 2022년.

(12) Raz Segal, 『A textbook case of genocide』, Jewish Currents, New York, 2023년 10월 13일.

(13) Omer Bartov, 「What I believe as a historian of genocide」, <The New York Times>, 2023년 11월 10일.

(14) Scott Straus, 「Second-generation comparative research on genocide」, World Politics, vol. 59, n° 3, Baltimore, 2007년 4월.

(15) Yuval Abraham, 「"Lavender" : The AI machine directing Israel's bombing spree in Gaza」, <+972 Magazine>, 2024년 4월 3일, www.972mag.com

(16) 나즈완 다르위시의 시집 『Nothing More to Lose』의 발췌문, New York Review Books/Poets, New York, 2014년.

(17) Alexia Underwood, 「Palestinian poet Najwan Darwish : "We can't begin to comprehend the loss of art"」, <The Guardian>, Londres, 2024년 1월 4일.

가자지구 심리하는 국제 법정의 예사롭지 않은 표결

강대국 영합하던 국제재판소, 정의 우선하는 독자노선 예고

이제까지 국제재판소는 크게 주목받는 대상이 아니었다. 그러나 현재 헤이그에서 진행 중인 가자지구와 관련된 두 건의 소송(한 건은 이스라엘 국가에 대한 것, 다른 건은 이스라엘과 하마스의 지도자들에 대한 것)은 전통적인 지정학적 관계의 변화와 분열을 보여주고 있다.

안세실 로베르 ▌〈르몽드 디플로마티크〉 프랑스어판 국제이사

"이 재판소는 아프리카와 푸틴 같은 깡패들을 위해 만들어진 곳'이라고 한 간부가 저에게 말했습니다."(1)

지난 5월 20일 국제형사재판소의 칸 검사는 〈CNN〉 인터뷰에서 주저하지 않고 이렇게 잘라 말했다. 칸 검사가 가자지구에서 벌어진 전쟁 범죄와 반인도 범죄의 혐의로 하마스의 지도자 3명—야히아 신와르, 무함마드 디아브 이브라힘 알-마스리(데이프), 이스마일 하니예—그리고 이스라엘의 총리 네타냐후와 국방부 장관 요아브 갈란트에 대해 체포 영장 청구서를 제출한 데 따른 반응이었다.

사실, 민주주의 국가의 지도자들에게 체포 영장이 청구된 일은 전무후무한 사건으로, 조 바이든 미국 대통령은 "터무니없다"라는 반응을 보였고 일부 공화당 소속 의원들은 해당 검사에게 보복하겠다고 위협했다. 한편 이스라엘의 네타냐후 총리는 이를 대수롭지 않게 여기면서, 그 무엇도 이스라엘의 '정당 방어' 작전을 멈출 수는 없을 것이라고 예고했다.

국제사법재판소, 이스라엘에 올해 세 차례 명령 내려

제2차 세계대전 이후 독일 전범들을 재판했던 뉘른베르크 군사 법원과 도쿄 군사 법원의 정신을 따르는 국제형사재판소는 외교적 정치적 지위와 상관없이 한 개인에 대한 판결을 내리는 반면, 국제사법재판소는 국가의 잘잘못을 판단한다.

2023년 10월 7일 대학살과 함께 시작된 가자 전쟁은, 현재 헤이그에 위치한 두 개의 사법 기관인 국제사법재판소와 국제형사재판소에서 각기 다른 소송에 동시에 걸려 있다. 남아프리카공화국은 '1948년 집단학살의 방지와 처벌에 관한 협약'에 따라 국제사법재판소에 이스라엘을 기소한 상태이다.(2)

지금까지 국제사법재판소는 이스라엘에 대해 총 세 번의 명령을 내렸다. 역사의 무게, 범죄를 저지른 자들의 면면(학살에 연루된 국가와 지도자), 희생된 민간인 수, 가자지구의 피해 규모가 세간에 알려지면서 전 세계적으로 반이스라엘 정서가 높아졌고, 몇몇 국가에서는 대규모 항의 시위와 격렬한 정치적 논쟁도 일어났다.

이 전례 없는 두 건의 소송을 통해 우리는 세 가지의 중요한 사실을 알 수 있다.

첫 번째로, 국제 정의는 언제나 뜨거운 화두였지만 이렇게 지정학적 측면의 중심에서 다뤄진 적은 처음이

다. 2024년 1월 26일에 발표된 이스라엘에 대한 국제사법재판소의 첫 번째 명령은 TV로 생중계됐고, 재판소 본부에 설치된 대형 TV 화면으로도 재송출됐다. 얼마 전에 은퇴했지만 언론의 관심과 대중의 시선을 꿰뚫고 있었던 조앤 도노휴 당시 ICJ 소장은 4월 26일 〈BBC〉와의 긴 대담을 통해 해당 명령에 대한 몇몇 측면을 부연 설명하기도 했다. 칸 검사 역시 5월 20일 〈CNN〉과 만나 이러한 청원의 동기를 밝히고 그로 인해 자신이 어떤 위협을 받고 있는지를 털어놓았다.

이러한 놀라운 상황은 외교관들과 UN 산하 정치 기구들의 무능함 때문이다. 가장 먼저 안전보장이사회만 해도 투쟁을 중단시키고 갈등의 돌파구를 찾을 능력이 없다. 반면에 UN의 모든 기술 기구들은 현장으로 출동해 현지 주민들의 구조와 치료에 온 힘을 쏟고 있다. 유엔팔레스타인 난민구호기구(UNRWA), 유엔세계식량계획(WFP), 유엔난민기구(UNHCR), 세계보건기구(WHO), 유엔아동기금(Unicef) 등이 대표적이다.

안토니우 구테흐스 유엔 사무총장은 본래 신중한 성격이었지만 지금은 각종 경고를 날리고 세계 곳곳을 방문하기를 주저하지 않는다. 마틴 그리피스 유엔 인도주의 및 긴급구호 사무차장은 2024년 6월 4일 기자회견 자리에서 "다양한 갈등을 인도주의적인 지원이 아닌 정치적 솔루션을 통해 해결하려 든다면 설사 해결이 된다 해도 결코 오래가지 못할 것"이라고 경고했다.

2007년 넬슨 만델라가 역대 노벨 수상자와 퇴임한 지도자들을 모아 조직한 비공식 기구인 디 엘더스(The Elders)는 5월 9일 보도자료를 통해 "정치의 실패"를 규탄하고 강대국들이 다자간 협력을 위한 책임을 다해줄 것을 촉구했다.(3)

1948년 집단학살 협약의 조항을 들먹이는 것은 세간의 이목을 끄는 일이자 불명예스러운 경우로, 때로는 한 국가를 국제사법재판소로 소환하기 위한 최후의 수단으로 사용된다. 이스라엘을 포함한 일부 국가는 국제사법재판소를 인정하지 않지만 이 협약을 비준한 153개국 중에 속해 있으며, 이 협약의 제9조는 체결국과 관련된 모든 분쟁은 국제사법재판소에 의뢰한다는 내용이다.

이 법적 조항에 의거해 우크라이나는 2022년 러시아를 피고석에 앉힐 수 있었지만, 여기에 서명하지 않은 중국은 위구르족에 대한 학살 책임을 면할 수 있었다. 유엔안전보장이사회의 5개 상임이사국 가운데 오로지 영국만이 어떠한 조건 없이 국제사법재판소의 판결을 수용한다. 그리고 이 5개국 중 영국과 프랑스만이 국제형사재판소에 가입돼 있다.

국제형사재판소, 외교적 면책 우회해 처벌 가능

1998년에 설립된 국제형사재판소는 임기 중인 대통령 또는 군부 수장이 유엔안전보장이사회에서 거부권을 행사해 국제적인 제재를 피하려 들 때, 이들의 외교적 면책 특권을 우회해 처벌할 수 있게 한다. 체포 영장이 발급되면 당사자는 국가 간 이동이 사실상 제한되는데, 국제형사재판소에 소속된 124개국은 자국에 입국한 당사자를 체포해 재판에 넘길 의무가 있기 때문이다.

이러한 이유로 우크라이나에서 전쟁 범죄를 저지른 혐의로 기소된 블라디미르 푸틴 러시아 대통령은 2023년 8월 말에 요하네스버그에서 개최된 BRICS 정상회의에 참석하지 못했다. 같은 이유로, 프랑스와 독일을 포함해 국제형사재판소를 인정하는 15개 EU 회원국은 이스라엘 지도부에 대한 체포 영장이 발급될 경우에 매우 곤란한 상황에 놓이게 된다. 인권 단체와 활동가들이 이들 국가의 국제적인 의무를 상기시킬 것이기 때문이다. EU에 속한 21개국을 포함해 국제형사재판소의 93개 회원국은 5개국(벨기에, 팔레스타인, 칠레, 세네갈, 슬로베니아)이 발의한 국제형사재판소 지지 선언에 최근 서명했다.(4)

두 번째로, 올해 1월 26일, 3월 28일, 5월 24일에 발표된 세 차례의 명령과 카림 칸 국제형사재판소 검사의 체포 영장 청구는 국제적으로 허용되는 일의 범위, 즉 그 누구도 이의를 제기하기 어려운 경우의 범위를 정의하고 있다. "여러 의견이 충돌할 수밖에 없는 이 세상에서, 재판소는 인류가 겪는 고통의 심각성을 인정했고, 따라서 예방의 목적으로 그 책임자들을 지목했다."(5) 제임스 A. 골드스턴 법관은 이렇게 평가했다.

가자지구에서 집단학살이 실제로 일어났는지 아닌지에 대한 최종 결정은 앞으로 몇 년 뒤에나 나올 것이다, 제2차 세계대전 말에 정립된, 집단학살 범죄를 정의하는 엄격한 법적 기준을 면밀히 검토해야 하기 때문이다(박스 기사 참조).

최종 판결이 나오기 전까지 아무런 활동도 하지 않거나 할 수도 없는 상황에 대비하기 위해, 1948년 협약은 최초의 전조 증상이 나타난 직후부터 해당 인구를 '만약의 상황'으로부터 보호할 수 있는 예비 경고 메커니즘을 마련해 놓았다. 실제로 집단학살이 일어났는지 아닌지와는 상관없다. 가자지구의 경우에 이스라엘은 남아프리카공화국의 주장이 완전하고 명백하게 터무니없다면서 국제사법재판소에 이를 기각해줄 것을 요청했다.

집단학살 행위로부터 보호받을 권리, 침해당한 사실 인정돼

그리고 이스라엘은 민간인 보호와 관련된 국제 인권법이 요구하는 모든 예방 조치를 이미 취하고 있다고 주장했다. 그러나 확실한 사실(파괴, 사망률 등)과 일부 이스라엘 정치인의 '비인간적인' 발언을 근거로, 국제사법재판소는 재판관 17명 중 15표라는 압도적인 표결로, 팔레스타인들이 1948년 협약에 의거해 가질 수 있는 권리, "예를 들어 집단학살 행위로부터 보호받을 권리"를 침해당한 사실이 '타당하다'라는 결론을 내렸다.

올해 1월 26일 명령에서, 국제사법재판소는 해당 권리가 "돌이킬 수 없는 침해의 실질적이고 절박한 위험" 아래에 놓여 있으며, 따라서 긴급 조치가 필요하다고

반인도 범죄의 기원이 된 '집단학살(제노사이드)'

'집단학살(제노사이드)'이란 단어는 1944년 폴란드의 변호사 라파엘 램킨이 저서인 『Axis Rule in Occupied Europe 점령된 유럽에서의 축의 법칙』에서 처음 사용했다. 나치 '말살주의'의 규모와 성질을 세상에 알린 책이다.

제노사이드(genocide)는 '종' 또는 '부족'을 뜻하는 그리스어 접두사 genos와 '제거하다, 죽이다'를 의미하는 라틴어 caedere에서 유래한 접미사 cide로 구성된다. 1946년에 유엔총회는 집단학살을 반(反)국제법 범죄로 정의했으며, 1948년에는 아예 이 단어가 들어간 협약이 체결됐다.

집단학살 협약은 집단학살 범죄의 방지와 처벌에 관한 협약으로, 지금까지 153개국이 비준했다. 전쟁 범죄, 반인도 범죄, 폭행 범죄와 함께 집단학살 범죄는 국제형사재판소의 기소 대상이다.

집단학살 범죄는 국제법에서 가장 심각한 형법 위반 범죄로, 직접적인 행위(예를 들어, 학살)뿐만 아니라 특정 집단의 고유한 특성(종, 민족, 종교)을 이유로 그들을 제거하려는 의도가 모두 포함된다. 그러나 두 번째 기준인 '의도'는 입증하기가 어려운데, 범죄 당사자가 자신의 계획을 명백하게 알리는 경우는 드물기 때문이다.

이에 국제사법재판소는 이 의도의 존재를 확인하기 위해, 문제의 학살 행위에서 집단학살을 저지르려 했다는 의도 외에는 그 어떠한 논리적인 결론도 도출하지 않을 것을 요구한다. 그러나 사실 전쟁 상황에서는 어떤 행위를 설명하는 데 여러 가지 이유가 있을 수 있다. 이러한 이유로 지금까지 국제적으로 인정된 집단학살은 단 4건뿐이다. 나치가 행한 유대인 학살과 집시 학살, 르완다의 투치족 대학살(르완다 국제형사재판소(ICTR)), 스레브레니카 지역의 이슬람교도 학살(구유고슬라비아 국제형사재판소, 국제사법재판소), 크메르 루주 정권의 베트남 국민과 참족 학살(캄보디아 법원 특별 법정(ECCC))이다.

집단학살 범죄가 정의된 1946년 이전에 일어난 사건들은 법적으로 책임을 물을 수 없다. 그러나 많은 국가에서는 개인의 요청에 따라 그리고 해당 국가의 법에 의거해 1915~1916년 오토만 제국의 아르메니아인 대학살도 집단학살로 인정했다. 2021년 독일은 아프리카 나미비아를 식민 통치할 당시에 헤레로스족과 나마스족을 학살했음을 인정하고, 나미비아 정부에 11억 달러의 재정적 보상금을 지불하기로 약속했다. ⒧

발표했다.(6) 이러한 판결은 그 자체로 주목할 만한 사건이었다. 왜냐하면 민족, 권리, 무장 갈등을 위한 옥스퍼드 연구소의 공동 소장인 자니나 딜에 따르면, 이처럼 중대한 결정, 특히 민주주의 국가를 대상으로 하는 비판은 "이제까지 단 한 번도 타당하다고 인정된 적이 없었기" 때문이다.(7)

이스라엘 재판관을 포함해 투표로 결정된 예방 조치 중 하나는, 이스라엘의 "집단학살 유발 행위"를 중단시키고 처벌한다는 내용을 명백하게 명시한다. 이스라엘은 또한 자국 군대가 1948년 협약에 의해 처벌되는 그 어떠한 행위도 하지 못하게 막아야 하며, 범죄의 증거를 보존해야 한다. 그리고 재판소는 이스라엘에게 "긴급한 상황에서 기본적인 서비스와 인도주의적 지원을 제공함으로써 가자지구 팔레스타인인들의 어려운 생활 조건을 개선해야 한다"라고 명했다.

두 차례 후속 명령, 전염병 유행과 영양실조 확산 우려 명시

그다음으로 이어진 두 차례의 후속 명령(3월 28일, 5월 24일)은 1월 26일 명령에 따라 결정된 조치를 확인하는 한편, "예외적으로 심각한" 상황이 점점 더 악화하고 있으며 전염성 질병의 유행과 영양실조의 확산이 우려된다는 사실을 추가로 명시했다. 국제사법재판소는 이스라엘의 의무를 상기시키고, "가자지구 팔레스타인인들이 전체적 또는 부분적인 신체적 파괴가 유발될 수 있는 열악한 생존 조건에 놓이게 하는", 라파에서 이루어지는 모든 행위를 중단할 것을 이스라엘 측에 명했다. 또한 집단학살과 다름없는 결과를 초래하는 기근의 위험도 경고했다.

(국제형법재판소의 소관인) 형법에서, 사람들을 고의로 굶주리게 하는 행위는 전쟁 범죄(네타냐후 총리와 갈란트 장관의 첫 번째이자 가장 중요한 혐의)와 반인도 범죄(다섯 번째 혐의)에 해당한다. 6명의 독립적인 전문가가 작성한 보고서와 현장 관찰 결과에 의거해, 카림 칸 검사는 이스라엘 지도부가 "박해"와 "비인간적인 행위"(반인도 범죄)를 저지르고 있으며, 고의로 민간인을 겨냥하고, "그들에게 의도적으로 엄청난 고통을 주거나 신체의 일부분 또는 건강을 심각하게 훼손"하고 있으며, 그들을 "잔인한 방식으로 취급"(전쟁 범죄)하고 있다고 주장했다.

한편 하마스 지도부는 "고문", "성폭행과 성추행"(반인도 범죄)을 저지른 사실과 "인질", "포로 상태에서의 인간의 존엄성 침해"(전쟁 범죄)의 혐의를 받고 있다. 혐의자로 지목된 5명의 공통된 죄목은 "반인도 범죄인 말살과 살인"이다.

두 개의 진영, 두 종류의 법치 국가

세 번째로, 이러한 법적 절차가 전 세계에 미친 충격은, 국제 질서의 균열과 '이중 잣대'의 확산을 거울처럼 반영하고 있다. 칸 검사는 다음과 같이 말했다.

"저의 사무실과 재판소에서 다루고 있는 모든 상황에서, 전쟁 중에도 지켜야 하는 기준인 국제 인권법이 무장 갈등의 당사자들에게 불평등한 방식으로 적용되고 있다는 사실을 우리는 널리 알려야 합니다. 이를 통해 우리는 모든 인류의 생명은 동등한 가치를 지닌다는 사실을 보여주어야 합니다."(8)

즉, 피고인들 사이가 아닌 피의자들 사이에서 불평등이 일어나고 있다는 뜻이다. 그러나 국제 사회에서의 힘의 관계, 구체적으로는 경제 및 군사 대국인 미국이 이스라엘을 지지하고 있는 상황을 고려했을 때, 이러한 야심은 다소 순진해 보인다. 그러나 복잡한 지정학적 측면에서 보면 현실화할 가능성이 전혀 없지는 않다.

〈더 가디언〉의 최근 조사에서 밝혀졌듯이 이스라엘이 수년 전부터 재판소를 상대로 한 스파이 활동과 로비에 엄청난 돈을 쏟아붓고 있다는 점과 칸 검사를 협박하고 있다는 사실을 보면, 분명히 문제가 있음을 알 수 있다.(9) 공식적으로 소송에 참여하고 있는 4개국(콜롬비아, 멕시코, 니카라과, 리비아)과 직접 법적 조치를 실행하겠다고 발표한 국가들(브라질 등)과 같이 점점 더 많은 남부 국가들이 남아프리카공화국을 지지하고 있다는

것은, 오늘날 지정학적 측면에서 두 개의 진영, 두 종류의 법치 국가가 있음을 보여준다.

　"안타깝게도 이 사안은 국제 정치학과 전략적 이익의 '산안드레아스 단층'(태평양판과 북아메리카판의 경계에 위치한 단층-역주)에 위치해 있다"라고 칸 검사는 말했고, 자신을 위협하는 이들을 향해 이렇게 선언했다.

　"원하는 대로 하십시오. 원하는 대로 말씀하십시오. 우리는 정의를 수호하는 임무를 절대로 저버리지 않을 것입니다."

　칸 검사는 줄리언 어산지의 폭로 이후 아프가니스탄이 미군을 제소한 사건을 2021년 9월에 돈이 부족하다는 이유로 포기한 뒤로 미국의 이익을 따르는 인물이라는 평가를 받았던 만큼, 이러한 그의 발언은 더욱더 울림이 컸다.(10)

　골드스턴 법관의 설명에 따르면, 남아프리카공화국은 미국의 비호를 받는 이스라엘을 공격하기로 결정함에 따라, '법정 전략', 즉 과거 자신들이 정립한 국제 질서를 스스로 무너뜨리려 하는 서구 강대국들에 영합하지 않고 정의를 우선시하는 독자적인 노선을 선택한 것으로 보인다. **ID**

글·안세실 로베르 Anne-Cécile Robert
<르몽드 디플로마티크> 프랑스어판 국제이사

번역·김소연
번역위원

(1) 2024년 5월 20일 카림 칸 국제형사재판소 검사가 <CNN>의 크리스티안 아만포와 가진 대담

(2) Anne-Cécile Robert 안세실 로베르, 「Comment l'Afrique du Sud défend une cause universelle 남아프리카공화국이 보편적인 입장을 지지하는 방법」, <르몽드 디플로마티크> 프랑스어판, 2024년 2월호.

(3) Cf. The Elders warn that failures of political leadership risk collapse of international order, 2024년 5월 29일, https://theelders.org

(4) Cf. le communiqué diffusé sur X de la représentation permanente de la Belgique auprès de l'ONU le 14 juin 2024. 2024년 6월 14일 주유엔 벨기에 대표부의 공보.

(5) James A. Goldston, 「Strategic litigation takes the international stage : "South Africa v. Israel" in its broader context, Just Security」, 2024년 1월 31일, www.justsecurity.org

(6) Anne-Cécile Robert 안세실 로베르, 「La CIJ évoque le risque plausible de génocide à Gaza 국제사법재판소가 가자지구의 집단 학살 가능성을 인정하다」, <르몽드 디플로마티크> 프랑스어판, 2024년 2월호.

(7) Top experts' views of International Court of Justice ruling on Israel Gaza operations (South Africa v Israel, Genocide convention case), 2024년 1월 26일, www.justsecurity.org

(8) Déclaration du procureur de la CPI, Karim A. A. Khan KC : dépôt de requêtes aux fins de délivrance de mandats d'arrêt concernant la situation dans l'État de Palestine 국제형사재판소 검사 카림 A. A. 칸 KC의 발언: 팔레스타인 국가의 상황과 관련된 체포 영장 발부 청구서 제출, 2024년 5월 20일, www.icc-cpi.int

(9) Yuval Abraham, Harry Davies, Bethan McKernan & Meron Rapoport, 「Spying, hacking and intimidation: Israel's nine-year 'war' on the ICC exposed」, <The Guardian>, London, 2024년 5월 28일.

(10) Déclaration du procureur, Karim A. A. Khan KC, après avoir demandé aux juges, en vertu de l'article 18 2, de statuer sur sa demande d'autorisation de reprise des travaux d'enquête dans la situation en Afghanistan 국제형사재판소 검사 카림 A. A. 칸 KC의 발언: 제18 2조에 의거해 재판관들에게 아프가니스탄 상황에 대한 조사 작업 재개 허가 요청서를 제출한 이후, 2021년 9월 27일, www.icc-cpi.int

Manière de voir

<마니에르 드 부아르> 14호
『추리소설의 뤼미에르』

권 당 정가 18,000원
1년 정기구독 시 72,000원
⇨ 65,000원

드론 공격에 취약한 파리 올림픽

최근 전쟁에서 재래식 포, 지뢰, 장갑차, 포격, 참호, 땅굴 등이 화려하게 부활했다. 특히 현대 공중전에서 하늘은 대개 무기가 탑재된 무인기들, 즉 드론의 치열한 각축장이 되고 있다. 2년 전부터 러시아-우크라이나 전장에서 중요한 공격 수단으로 활약 중인 드론은 2024년 4월 13~14일 이란이 이스라엘 영토를 공격할 때도 주요 무기로 동원됐다.

필리프 레마리 ▌저널리스트

2000년대 초 군사용 드론을 제작하거나 사용할 수 있는 능력은 미국, 이스라엘 등 오로지 소수의 국가에게만 있었다. 하지만 이제는 전 세계적으로 80개국 군대가 군사용 드론을 운용하고 있다. 종류도 불과 몇 그램 중량에 불과한 나노 드론에서부터 시작해, 전투기나 여객기에 버금갈 정도로 육중한 비행체에 이르기까지, 무려 수백 개 모델이 존재한다.

감시 및 정찰용 드론은 '무빙 아이'란 명색에 걸맞게 다양한 장점을 누린다. 먼저 시간과 에너지 소모를 줄여주는가 하면, 조종사를 탑승시킬 필요가 없어 인력도 아낄 수 있다. 그런가 하면 영상을 촬영하거나 전송할 수도 있다. 또한 당연히 무기나 포탄을 포함한 각종 화물 운송이 가능하다.

흔히 경량 형태로 이른바 '강자에 대항한 약자의 무기, 가난한 자들의 무기'로 불리는 드론의 활용이 점차 일반화되고 있다. 때로는 조립용 키트를 이용해 간단히 제작하거나, 또 때로는 상점에서 수십~수백 유로에 일반 드론을 사서 손쉽게 군사용으로 개조해, 장갑차, 전차, 레이더망 등을 공격하는 데 사용되기도 한다. 그런가 하면, 한계에 다다른 적의 방어 시스템이 뚫리기를 기대하며 한꺼번에 벌떼 드론 공격을 감행해볼 수도 있다.

이란 드론 방어에 10~13억 달러 들어

이제는 비단 무인기 개발에 한참 앞선 강대국들이나 소국 이스라엘만이 아니라, 튀르키예, 이란, 인도 등 수많은 나라가 드론 산업에 뛰어들어 눈부신 활약을 보여주고 있다. 가령 유도 미사일이 탑재된 튀르키예의 바이락타르 20여 기(진정한 무인 비행기인 이 드론들은 1대당 가격이 5백만 달러에 달한다)는 2022년 블라디미르 푸틴이 파견한 러시아군 기갑 차량이 우크라이나 수도 키이우로 진격하지 못하게 하는 성과를 올렸다. 그런가 하면 러시아군은 이란이 개발한 샤헤드를 대대적으로 활용했다. 샤헤드는 튀르키예의 바이락타르에 비해 가벼운 게 장점이지만, 속도가 훨씬 느려 적의 공격에 취약한 약점이 있다. 무인기 샤헤드는 지난 4월 13일 이란 혁명수비대가 이스라엘을 공격할 때도 역시 사용됐다.

하지만 '역사적'이라는 평가를 받는 최근 대규모의 화려한 드론 공격은 군사적 측면에서는 오히려 '실패'로 간주된다. 이스라엘군 대변인에 따르면, 모두 300대에 달하는 자폭 드론과 탄도 미사일이 이란의 공격에 동원됐지만, 그 가운데 99%는 이라크, 요르단, 혹은 이스라엘 영공에서 사전에 격추돼 차단됐다. 역내에 배치된 미국, 영국, 요르단, 프랑스의 대공 미사일 방어체계가 숨은 공신으로 활약하는 한편, 이스라엘의 대공 방어체계가 탁월한 방어 능력을 보여준 덕분이었다.

가령 이스라엘의 미사일 방어체계 '애로우'는 표적으로부터 한참 떨어진 초고도상에서 일찌감치 탄도 미사일을 차단했다. 한편 이스라엘의 로켓포·드론 방어체계 '아이언돔' 활약도 빼놓을 수 없다. 2010년 이후 이스라

<드론전쟁장식>, 2015 - 존 존스턴

엘군이 운용 중인 '아이언돔'은 이후 미국의 지원을 받아 더욱 확장되고 현대화되어, 표적에서 수 킬로미터 떨어진 거리에서도 적의 로켓포와 드론, 그리고 소형 미사일을 격추한다.

사실상 4월 13일 토요일 이스라엘 영토를 뚫고 들어온 미사일은 10기를 채 넘지 않았다. 그 가운데 이란의 미사일 1기는 이스라엘의 네바팀 공군기지를 타격했지만 이스라엘군의 피해는 경미했다. 또 다른 미사일 1기는 이스라엘 공군의 C130 허큘리스 수송기 1대를 파괴한 것이 전부였다. 그럼에도 이스라엘에는 막대한 비용을 초래했다. 어쨌거나 4월 15일 <i24뉴스>에 인용된 이스라엘군 참모총장의 전 재정고문, 림 아미노아치 준장의 설명에 따르면, 이스라엘이 이번 공격 대응에 쏟아부은 재정은 무려 40~50억 셰켈(10~13억 달러)로 추산된다.

앞다퉈 민간드론 개조해 전력화

드론 및 안티드론 생산의 선구자로 통하는 이스라엘은 2023년 10월 팔레스타인의 가자지구에서 하마스와 벌인 전쟁에서도 다양한 종류의 드론을 동원해 상시 전장 감시, 땅굴 탐사, 표적 식별 등에 사용했다.(1) 우크라이나군도 민간드론 개조, 음향탐지망 구축, 첨단 교란 및 '요격' 기술 개발 등 드론 분야에서 혁신을 거듭하고 있다. 한편 초기에 고전을 면치 못했던 러시아도 최근 수개월 새 상당한 드론 전력을 확보했다.

2019년 튀르키예는 시리아 북부 지역에서 이미 조직적으로 드론 공격을 감행했다. 같은 해 사우디아라비아의 아람코 정유시설도 20여 대의 드론 공격에 피격을 당했다. 당시 그 배후로 이란이 지목됐다. 한편 예멘의 친이란 후티 반군 역시 이란제 드론을 사용했다. 하마스

의 공격으로 가자지구에서 전쟁이 발생하자, 후티족은 바다를 지나는 선박들을 잇달아 공격해 국제교역을 방해하는 등 홍해에서 새로운 전선을 형성했다.(2) 2020년 나고르노-카라바흐 분쟁 때 아제르바이잔도 아르메니아를 상대로 다량의 저가 드론을 활용했다.(3) 이는 최근 이란이 이스라엘을 상대로 벌떼 드론 공격을 벌이기 한참 전의 일이었다.

드론 전력에서 뒤처진 유럽

군사용 드론, 특히 중고도 장기체공(MUAV) 드론을 둘러싼 경쟁에서 후발주자로 통하는 유럽은 해외 구매에 의존하고 있다. 가령 독일의 경우 이스라엘 제품을 도입하는가 하면, 프랑스는 대규모 감시와 무장용으로 12여 기의 리퍼 시스템을 미국에서 구매했다. 체공 시간(24시간)이 길고, 항공기(20미터)에 버금가는 육중한 크기를 자랑하는 이 드론들은 특히 헬파이어 미사일 탑재가 가능하다.(4) 세바스티앵 르코르뉘 프랑스 국방부 장관은 드론 분야에서 '프랑스가 유감스럽게도 다른 나라에 상당히 뒤처져 있음'을 인정했다. '10~15년 전 잘못된 결정'으로 인해 미국에 크게 의존하는 결과를 자초했다는 것이다.

프랑스는 2014~2030년, 육해공 3군의 뒤처진 드론 전력을 만회하기 위해 50억 유로를 투자해야 할 것으로 예상된다. 프랑스 육군은 이미 '드론화'에 상당한 진전을 보여주고 있다. 현재 각종 드론 2,000기를 보유한 데 이어, 이듬해에는 3,000기까지 운용 드론을 확대할 예정이다. 감시 및 정찰 능력을 확보하고, 표적 식별을 돕고, 타격수단으로 삼기 위해 드론 전력을 강화하겠다는 것이다.

운용 드론의 종류도 초소형에서 초대형까지 다채롭다. 일명 '전투원 드론'(허리에 휴대 가능한 33그램 중량의 블랫호넷3 등)에서, 첩보 활동 등에 특화된 '특수' 드론(중량 15킬로그램, 크기 4미터, 체공 시간 2시간 반에 달하는 탈레스의 SMDR 등), '지휘 드론'(내년부터 운용 가능한 사프란 패트롤러(영상 정보 수집 및 활용에 능통한 제61 포병연대 지휘관은 "이 드론을 이용하는 경우

수십 킬로미터 밖에서도 적군의 전투 명령을 감청할 수 있을 것"이라고 확신한다) 등)까지 종류도 가지각색이다. 한편 최근 프랑스 국방부 장관이 툴루즈 소재 소형드론 제조업체 들레르에 '특별주문'한 드론 일부도 조만간 우크라이나군에 지원될 예정이다.

프랑스 해군의 목표는 상대적으로 소박하다. 수년 전부터 해군은 세 가지 모델을 검토 중에 있다. 중형 무인 헬리콥터, 소형 무인 항공기, 그리고 기뢰 제거용 무인잠수정이 바로 그 모델이다. 하지만 이 무인기들은 수년 안에 실전 배치가 쉽지 않아 수입 제품(특히 잠수정)으로 보완이 불가피하다. 사실 성능이 우수한 무인기를 조금 더 일찍 도입했더라면, 감지체계와 요격체계를 서로 분리함으로써, 현대식 호위함 구매를 조금 더 절약할 수 있었을 것이다. 호위함은 비록 성능은 우수하나 크기나 비용이 부담스럽고 방어에 취약하기 때문이다. 혹은 원격 조정이 가능한 무인기지 설치 등을 통해, 태평양 인근을 비롯한 해외영토의 넓은 해역에서 전력을 더 강화했을 수도 있을 것이다.(5)

다소 항공사가 개발한 미라주나 라팔 전투기에 대한 의존도가 높은 프랑스 공군은 처음에는 기존의 전투기 구매를 좀처럼 포기하려 하지 않았다. 그러다 아프리카 내 군사작전을 위해 미국에서 긴급 도입한 리퍼 조종인력을 뒤늦게 부랴부랴 확충해야 했다.

드론 벌떼 공격을 막아내기는 힘들어

"드론 공격을 막아내기란 사실상 거의 불가능하다." 안보드론연맹 소속 프랑스 연구이사 티에리 베르티에는 점점 구하기도 쉽고 개조도 간편한 드론이 위력적인 무기가 되고 있다고 평가했다. "소수의 드론이 동원된 '간단한' 공격의 경우, 공항, 경기장 등 보호구역에 대한 드론 침입 여부를 탐지하거나, 드론 비행을 교란하거나, 요격할 수 있는 시스템이 존재한다. 하지만 사방에서 동시다발로 수십 대 혹은 수백 대의 드론을 띄우는 이른바 드론 '벌떼' 공격은 막아낼 재간이 없다. 30대가 넘어서는 순간, 드론 공격을 방어하기란 무척이나 어렵다."

사실 이는 오는 7월 26일 개최될 파리 올림픽 준비 과정에서 많은 이들이 촉각을 곤두세우는 최악의 사태에 해당한다. 각 군은 특히 개막식과 폐막식을 중점적으로 올림픽이 개최되는 한 달 동안 최악의 사태에 만반의 대비를 하려고 한다. 가령 공중조기경보통제기(프랑스어로는 SDCA, 영어로는 AEW&C) 1대, 보급기 1대, 지상과 영공에 라팔과 미라주 전투기 수대를 준비시키는 한편, 지대공 미사일 포대를 배치하고, 명사수를 탑승시킨 헬리콥터를 대기시키며, 헌병 특수부대(GIGN)(6)와 경찰 특수부대 RAID(7), BRI(8)를 파견할 예정이다.

그리고 모든 종류의 안티 드론 기술도 동원할 것이다. 가령 근거리 요격 무기, 전파 방해 건, 바살트 신원확인시스템(파리 공항), 밀라드(전파 방해 레이더) 혹은 라디앙(경찰 운용 드론 탐지 및 요격 시스템)은 물론, 지난 3월 중순 파리와 마르세유에서 실시된 수많은 시험 테스트 결과 '명목상 성능'에 미치지 못하는 것으로 밝혀져 많은 상원위원들의 우려를 낳았던 탈레스의 파라드 방공 시스템도 동원될 예정이다.(9)

공군 홀로 한 달 동안 동원하는 병력만 사실상 2천 명에 달할 것으로 예상된다. 프랑스 공군의 스테판 밀 참모총장은 상시 '드론 전력 상황'을 총괄하며, 상황에 따라 "악의적인 드론을 탐지하고, 식별하고, 교란하고, 차단하거나 파괴하기 위해 필요한 교전 지시를 내릴 수 있도록" 공군이 앞장서서 부처 간 대드론 공조를 책임질 것이라고 강조했다. 한편 대드론 작전의 선구자로 통하는 헌병 특수부대(GIGN)의 지슬랭 레티 사령관은 올림픽 준비 상황을 '낙관적'이라고 평가하면서도, 앞으로 '최악의 사태에 대비해야 한다'는 사실만은 인정했다. ▯

크리티크M 6호
『마녀들이 돌아왔다』
권당 정가 16,500원

글·필리프 레마리 Philippe Leymarie
저널리스트. <르몽드 디플로마티크> 프랑스어판과 <RFI> 라디오방송에 안보, 아프리카 문제 등에 관한 기사를 보도하고 있다.

번역·허보미
번역위원

(1) 이스라엘 참모총장은 비공식 기준을 토대로 가자지구 내 3,000여 개 표적을 식별하기 위해 인공지능을 활용했을 것으로 추정된다.

(2) Tristan Colma, 'Les houthistes défient Washington 후티 반군, 워싱턴에 도전하다', <르몽드 디플로마티크> 프랑스어판, 2024년 3월호.

(3) <Marianne>에 따르면, 국가 간 분쟁 차원의 최초의 사례, 2020년 10월 26일.

(4) 해당 드론의 조종은 전장 인근에 배치된 4명의 조종사(파일럿)와 운용병(오퍼레이터)으로 구성된 승무원이 담당했다. 반면 미군은 해당 드론 3,000기를 보유하는 한편, 대부분 미국영토 내에서 조종한다.

(5) Cf. Léo Péria-Peigné, 'La France doit-elle investir davantage dans les drones navals? 프랑스는 해군 드론에 더 많이 투자해야 할까?', <Polytechnique insights>, 2023년 1월 31일.

(6) 국가헌병대개입부대.

(7) 수색, 지원, 개입, 억제.

(8) 수색개입여단.

(9) Cf. <Marianne>, 2024년 4월 14일.

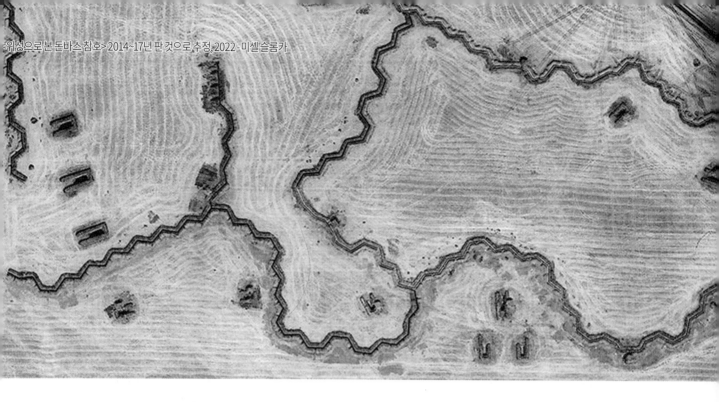

<위성으로 본 돈바스 참호> 2014~17년 판 것으로 추정, 2022 - 미셸 슬롬카

러-우, 흑해 곡물 수출에 암묵적으로 합의했나?

2023년 7월, 러시아가 흑해 곡물 협정을 탈퇴하면서 세계 식량 안보가 위협받는 듯했다. 하지만 1년이 지난 지금, 고대 그리스인들이 '평온한 바다(Pontus Euxinus)'로 불렀던 흑해의 교역은 눈부신 호황을 누리고 있다. 러시아와 우크라이나 는 흑해 내 긴장 완화에 합의라도 한 것일까?

이고르 들라노에 ▮프랑스-러시아 연구소 부원장, 역사학 박사

2022년 7월, 러시아, 우크라이나, 튀르키예는 흑해 곡물 협정(Black Sea Grain Initiative)을 체결했다. 유엔(UN)이 중재한 이 협정 덕분에 우크라이나는 전쟁 중에도 흑해를 통해 밀을 수출할 수 있었다. 그런데 1년 후, 러시아는 협정 탈퇴를 선언했다.

분석가들은 이로 인해 우크라이나의 밀 수출이 타격을 입을 것으로 예상했지만 현재 우크라이나의 해상 곡물 수출은 최고 호황을 누리고 있다. 2024년 1분기 우크라이나의 곡물 수출량은 2,200만t에 달했다. 이는 흑해 곡물 협정으로 개설된 항로를 이용했던 2023년 1분기 대비 2배나 증가한 물량이다.(1)

초르노모르스크항과 유즈네항을 아우르는 거대한 오데사항은 우크라이나의 주요 곡물 수출항이다. 2024년 1분기 오데사항을 통해 수출된 곡물은 1,200만t에 달했다. 동기간, 우크라이나는 다뉴브강과 육로를 통해서도 각각 300만t, 200만t의 곡물을 수출했다.(2) 여전히 전쟁 중인 우크라이나의 곡물 수출량은 어떻게 러시아 침공 전 수준을 (5% 내외로) 거의 회복할 수 있었을까?

2023년 7월 17일, 러시아는 흑해 곡물 협정에서 탈퇴했다. 우크라이나가 흑해를 통해 크름반도에 대한 드론 공격을 감행하고 외부로부터 은밀한 지원을 받고 있다고 판단했기 때문이다. 이후 러시아는 협정하에 일종의 불가침 지역으로 여겨졌던 오데사항의 해상 인프라에 수일간 폭격을 퍼부었다. 2023년 8월 15일, 러시아 해군

은 튀르키예 해역 인근 흑해 남서쪽 해상에서 우크라이나로 군사 장비를 수송 중인 것으로 의심되는 유조선을 나포하기도 했다.

그럼에도 우크라이나는 대함 미사일과 무인 수상정을 활용해 러시아 함대를 저지할 수 있었다. 2023년 8월 5일, 우크라이나는 케르치 해협 입구에서 무인 수상정으로 러시아 유조선을 공격했다. 이에 앞서 2022년 우크라이나 에너지 시설을 겨냥

한 군사 작전에서 러시아는 이미 한 차례 실패를 경험한 바 있다. 2023년 여름 러시아가 우크라이나의 곡물 수출 인프라를 상대로 펼친 공격 역시 실패로 끝났고 이후 새로운 힘의 균형이 수립됐다.

러시아, 흑해의 활발한 물동량에 분쟁 원치 않아

그런데 우크라이나군이 흑해에

서 거둔 성과는 우크라이나의 흑해 무역 정상화에 기여한 요인 중 하나일 뿐이다. 사실 러시아는 흑해의 분쟁 격화를 원하지 않는다. 우크라이나가 루마니아와 불가리아 해역을 통과하는 새로운 항로로 곡물 수출을 재개하는 동안 흑해를 통한 러시아의 무역량은 폭발적으로 증가했다. 2023년, 물동량 3억t을 기록한 아조프해와 흑해는 북극 연안, 발트해 항구, 카스피해, 극동 지역 항구를 제치고 여전히 러시아에서 가장 활발한 바닷길이다.(3) 2023년, 러시아 해상 무역의 1/3을 책임지는 흑해의 러시아 항구의 물동량은 지난 10년간 가장 큰 폭인 10.4% 증가했다. 하지만 2024년 1분기에는 모든 러시아 항구의 교역량이 소폭 감소했다.

해상무역이 호황을 누리자 곡물 수출도 증가했다. 7월 1일에서 이듬해 6월 30일까지인 농기(農期)가 시작된 이후 러시아의 곡물 수출량은 전년도보다 1,000만t 증가해 6,000만t(대부분 밀)을 넘어섰다.(4) 2023년 3분기~2024년 1분기, 러시아의 곡물 수출량은 전년 동 기간 대비 약 20% 증가했다.

지중해 남부의 전통적인 수입국에 아시아 국가가 새롭게 가세하면서 러시아산 곡물 수입국 지형에도 변화가 생겼다. 이집트(590만t)는 튀르키예(550만t)를 제치고 최대 수입국으로 떠올랐다. 수입량이 150%(300만t) 증가한 방글라데시는 파키스탄(210만t, 25% 증가), 알제리(170만t, 7% 증가)를 제치고 3위

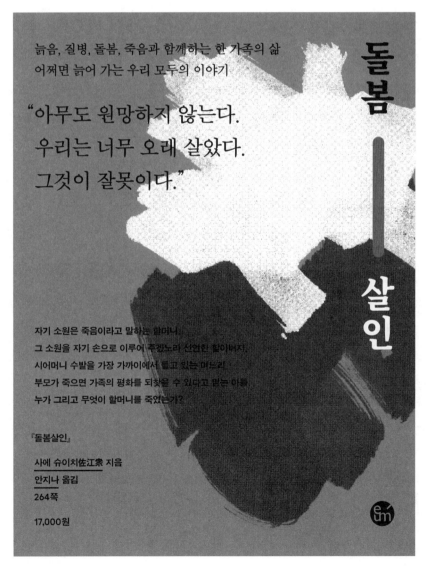

늙음, 질병, 돌봄, 죽음과 함께하는 한 가족의 삶
어쩌면 늙어 가는 우리 모두의 이야기

"아무도 원망하지 않는다.
우리는 너무 오래 살았다.
그것이 잘못이다."

자기 소원은 죽음이라고 말하는 할머니.
그 소원을 자기 손으로 이루어 주겠노라 선언한 할아버지.
시어머니 수발을 가장 가까이에서 듣고 있는 며느리.
부모가 죽으면 가족의 평화를 되찾을 수 있다고 믿는 아들.
누가 그리고 무엇이 할머니를 죽였는가?

『돌봄살인』
사에 슈이치佐江衆 지음
안지나 옮김
264쪽
17,000원

로 급부상했다.(5)

유럽과 우크라이나, 러시아의 곡물 시장 점유율 상승으로 타격 입어

러시아 곡물 수출 증가의 일등 공신은 가격 경쟁력이다. 러시아 곡물의 수출 가격은 1t당 211달러로 각각 222달러, 272달러, 283달러에 수출되는 유럽, 미국, 캐나다산 곡물보다 저렴한 편이다.(6) 수확량 증가로 가격을 낮출 수 있었던 러시아는 5년 연속 세계 최대 밀 수출국 지위를 유지할 것으로 보인다. 반면 유럽과 우크라이나는 러시아의 아프리카, 중동 시장 점유율 상승으로 타격을 입을 것으로 예상된다.

러시아와 우크라이나 유조선이 아프리카와 아시아에 도달하는 최단 경로는 홍해를 통과하는 것이다. 그런데 2023년 12월 이후 팔레스타인을 지지하는 후치 반군이 예멘 해역을 항해하는 선박들을 공격하면서 홍해는 위험한 항로가 됐다.(7) 홍해의 안보 불확실성으로 인해 쉘(Shell), BP를 비롯한 에너지 대기업과 머스크(Maersk), CMA-CGM을 비롯한 물류사는 아프리카 우회로를 선택해야 했다.

국제통화기금(IMF)이 설립한 해상무역 모니터링 플랫폼 포트워치(PortWatch)에 따르면 5월 말 하루 평균 33척의 화물선이 수에즈 운하를 통과했다. 전년도 동기간 78척에 비해 크게 줄어들었다.(8)

순조롭게 이루어지는 러-우의 곡물 수출

1월 말까지만 해도 러시아 국적 (또는 러시아 화물을 운송하는) 선박은 일종의 면책 특권을 누렸다. 하지만 2024년 1월 23일 러시아산 원유를 운송하던 유조선이 공격을 받았다. 이 사건은 러시아 선박들이 여전히 위협에 노출돼 있음을 상기시켰다. 좀 더 최근인 5월 18일, 후치 반군은 중국으로 향하던 '유령 선단'(제재를 피해 수출이 가능하도록 국적이 불분명한 선박) 유조선 윈드(Wind)호를 실수로 공격하기도 했다.

우크라이나 국적선 또는 우크라이나에서 출항한 선박은 러시아 선박에 비해 그 수가 상대적으로 적은 것은 사실이지만 현재까지 공격을 받은 적은 없다. 러시아 국적이든 우크라이나 국적이든 흑해와 홍해를 항해하는 선박은 모두 항해 도중 두 개의 분쟁 지역을 통과해야 한다.

2023년 여름 러시아가 흑해 곡물 협정을 파기했을 당시 아프리카 시장의 곡물 수급이 위협받을 것이라는 우려가 제기됐다. 하지만 이 우려는 가정에 그쳤다. 마치 이 협정이 없어도 우크라이나와 러시아는 교역에 지장이 없다는 듯이 양국의 곡물 수출은 순조롭게 이뤄졌다. 인프라 및 민간 선박에 대한 공격은 여전히 이어지고 있다. 우크라이나와 러시아는 각자 자국의 곡물 수출을 보장하는 암묵적인 '거래'라도 한 것일까? LD

글·이고르 들라노에 Igor Delanoë
프랑스-러시아 연구소 부원장, 역사학 박사

번역·김은희
번역위원

(1) Bridget Diakun & Greg Miller, 「Ukrainian grain exports rebound as ship arrivals near pre-war levels」, 2024년 4월 26일, www.lloydslist.com
(2) 「La victoire passée inaperçue : comment l'Ukraine a réussi à rétablir les exportations par la mer Noire 주목받지 못한 승리: 우크라이나가 흑해 수출을 재개할 수 있었던 비결」 (러시아어), <BBC>, 2024년 5월 5일, www.bbc.com/russian
(3) 무역항협회 통계, (러시아어), www.morport.com
(4) 「Russia's grain exports are already over 10 million tonnes higher than last season at this time」에 언급된 곡물수출연맹 통계, <Interfax>, 2024년 5월 28일, https://interfax.com
(5) 「Egypt and Turkey in the lead : where does Russia send its grain?」, 2024년 4월 10일, (러시아어) https://agrosearch.kz
(6) 「Grain : World Markets and Trade」, United States Department of Agriculture」, Report, 2024년 6월, https://fas.usda.gov
(7) Tristan Coloma, 「Les houthistes défient Washington 미국에 도전하는 후치 반군」, <르몽드 디플로마티크> 프랑스어판, 2024년 3월호.
(8) 「Monitoring Trade Disruptions from Space」, IMF/Portwatch, https://portwatch.imf.org

아웃소싱된 언론의 우버화

다른 근로자들의 업무와 마찬가지로 언론인들의 업무는 아웃소싱되고 있고 근무 조건도 하향 조정되고 있다. 언론사는 기관의 홍보자료를 그대로 복사한 것 같은 표준화되고 뻔히 예상할 수 있는 기사의 생산을 장려하면서 기자의 자리를 저임금 사원으로 채우려 하고 있다. 그나마도 그 자리를 대체할 인공지능이나 로봇이 등장하기를 기다리면서…

뱅상 브레송 ▌기자

클라라 랑드리외(1)는 기자가 되기를 꿈꾸며 대학의 언론학과를 졸업했지만, 취업 후 8개월째 현장 취재나 최소한의 정보 수집도 없이 온종일 기사만 작성하고 있다. 침체된 취업 시장에 뛰어든 이 젊은 여성이 일자리를 찾기 위해 고군분투한 끝에 얻은 직장이다.

친구가 그녀에게 〈시스메디아(6Médias)〉라는 언론 대행사와 그 회사에 들어갈 수 있는 "영양가 있는 요령"에 대해 말해줬을 때 그녀는 운에 맡기고 도전해 보기로 결심했다. 클라라의 말에 따르면, 채용 절차는 "거의 자동으로" 검증되는 필기시험으로 이뤄졌고, 그다음 날 수습 교육일에는 몇 시간 내에 무려 기사 8편을 써내야 했다.

수습이 끝나면 〈시스메디아〉의 기자들은 소정 원고료를 받고 〈르푸앙(Le Point)〉, 〈갈라(Gala)〉, 〈제오(Géo)〉 같은 유명 언론매체의 사이트에 올릴 '기사'를 작성한다. 대부분의 독자는 그런 언론매체의 기사 생산이 하청계약으로 이뤄진다는 사실을 모르고 있다. 그 사실을 구체적으로 명시하지 않으면 독자들은 모든 기사가 해당 매체의 편집부 기자가 쓴 것으로 생각하기 마련이다.

"업계에서는 '우버화'라 하지 않고 콘텐츠 제작이라고 하죠"

언론 소유주가 보기에는 독자의 기대에 더 잘 부응하기 위해 이런 형태의 '우버화(Uberization)'를 택하는 것이 합당한 일일지도 모른다. 이처럼 매우 효율적인 인력 활용 방식을 택했던 한 신문의 전직 웹 편집장은 즉각 말을 바꿨다.

"업계에서는 '우버화'라 하지 않고 콘텐츠 제작이라고 하죠. 현실은 우리가 신문을 관리하는 것처럼 웹사이트를 관리하지 않기 때문입니다. 웹에서 인기를 끄는 콘텐츠는 대개 품질이 낮은 경우가 많습니다. 유명 인사를 다룬 기사, 〈AFP 통신〉을 그대로 받아쓴 기사, 선정적인 기사나 자극적인 헤드라인을 단 기사가 대부분이죠. 언론사에서는 구글의 정보 피드인 디스커버(Discover)에서 기사가 금방 밀려날 거라는 걸 알기 때문에, 예를 들어 '압사를 간신히 피한 어린이' 같은 제목을 붙이는 겁니다. 그 일이 페루에서 일어난 일이라는 건 제목에 밝히지 않고요. 그렇게 하면 조회수가 줄어들 테니까요."

이는 예전 편집국에서는 볼 수 없던 일이며, 몇 해 전부터 광고 부서에서 새 계약을 따내려면 사이트 조회수를 늘려야 했기 때문에 이런 관행이 도입된 것이라고 그는 설명한다. 웹 편집장의 희망과는 달리, 경영진은 외부 언론 대행사를 활용하기로 결정했다. "저는 인력 채용을 제안했지만 이는 시간이 걸리는 일입니다. (최근 도입된) 이런 관행은 결코 바람직하다고 볼 수 없습니다."

미친 속도로 기사를 써야 하는 언론대행사의 전사들

광고가 주 수입원인 무료 인터넷 매체로서는 조회

수를 늘리는 것이 무엇보다 중요하다.(2) 조회수를 늘리기 위해서는 옛날 방식도 필요하다. 바로 이 지점에서 〈시스메디아〉, 〈콤프레스(COM'Presse)〉, 〈ETX 스튜디오〉—이 시장을 지배하는 3대 기업—같은 언론 대행사의 기자 전사들이 등장한다. 네티즌의 시선을 사로잡을 가능성이 높은 기사를 쓰고, 기사에 따라붙는 광고도 늘리기 위해, 이 전사들은 시간당 거의 "논문" 한 편 분량에 달하는 기사를 써낸다. 거의 미친 속도로 기사를 써내야 하는 것이다.

클라라 랑드리외는 "온종일 공장에서 일하는 것처럼 기사를 써야 합니다. 기사 한 편을 써내면 바로 다음 기사를 써야 하죠."라고 한탄했다. 언론 대행사의 이같이 '유연한'(?) 업무 관행은 직원들의 높은 이직률로 이어진다. 직원들은 격무를 견디지 못해 퇴사하기도 하고 상사의 질책을 받고 퇴사하기도 한다. 프랑스의 〈르몽드 디플로마티크〉가 취재한 언론 대행사 직원들은 평균 8개월을 버티지 못하고 직장을 떠난 것으로 나타났다. 한 언론 대행사의 총책임자인 레미 뒤발 씨는 "지난 12년간 우리 회사가 노동재판을 받은 건 딱 한 번뿐이었는데 승소했지요"라고 말했다.

이처럼 지옥 같은 업무속도는 언론계의 "아웃사이더들"에게 박탈감을 초래했다. 게다가 언론계에서 글쓰기는 고객이 지정한 주제에 맞춰 언론 대행사에서 보내준 내용을 줄이거나 재구성하는 "짜깁기"이거나 경쟁사에서 수집한 정보를 "복사하고 붙인" 다음 출처도 밝히지 않고 전체 내용을 다시 쓰는 일이 되고 말았다.

덕분에 언론계의 "인사이더들"은 취재하거나 기사를 쓸 시간을 더 벌 수 있게 되었다. 때로는 이들의 작업 결과물은 언론계 일각에서 더 보람 있는 것으로 인식되는 인쇄출판물로 발행되기도 한다. 젊은 언론 지망생들은 이 같은 언론 취업 시장의 이중 구조에 대해 잘 모르고 있다.

"학교에서 언론인이라는 직업의 비전에 대해 배울 때 이런 불안정한 생태계가 존재한다는 걸 몰랐어요. 이런 우버화가 은밀하게 이뤄졌기 때문이죠."라고 클라라 랑드리외는 고백했다. 클라라는 또한 보수도 너무 낮다

고 지적한다.

"일반 언론사에서는 불법으로 간주되는 고용계약이죠"

몇몇 전 〈시스메디아〉 직원들은 하루 7~8.5시간을 일하고 하루 평균 101유로를, 즉 연말 보너스와 상여금을 제외하고 월평균 세전 2,000유로의 급여를 받았다고 했다. 경쟁사인 〈ETX 마젤란〉의 급여는 이보다 조금 더 높은 수준이지만, 2023년에 〈팜므 악튀엘(Femme Actuelle)〉에서 일했던 한 직원은 이렇게 털어놓았다. "우리는 관례적으로 유기(有期) 계약직으로 일하게 되는데, 이는 일반 언론사에서는 불법으로 간주되는 고용계약이죠."

편집장이 십여 명의 기자들과 회의 탁자에 앉아 다뤄야 할 기사 주제에 대해 토론하는 장면은 에피날 판화처럼 판에 박힌 언론사 이미지에 불과하다. 현실은 많은 잡지사에서 인력 분산 전략을 취하면서 이런 토론 장면은 더 이상 보기 힘든 실정이다.

한 잡지의 전직 기자 장자크 필뢸은 이 상황에 대해 "〈리월드미디어(프랑스 최대 잡지 그룹—역주)〉가 우리 잡지를 인수하면서 제가 몇 년간 소속되어 있던 편집부도 사라졌어요. 그 뒤로 편집부를 개편하거나 하는 일도 결코 없었고요. 잡지 편집은 한 언론 대행사에 맡겨졌다가 또다시 다른 언론 대행사에 맡겨졌지요. 〈리월드미디어〉가 채용한 관리자가 원격 근무하는 프리랜서들을 관리하고 있어요"라고 설명했다.(3)

필뢸은 아직도 그 잡지를 위해 일하고 있지만 잡지가 〈리월드미디어〉로 넘어간 후 급여가 30퍼센트나 삭감되었다. 그렇게 생성된 기사에는 인포그래픽과 지도는 최소한으로 들어간다. "일부 기사는 정말 아마추어 수준이라 할 수 있어요"라고 필뢸은 꼬집었다.

우버화된 잡지 편집 방식, 과연 지속가능할까?

하청을 받은 언론 대행사가 웹 기사만 담당하는 것

은 아니다. 언론 대행사는 인쇄물 출판사로부터 요청이 들어오면 기사 생산을 아웃소싱해서 '무기한 정규 계약(CDI)'이나 '기간제 계약(CDD)' 체결을 피하려 한다. 많은 잡지 경영진은 판매 감소를 극복하기 위한 방법으로 저임금 노동력을 활용한다.

〈시앙스에비(Science & Vie)〉의 이사와 편집장을 역임한 에르베 푸아리에는 "논쟁의 여지는 있겠습니다만, 저는 우버화된 잡지 편집 방식이 지속가능할 것이라고는 생각하지 않습니다"라고 주장했다. 2019년 〈리월드미디어〉가 몽다도리 프랑스(Mondadori France) 그룹을 인수하고 구조조정을 단행하자 푸아리에는 자신이 몸담고 있던 〈시앙스에비〉를 떠나, 새로운 잡지 제작 방식에 질려버린 다른 언론인들과 의기투합해 〈시앙스에비〉에 대적할 만한 과학 전문 잡지 〈엡실룬(Epsiloon)〉을 창간했다.

그러나 기자증을 목에 건 기자를 볼 수 없는 미디어 제국은 어떤 것일까? 〈리월드미디어〉의 설립자 파스칼 슈발리에는 2021년 2월 27일 〈CB 뉴스〉와의 인터뷰에서 이 문제에 대해 이렇게 말했다.

"시대의 변화를 따라가야 합니다. 불평꾼들의 쓸데없는 장광설은 그만 퍼뜨리는 게 좋겠습니다. 우리의 궁극적 목표는 음악계의 스포티파이(Spotify, 글로벌 음악 스트리밍 서비스—역주)처럼 언론계의 콘텐츠 플랫폼이 되는 것입니다."

같은 인터뷰에서 〈리월드미디어〉의 총괄 관리자 고티에 노르망은 이렇게 덧붙였다. "콘텐츠의 품질을 결정하는 것은 독자들입니다. 그러니 콘텐츠 제작 방식에 대해서는 깊이 생각하고 싶지 않습니다."

이런 우버화는 경쟁사에도 영향을 미친다. 〈리월드미디어〉 같은 상장 그룹뿐만 아니라 〈코스모폴리탄(Cosmopolitan)〉과 〈라 르뷔 뒤 뱅 드 프랑스(La Revue du vin de France)〉를 소유하고 있는 가족 경영 그룹 〈마리끌레르〉도 콘텐츠 제작의 우버화를 추진하고 있다. 그룹 내 일부 직원들은 경영진이 "편집 기능의 풀링(pooling, 공통의 목적을 위해 자원이나 정보를 결합하는 행위—역주) 및 아웃소싱" 프로젝트를 추진할까 우려

하고 있다.

전국기자노동조합-노동총연맹(SNJ-CGT)의 프랑수아즈 푀이예 위원장은 "〈퀴진 에 뱅 드 프랑스(Cuisine et Vins de France)〉나 〈마직마망(Magicmaman)〉 같은 이 그룹의 일부 매체는 이미 아웃소싱되어 있습니다. 이런 굵직굵직한 매체뿐만 아니라 〈아방타쥬(Avantages)〉나 〈코스모폴리탄〉 같은 매체도 이제 영향을 받을 수 있습니다."라고 우려했다.

〈마리끌레르〉 그룹 경영진은 〈리월드미디어〉의 전략을 모방하는 데 그치지 않고 유사 서비스 제공업체인 〈콤프레스〉까지 활용하고 있다. "미디어 콘텐츠" 생산 전문 기업을 표방하는 〈콤프레스〉는 페이지 당 각기 다른 요율의 원고료를 받고 원고를 작성하는 300명 이상의 언론인 네트워크를 활용한다. 자사 웹사이트에 다양한 미디어—TV 프로그램 〈역사의 비밀(Secrets d'histoire)〉과 〈시앙스 에 비(Science & Vie)〉, 〈르 푸앙〉, 〈누 되(Nous Deux)〉, 〈몽 쟈르뎅 에 마 메종(Mon Jardin & ma maison)〉 같은 잡지의 특별판—에 제공할 잡지를 연간 150~200종 제작한다. 한편, 〈시스메디아〉는 잡지 100여 종을 제작하고 있다고 밝혔지만, 〈ETX 마젤란〉은 정확한 수치를 밝히지 않고 있다.

이 같은 변화는 새로운 형태와 규모로 확장되고 있는 근본적인 움직임의 일부에 불과하다. 2004년 〈로이터 통신〉은 뉴욕증권거래소에 상장된 2000여 개 미국 중소기업에 대한 뉴스 취재를 위해 편집부 일부를 인도로 이전했다.(4) 로이터통신은 이 같은 변화를 통해 급여 및 비용을 60%까지 절감할 수 있었다고 밝혔다.

언젠가는 AI가 웹 편집자를 대체할 수도…

몇몇 언론인들은 '라 데페슈 뒤 미디(La Dépêche du Midi)' 그룹이 자체 언론사를 설립한 다음 하청계약을 맺는 독창적인 "술책"을 세운 것으로 의심하고 있다. 벨레(Baylet) 가문의 그룹에 속해있는 언론사 〈라 데페슈 뉴스(La Dépêche News)〉는 〈라 데페슈 뒤 미디〉가 2017년부터 언론인 30~40명을 불리한 급여 조건으로

모집할 수 있도록 했다.

실제로 이들은 프랑스 남서부의 지역 언론사에서 일하고 있다. "처음에는 기존 방식대로 채용된 직원들과 동일한 초과근로 휴가 일수를 보장받지 못했습니다. 2022년부터 이런 상황이 정상화되긴 했지만, 아직도 저는 〈라 데페슈〉의 언론 대행사 소속으로 일하면서 〈라 데페슈〉에 직접 고용된 직원보다 최소 400유로 적은 급여를 받고 있지요."라고 익명을 요구한 한 언론인이 털어놓았다.

새로운 채용 방식이 도입된 후 처음으로 채용된 직원 중 한 사람인 클레어 레이노는 자신의 급여가 직접 채용된 직원의 급여보다 30%가량 낮다는 것을 알아차리고 산업재판소에 소송을 제기했고 기나긴 기다림 끝에 1심에서 승소했다. 2023년 6월 30일, 툴루즈 항소 법원은 이 문제는 "어떤 당사자도 문제를 제기하지 않은 회사 〈라 데페슈 뉴스〉뿐만 아니라 〈라 데페슈 뒤 미디〉그룹과도 실제로 종속 관계가 있다"고 인정했다.

2022년 2월 3일 상원 청문회에서 〈라 데페슈 뒤 미디〉 그룹의 총책임자인 장미셸 벨레는 "신문이 계속 발행되기를 바란다면 합리화해야 한다"라고 강조했다. 같은 길을 가고 있는 〈라 부와 뒤 노르(La Voix du Nord)〉는 2022년 말 출범 계획 후 외부 언론 대행사를 창립하고자 했다. 하지만 이 계획은 많은 반발에 직면해 결국 무산되었다. 대신, 더 적은 급여를 받고 앉아서 기사를 쓰는 일자리가 창출되었다.(5)

우버화되고 있는 언론 대행사를 활용한 적 있는 한 전직 관리자는 이렇게 예측한다. "미디어 회사가 독자를 확보할 수 있는 빠른 방법을 찾도록 내버려둔다면 그들은 결국 인공지능(AI)을 찾게 될 것입니다. 언젠가는 언론인조차 필요치 않고 기계가 생산한 내용을 확인하는 웹 편집자가 필요할 것입니다. 아마 〈시스메디아〉 같은 회사도 AI로 대체될 것입니다." 그리고 자동 글쓰기 저널리즘이 전성기를 맞게 될 것이다. ⒧ⅅ

크리티크M 5호
『LGBTQIA의 가려진 진실』
권 당 정가 16,500원

글·뱅상 브레송 Vincent Bresson
기자. 정치, 미디어, 디지털 등과 관련한 기사를 보도하고 있다.

번역·김루치아
번역위원

(1) 본인 요청에 따라 가명 처리.
(2) Sophie Eustache & Jessica Trochet, 「De l'information au piège à clics 정보에 서낚시성 링크로」, <르몽드 디플로마티크> 프랑스어판, 2017년 8월호.
(3) 본인 요청에 따라 가명 처리.
(4) Randeep Ramesh, 「The Outsourcing of Journalism」, <The Guardian>, London, 2004년 10월 7일.
(5) 「La Dépêche du Midi engage-t-elle des journalistes low cost? <라 데페슈 뒤 미디>가 언론인들을 저임금으로 고용하고 있는 것은 아닐까?」, <La revue des médias>, 2023년 11월 14일.

경찰을 긴장시키는 최전선 '스트리트 리포터들'

경찰보다는 시위대 입장에서 투쟁 현장을 전하기 위해 지근거리에서 동영상을 촬영해 뉴스를 보도하는 일명 '스트리트 리포터들'(길거리 기자들)이 15년 전부터 유럽 사회운동에 대한 시각을 바꾸는데 널리 기여하고 있다. 이 사회참여형 기자들은 대체 어떻게, 그리고 어떤 모순 속에서, 돈이 지배하는 동영상 세계에 진출하게 된 것일까?

로랑 게이에 ▋국제관계연구소(CERI) 소장

각종 시위, 점거, 사회투쟁 현장에는 언제나 그들이 함께 한다. 그들은 때로는 카메라 장비를 갖춘 채로(또는 고화질 고급 카메라를 갖추거나 간단히 헬멧에 장착된 기본 카메라 장비를 갖춘 채로), 다른 경우에는 휴대폰 하나만 달랑 들고, 사회투쟁이나 환경운동 현장(혹은 시위 진압 현장) 속에 직접 뛰어들어 발 빠르게 뉴스를 전한다.

그들이 전하는 '라이브' 생중계나 소셜미디어에 업로드된 동영상은 때로는 일인칭 슈팅게임(FPS)에서 영감을 얻은 듯한 박진감 넘치는 장면을 연출하며, 시청자들에게 분쟁의 최전선에 뛰어든 것 같은 생생한 몰입감을 선사한다. 길거리 기자, 이른바 '스트리트 리포터'는 공권력의 폭력적 언행과 행위를 기록으로 남긴다는 점에서, 최근 프랑스 경찰 폭력 문제를 이슈화하는 데(아울러 가해자들을 사법적으로 처벌하는 데)에도 큰 역할을 했다.

'노란 조끼' 운동, '스트리트 리포터' 바람 일으켜

동영상 세계에 스트리트 리포터가 출현한 계기는 2009년 이란 '녹색 운동'(대통령 부정선거 의혹을 단초로 일어난 이란의 대규모 반정부 시위-역주)과 2011년 아랍혁명 때로 거슬러 올라간다. 프랑스에서는 수년 뒤 소셜미디어에서 라이브 비디오 스트리밍을 가능하게 해주는 각종 모바일 어플리케이션(페리스코프, 페이스북 라이브)이 개발됨과 동시에 스트리트 리포터가 등장했다.

'뉘 드부(Nuit debout)' 운동과 이어 일어난 '엘콤리(El Khomri)'(노동)법(근로시간 등 주요 부분을 개정하는 프랑스 노동부 장관의 이름을 딴 노동개혁안-역주) 반대 시위는 이 새로운 독립 미디어 환경이 조성되는 모태가 됐다. 노동단체의 궐기, '선두행렬'(비노조 시위대)(1)의 등장 등으로 점철된 2016년 시위 현장은 사상 초유의 보도 전쟁으로 열기가 뜨거웠다. 레미 뷔진을 비롯한, '뉘 드부' 집회를 생중계하는 '페리스코퍼들'이 등장하는가 하면, 얼마 지나지 않아 시위 현장만 전문적으로 취재하는 독립 언론사들이 열풍에 가세했다. 대표적인 예가 로랑 베르톨뤼시가 설립한 〈라인 프레스〉, 게스파르 글란츠가 세운 〈타라니스 뉴스〉였다.

"경찰 폭력에 초점을 맞춘 동영상을 만들기로 결심"

공권력과의 대치 장면에 경도된 이 온라인 미디어들은 우파만큼이나 좌파 언론에게서도 많은 비판을 샀다. 시위가 일어난 배경은 쏙 뺀 채 오로지 시위 장면만 눈요기로 초점을 맞췄으며, 정작 시위대의 요구 사항을 뿌연 최루탄 연기 속에 잠기게 한다는 이유 때문이었다.

2019년 이후 시위 현장을 촬영해온 마티외(성 없는 이름은 모두 본인의 요구에 의해 가명 처리한 것임)는 그러한 판단이 반드시 진실이라고는 말할 수 없다고 지적했다. "나는 페이스북과 유튜브 알고리즘 덕분에 정치에

<메가폰>, 2023 - 아심 리에트만

눈을 떴다. 노동법 개정 문제가 불거졌을 때 내 나이는 고작 18살에 불과했다. 많은 젊은이들이 정치에 무관심한 나이였다. 그러다 우연히 운동가들의 계정을 구독하게 됐고, 이어 알고리즘 추천으로 〈타라니스 뉴스〉 같은 사이트들을 줄줄이 접하게 됐다. 이를 단초로 결국 노동법 규탄에 참여하게 됐고, 시위 현장도 찾아다니게 된 것이다.”

한편 독립 언론사들은 정규 직업 과정을 밟지 않고 독학으로 길거리 기자가 되려는 젊은이들에게 든든한 등용문 역할을 하고 있다. 가령 클레망 라노는 독립매체 〈라인 프레스〉에서 쌓은 경험을 발판 삼아, 훗날 직접 언론사를 차려 이 업계의 유명 인사로 등극할 수 있었다.

'노란 조끼' 운동도 또 다른 중요한 모멘텀이 됐다. 자생조직이란 점에 초점이 맞춰져 주류 언론의 맹렬한 비판을 샀던 이른바 잡탕 운동으로 간주되던 노란 조끼 운동은 오늘날 '스트리트 리포터'를 자임하는 이들이 비로소 정치에 눈을 뜨고, 투쟁 현장을 기록에 남기려는 바

람을 가지게 된 계기를 제공했다. 23세 독립 기자 카미유는 이렇게 설명했다.

“주류 언론의 보도는 정작 본질을 비껴갈 때가 많다고 느껴졌다. '노란 조끼' 시위의 참모습을 보여주고 싶어 현장을 촬영하기 시작했다. 현장에는 화기애애하고 결속된 분위기가 가득했다. 이전에 중학교나 고등학교에서는 결코 경험해보지 못한 느낌이었다. 물론 이후 경찰 진압 역시 경험했지만 말이다.”

최전선을 꺼린 채 뒷짐 지는 기득권 기자들과 달라

투쟁 '행위'가 지속되는 동안 중상을 입은 시위자가 속출하면서, 폭력 현장을 생생하게 증언하려는 의지가 영상을 활용한 사회 참여의 원동력으로 작용했다. '노란 조끼' 운동의 존재를 발견하고 훗날 보르도와 툴루즈에서 직접 운동에 합류하게 된 로랑 비고는 이렇게 과거를

회상했다.

"처음에는 지인들에게 그저 엄청난 시위대 규모를 보여주고 싶은 마음에 한두 번 휴대폰으로 동영상을 찍어 전송한 것이 전부였다. 하지만 얼마 지나지 않아 매번 시위 현장에 전쟁을 방불케 하는 장면이 벌어지는 걸 지켜보면서 결국 경찰 폭력에 초점을 맞춘 동영상을 만들기로 결심했다."

전직 고위 공직자 출신인 그는 오로지 '직접' 찍은 영상만이 공권력의 폭력과 불법 행태를 증명할 수 있다고 말했다. "당신이 아무리 전직 군수라고 말해봐야 아무런 소용이 없다. 뜨거운 현장에 직접 뛰어들어 촬영하는 길밖에 없다. 직접 경찰 폭력을 몸소 증명해야 한다."

길거리 기자들이 곤봉이나 탄환을 맞을 각오를 다지며 결연하게 최전선에 나서는 모습은 대개 뒤쪽에 멀찍이 물러나 있기를 즐기는 기성 기자들과는 차별화되는 지점이다. '노란 조끼' 시위를 통해 정치에 눈을 뜨게 된 레오도 "기자 신분증이나 전문 저널리즘 교육을 받은 기자들이 전면에 나서는 모습은 결코 본 적이 없다"고 지적했다.

실제로 현장에는 갖가지 위험이 도사린다. 그래서 독립 기자들은 누구나 한두 번쯤 경찰 진압 현장에서 경찰이 쏜 최루탄이나 시위대가 던진 발사물에 맞아 부상을 입은 경험이 있다. 이처럼 실제로 위험성이 높다 보니 기자들은 각자 나름의 보호책을 마련해 현장에 임한다.

어떤 이들은 머리부터 발끝까지 완전 무장(헬멧, 전면형 방독면, 방탄조끼, 정강이 보호대, 하복부 보호대)을 하고 현장에 나서기도 하고, 또 어떤 이들은 시위대 티를 과하게 내지 않으면서도 가스 흡입을 예방할 수 있는 수영장용 일체형 고글 마스크 FFP2를 착용한다. 하지만 몸을 보호하기 위해 필요한 것은 비단 물질적 투자만이 아니다. 경찰의 도발에 넘어가 모욕죄로 꼬투리를 잡혀 고발당하기를 원하지 않는다면 자제력 역시 필수다.

온몸을 내던진 이런 사회참여 행위(물론 아드레날린 추구 성향 역시)는 비록 남성적 성격이 강하다고는 해도, 여성 기자들 사이에서도 결코 낯선 일이 아니다. 물론 소수이기는 하지만, 여성 기자들 역시 수많은 팔로워를 거느린 유튜브 채널이나 트위터 계정을 운영하며 활발한 활동을 보여주고 있고, 남성 기자들과 똑같은 위험을 감수하고 있다.

"일하는 사람들이 글을 써야 세상이 바뀐다"

일하는 사람들의 삶을 전해 온 월간지
세상을 바꾸는 따뜻한 이야기 작은책

세상을 바꾸는 따뜻한 이야기
작은책
8
2024
월간 · 책 350호

통권 제350호
156쪽
부분컬러
1권 5,000원

정기구독 신청
월 5,000원
1년 60,000원
전화 02-323-5391
doksa@sbook.co.kr

평범한 사람들이 살아가는 이야기, 시사, 정치, 경제, 생태 이야기를 쉽게 풀어 쓴 월간지입니다. 〈작은책〉은 지난 29년 동안 줄곧 그랬듯 앞으로도 일하면서 깨달은 지혜를 함께 나누고, 사람답게 살 수 있는 세상을 만듭니다.

(주)도서출판 **작은책** 02-323-5391 | doksa@sbook.co.kr | www.sbook.co.kr

제빵사, 계절노동자, 식당 종업원 등
다른 직업 출신 많아

최근 수년 동안 여성 길거리 기자들은 각종 폭력에 시달려왔는데, 그중 일부는 성차별적 모욕을 당한 적도 있다고 증언했다. 같은 독립 기자들 사이에는 여성과 남성 간에 팽팽한 긴장 상황이 벌어지기도 한다. 인터뷰에 응한 젊은 여성 기자들은 일부 남성 동료들이 좋은 자리를 잡기 위해 거칠게 행동하는 것은 물론, 때로는 오만하거나 심지어 남성우월적인 언행을 보일 때도 있다고 토로했다.

"비켜라! 이곳은 여자애들이 낄 현장이 아니다." 한 젊은 여성 사진 기자는 허세 가득한 남성 동료로부터 이런 말을 들은 적이 있다고 증언했다. 하지만 큰소리를 펑펑 치던 남자는 정작 경찰 공격이 시작되자 곧장 줄행랑을 쳤다고 덧붙였다. 하지만 어쨌거나 대부분의 독립 기자들은 시위 현장이나 심지어 때로는 현장 밖에서도, 보통은 젠더를 초월한 단일체를 형성하며 돈독한 우정과 연대로 결속하려는 경향을 보인다.

젠더 이상으로 이 혼성집단을 분열시키는 요인이 있다면, 바로 '직업'에 대해 보이는 각기 상반된 태도와 지위의 차이일 것이다. 일부 독립 기자들은 온라인 매체(〈브륏〉, 〈루프사이더〉, 〈QG〉, 〈르 메디아〉 등)에 합류하거나 직접 언론사를 세워 세월이 흐르는 동안 점차 전문 직업인으로 거듭나기도 한다. 어느새 월급쟁이로 변신한 그들은 기자신분증을 받아, 덕분에 어느 정도 안전과 훨씬 더 폭넓은 운신의 자유를 얻기도 한다(가령 '경찰 포위 작전' 중에 보다 손쉽게 현장을 빠져나올 수 있다).

자칭 '스트리트 리포터(길거리 기자)'는 언론사라는 기업체에 대해 비판적인 시각을 갖고 있다. 대개 길거리 기자들은 다른 직업에 종사하고 있거나 다른 직업 종사를 준비 중인 이들이 대다수를 차지한다(시위 현장에서 만난 이들만 열거하더라도, 제빵사, 들것 운반자, 나이트클럽에서 일하는 계절노동자, 식당 종업원 등 다른 직업 종사자가 대부분이었다).

그런 그들에게 직업 기자가 되는 것은 자신들의 가치를 포기하는 행위로 간주된다. "마케팅에 대한 압박이 커지게 되면, 결국 스스로 옳다고 여기는 일이 아니라, 잠재적으로 화제를 모을 만한 사건 취재에 더 매달리게 될 것이다. 대의명분 따위는 의미를 잃게 되는 것이다." 공공관계학 석사 과정에 재학 중인 카미유가 이렇게 말했다. "당신은 직업 기자가 되는 순간, 자유와 진정성을 잃게 될 것이다."

제도권 언론사들,
적대적인 스트리트 리포터들과 금전 거래

길거리 기자들은 비록 주류 언론을 백안시하지만, 그럼에도 끊임없이 주류 언론에 콘텐츠를 제공하며, '플랫폼화'가 비단 일방향의 현상이 아님을 몸소 증명해 보인다. 요즘은 대형 언론사도 디지털 플랫폼에 맞춘 기사를 제공하려 하는 한편, 디지털 플랫폼이 선호하는 포맷이나 경향을 따라잡으려고 노력한다.

소셜미디어 포맷에 맞추어 '스트리트 리포터'가 트위터, 페이스북, 틱톡 등에 전파하는 영상은 대개 5~30초짜리다. 그리고 사건(경찰 진압, 시위대 검문, 경찰 부상 등) 촬영과 동시에 거의 실시간으로 영상이 온라인에 게재된다. 최근에는 많은 언론사와 TV 방송국이 소셜미디어를 뒤져 확산력 높은 인기 동영상을 찾아내는 데 열을 올리고 있다. 디지털 플랫폼 콘텐츠 수집에 열성적인 이들 미디어 매체들은 단 몇 분 만에 해당 동영상의 제작자와 연락을 취할 수 있다.

흔히 디지털 플랫폼에 올라온 동영상은 미학적 몰입감이 높고, 대개 화려한 볼거리를 제공하며, 상대적으로 아마추어의 손길에서 느껴지는 진정성을 담보해준다(대개 많은 방송사가 영상 하단에 '아마추어가 찍은 영상'임을 명기한다). 그것이 바로 기성 매체가 플랫폼 콘텐츠 수집에 열광하는 이유일 것이다. 뿐만 아니라 비용 문제도 중요한 역할을 한다.

독립 기자들을 활용하는 방안은, 언론의 시위 보도 행태에 불만을 품은 시위대와 불미스러운 사건에 휘말릴 위험을 감수하면서까지 자체 취재팀을 현장에 급파하는

것보다 훨씬 비용 부담이 적다. 때로는 제도권 언론사에 가장 적대적인 길거리 기자들조차 언론사와 거래하기를 서슴지 않는다.

이 경우 길거리 기자들은 의도하지 않은 협력임을 강조하며 스스로를 정당화한다. "우리가 아누나(프랑스 라디오 및 TV 진행자-역주)의 호주머니를 살짝 털어줬 지." 한 길거리 기자가 농담조로 말했다. 그는 자신이 이 런 종류의 거래에 능한 동료 기자와 함께 일하며 어떻게 2023년 연금 개혁 규탄 시위가 한창이던 시절 〈C8〉 방 송사로부터 수천 유로를 뜯어냈는지 설명했다. 사연인즉 슨 TV 방송 프로그램 〈내 자리는 손대지 마〉에서 자신이 제작한 동영상 중 일부를 무단 사용한 사실을 꼬투리 잡 아 그들을 고소하겠다고 협박했다고 했다.

하지만 이들 콘텐츠 전파가 비단 상업적 논리로만 귀결되는 것은 아니다. 길거리 기자들이 제작한 영상과 그 속에 담긴 음성은 각종 조사에서 증거 자료로도 활용 된다.(2) 가령 이들 독립 기자들은 폭행 혐의로 기소된 경 찰이나 시위대의 재판 과정에 주기적으로 소환되곤 한다.

오픈 소스 동영상,
탐사 보도 저널리즘의 발전에 기여

대개는 소송당사자나 때로는 경찰총국감사관실 (IGPN)을 비롯한 경찰감독기구 측이 독립 기자들에게 도움을 요청한다. 하지만 평소 동영상 자료를 활용한 변 론으로 유명한 아리에 알리미 변호사는 동영상이 항상 증거 자격을 얻는 것은 아니라고 지적한다.

"재판관은 종종 동영상 자료를 곤혹스럽게 생각한 다. 그들은 대개 경찰관의 진술에 대한 깊은 신뢰를 바탕 으로 증거를 판단하는 데 익숙하기 때문이다."

이뿐만 아니라, 많은 판사들이 보수주의적 태도가 강하고, 동영상에 대해 깊은 불신을 드러내는 것 역시 문 제다. "하지만 이들 동영상 자료에 점차 익숙해진 판사들 도 어느새 진전된 모습을 보이고 있다. 경찰관의 말이 때 로는 오류로 판명 날 수도 있음(특히 경찰 폭력을 담은 동영상 전파를 통해)을 깨달았기 때문이다."라고 알리미

변호사는 말했다.

한편 길거리 기자들이 만든 동영상 콘텐츠는 새로운 종류의 저널리즘 탐사 장르의 발전에도 기여하고 있다. 대 표적인 예가 〈리베라시옹〉, 〈메디아파르〉, 〈르몽드〉 등이 선보인 오픈 소스 탐사 동영상이다. 특히 〈르몽드〉는 아예 이 분야를 전담하는 특수 '부서'까지 신설했다. 점차 다채 로워지고 있는 이러한 새로운 종류의 저널리즘 장르는 경 찰 폭력 사건을 재구성하는 과정에서 널리 도입됐다. 독립 기자들은 '노란 조끼' 운동가인 마뉘엘 쿠안이 최루탄을 맞고 한쪽 눈을 실명하게 된 경위와, 최근에는 생 솔린에 서 세르주 D.가 중상을 입게 된 경위를 재구성하는 과정 에서 결정적인 자료 제공자로 의미있는 역할을 했다.(3)

하지만 영상을 다루는 일이 항상 수월한 것만은 아 니다. 영상이란 언제나 다양한 의미를 담고 있기 때문에, 때로는 반박 자료나 혹은 충격적인 의미 왜곡에 동원되 기도 한다. 물론 '스트리트 리포터들'이 만든 동영상 콘 텐츠도 예외는 아니다.

이들이 만든 콘텐츠는 제작 의도를 널리 벗어나, 때 로는 경찰이 원고측 변론을 하는 데 활용되기도 한다. 독 립 기자들은 자신들의 콘텐츠가 이런 식으로 이용되는 것을 상당히 불명예스럽게 생각한다. 자신들이 얼마나 경찰 감시의 포위망을 좁히는 데 기여했는지(물론 본의 아니게)를 상기시켜주기 때문이다. ⓁⒹ

글·로랑 게이에 Laurent Gayer
프랑스 시앙스포 산하 국제관계연구소(CERI) 연구소장

번역·허보미
번역위원

(1) Mathieu Brier, Naïké Desquesnes, Perrine Poupin, 「Les voix du cortège de tête 선두행렬의 목소리」, <Revue Z>, 제10호, Montreuil, 2016년.
(2) Fabien Jobard, Guillaume Le Saulnier, 「Maintien de l'ordre et guerre des images 질서유지와 이미지 전쟁」, <MEI- Médiation&Information>, Paris, 제53호, 2023년. Ulrike Lune Riboni, 「Sans les images? 영상이 없다면 '경찰범죄'도 없다」, <르몽드 디플로마티크> 프랑스어판 2023년 8월호·한국어판 9월호.
(3) Cf. 동영상 탐사부, 「Un policier mis en examen dans l'affaire d'un "gilet jaune" éborgné à Paris 파리 '노란 조끼' 운동가 실명 사고로 기소된 경찰관」, <르몽드>, 2023년 5월 5일.

〈르몽드〉의 또다른 걸작, 계간 무크지

〈마니에르 드 부아르〉 열여섯 번째 이야기

한국판 여름호 『길들여지지 않는 예술』

**여름호
7월 발간**

〈마니에르 드 부아르〉 여름호(16호)
『길들여지지 않는 예술』24년 7월 발간!
권 당 정가 18,000원
1년 정기구독 시 65,000원
(총 4권, 정가 72,000원)

이 책은 총 3부로 구성되어 있습니다. 1부 스크린 위의
환상, 2부 심심풀이용 대중문화, 3부 길들여지지 않은 자
들의 음악. 필자로는 슬라보예 지젝, 모나 숄레, 에블린
피예에, 이냐시오 라모네, 스티븐 킹, 아이작 아시모프,
장크리스토프 세르방 등이 있습니다.

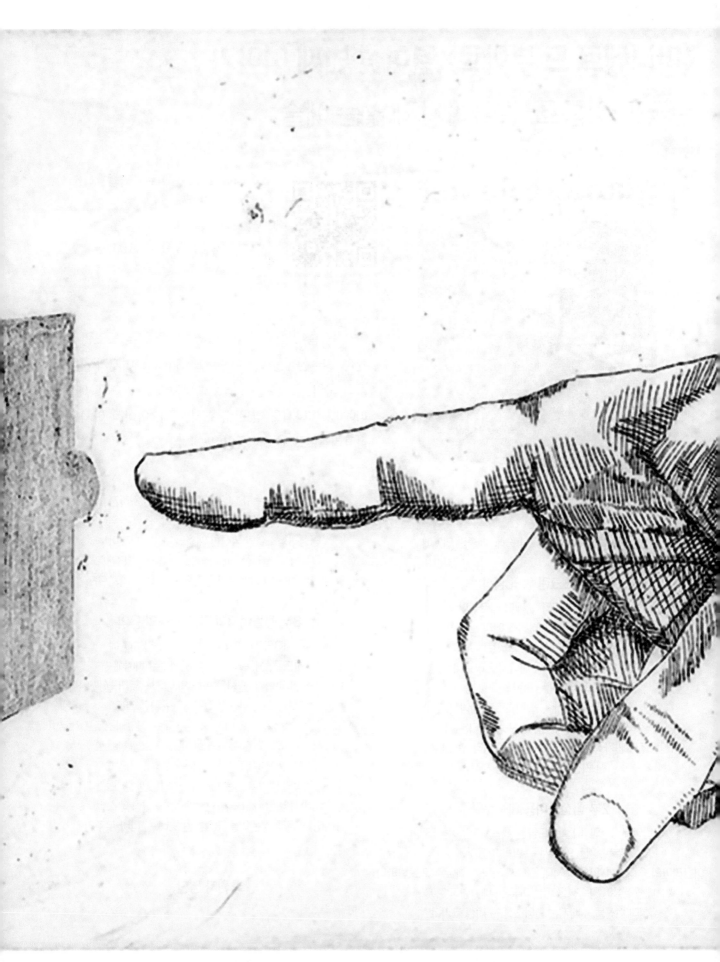

<그리고나서 초인종이 울렸다>, 2011 - 알렉산더 마수라스 _ 관련기사 76면

MONDIAL

지구촌

누벨칼레도니, 분노의 역사

식민지 독립 프로세스를 외면한 마크롱 정부

누벨칼레도니의 선거인단 관련 법안을 개정하기로 결정하면서 에마뉘엘 마크롱 프랑스 대통령은 이 민감한 지역에 불을 붙였다. 분노는 좀처럼 사그라지지 않고 있다. 최근 7명의 독립 시위대가 체포되면서 시위는 더욱 격화되었다. 한쪽 진영만을 편들어 주는 프랑스 정부가, 40여 년 전부터 꿈꿔온 식민지 독립 프로세스의 보증인 자격이 있는 걸까?

마리 살라운 ▌파리 시테 대학 교수
브누아 트레피에 ▌프랑스 국립과학연구소 연구원

남태평양에 위치한 누벨칼레도니(영어명 뉴칼레도니아)는 오늘날에도 여전히 식민지일까? 지난 5월 13일부터 누벨칼레도니는 심각한 소요 사태를 겪고 있다. 9명이 사망하고, 수많은 사람이 다치고, 많은 가옥과 기업이 불탔고, 지역 경제는 바닥으로 떨어졌으며, 치료약과 의약품 공급에 큰 어려움을 겪고 있다. 이 문제는 상당히 수사학적으로 보이지만 사실 그렇지 않다. 수도 누메아의 길거리와 SNS에서 폭발한 이 갈등에서 시위대가 구체적으로 원하는 답이 있다.

프랑스령 유지를 지지하는 사람들에게 식민지 시대는 놀라울 정도로 아름다웠다. 1988년부터 맺어 온 정치협정으로 나라에 평화가 찾아왔을 뿐 아니라, 프랑스와 누벨칼레도니 사이에 확고한 관계를 재확인하며 새로운 유형의 탈(脫)식민의 성취를 달성했다. 그 평화는 취약한 것으로 밝혀졌지만 말이다. 반대자들은 누벨칼레도니의 민족 자결의 방법을 생각하며, 식민지의 부채가 제대로 평가받기를 원한다. 그들에게는 이것이 역사의 의미이다.

1951년 인류학자 조르주 발랑디에는 그의 유명한 저서에서 이곳의 상황을 "민족들 간의 인종도 다르고, 이질적이며, 서로 대립하지만, 하나의 정치적인 틀 속에서 공존해야만 한다."(1)라고 주장했다. 현재의 혼란을 해석하는 설명은 모두 식민 유산의 문제 즉 현재의 특수한 식민상황을 전제로 한다.

파리코뮌 가담자들이
유배를 당했던 곳, 누벨칼레도니

1853년 프랑스는 누벨칼레도니를 점령하여 인구 이주를 위한 식민지로 삼았다. 토착민인 카나크 민족을 굴복시키고 자원을 착취하고, 프랑스 본국인들을 이주시켰다. 본국인들은 자유 이민자이거나, 유배당한 죄수들이었다(전직 파리코뮌 가담자 또는 카빌리아의 폭동자들). 프랑스는 지구 반대편 남쪽에 작은 프랑스를 건설하려고 했다. 토착민들은 무력으로 식민지의 사회적·지리적 가장자리로 밀려났고, 주요 섬 면적의 8%도 되지 않는 구역에 갇혔다. 전쟁과 질병으로 많

(1) Georges Balandier, 『La situation coloniale. Approche théorique 식민지 상황. 이론적인 접근』, <Cahiers internationaux de sociologie>, vol. 11, 파리, 1951년.

(2) Christophe Sand, 『Hécatombe océanienne. Histoire de la dépopulation du Pacifique et ses conséquences (xvi-xxe siècle) 오세아니아 대학살. 태평양의 인구 감소의 역사와 영향』, <Au vent des îles>, 파페에테, 2023년.

은 토착민들이 사망했고, 원주민 통치제도에 복종해야
했다. 그들은 프랑스 본국인의 집에서 강제노역을 했고,
시민권도 받지 못하고 공화국의 교육에서도 배제되었다.
기독교 선교사들의 활동으로 사회적 문화적으로도 격변
을 겪었다. 20세기 초, 카나크인의 수는 2만 7,000명밖에
되지 않았다. 과거 유럽인들이 들어오기 전까지 그들의
인구는 몇십만 명이었다.(2) 당시 방식대로 표현하자면
'원주민의 소멸'은 불가피해 보였다. 사실 거의 그럴 뻔
했다.

프랑스 시민권은 받았지만,
식민지 인종차별은 계속돼

카나크인들의 의식 속에는 식민지 트라우마가 각인
되었다. 반면 다른 이들은, 예를 들면 대규모 노예 소유
주였거나 누메아의 백인 마을을 지배했던 행정가들, 상
인들, 부유한 본국인들은 니켈 광산의 개발과 무역소로
경제적 이득을 보았다. 그렇지만 죄수와 가난한 본국인
의 후손들은 대부분 가난하거나 절박한 환경 속에서 근
근이 살아갔다. 식민 정부가 카나크인에게서 빼앗은 땅
뙈기에 매달려 가난하게 살았다. 노예로 불리지 않기 위
해 고용 계약서를 작성하고 일하러 온 오세아니아나 아
시아계 '계약 노동자'들은 원주민과 죄수 사이의 신분이
었다.

식민지에서 비롯된 깊은 사회적 격차는 1946년 이
후에도 마법처럼 갑자기 사라지지는 않았다. 1946년에
식민지는 해외 영토가 되었고, 카나크인들도 프랑스 시
민권을 받게 되었다. 그러나 법적으로는 아닐지언정 식
민지 인종차별 시스템은 실제로는 지속되었다.

1970년대에 이르러서야, 전직 사제인 장마리 티바
우(민족주의 운동 지도자-역주)를 비롯한, 본국에서 공
부하고 돌아온 학생들은 자신의 나라에 대해 냉철한 새
로운 관점을 제기했다. 그들은 사라지지 않는 식민주의
의 병폐와 카나크인들에 대한 통제와 인종차별을 비판하
며, 식민지의 과오를 보상하라고 싸웠다.

특히 카나크 문화의 가치 회복과 빼앗긴 토지 반환,

카나크의 독립과 사회주의를 위해 싸웠다. 카나크 주민
들은 이러한 주장을 매우 지지하였으나 카나크인이 아닌
주민들에게는 인기가 없었다. 1980년대 이후, 카나크 사
회주의 독립전선(FLNKS)당과 공화국 안의 칼레도니를
위한 집결(RPCR)당에 대한 지지층이 갈라지며, 민족적
양극화가 일어나기 시작했다.

두 진영 간의 긴장이 상승하고, 프랑스의 좌·우 정부
모두의 그릇된 버릇으로 말미암아 더욱 고조된 갈등으로
마침내 충돌이 일어났다. 1984~1988년 사이에 백여 명
이 사망했다. 완곡하게 사건이라고 붙여진 일련의 폭동
은 1988년 5월 우베아 섬의 동굴 습격으로 절정에 이르

<수호자 아푸에마>, 1995 - 짐 스컬

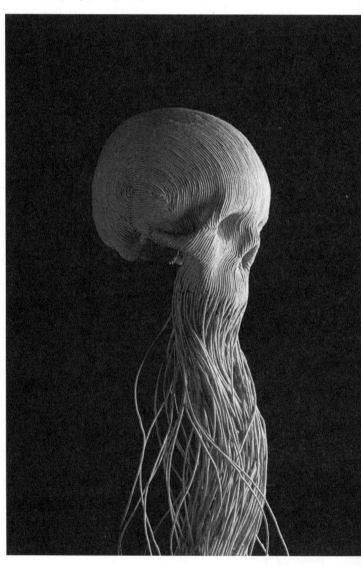

(3) Jean-Marie Kohler, 『Imposture et violences en Nouvelle-Calédonie 누벨칼레도니의 사기와 폭력』, <르몽드 디플로마티크> 프랑스어판, 1988년 6월호.

(4) Jean-Louis Rallu, 『La population de la Nouvelle-Calédonie 누벨칼레도니 인구』, <Population>, n° 4-5, 파리, 1985년

참조, Pascal Rivoilan, 『Recensement de la population 2019, 2019년 인구조사』, <Synthèse>, n° 45, 누메아, 2020년 10월.

렀고, 두 명의 군인과 19명의 독립파가 사망했다.(3)

칼레도니 논쟁은 정치문제인 동시에 인구문제이다. 1970년대 전환기에 프랑스 본토와 다른 해외 영토에서 이주 물결이 일어나면서, 카나크 민족은 소수로 밀려났다. 그 이후 카나크인은 전체 인구의 40%를 차지하게 되었다.(4) 새로운 이주민들의 정착은 당시 니켈 붐의 경제적 효과 때문이기도 하지만, 이주 정책으로 독립파들의 요구를 미연에 방지하려는 정부의 의지에 따른 것이었다.

카나크 독립파와 프랑스 충성파 대립, 임시미봉책 '누메아 협정'

문제는 정당성에 대한 갈등이다. 독립파들은 UN으로부터 인정받은 식민지 독립에 대한 권리를 가진 민족은 토착민인 카나크 민족에게만 있다고 생각한다. 그러나 정부와 친프랑스 충성파는 '1인 1표'라는 원칙은 제한 없이 누벨칼레도니에 거주하는 모든 공화국 시민에게 적용해야 한다고 생각한다. 설사 이주민들이 많은 상황 속에서 이러한 규칙을 적용하면, 카나크 인들이 소수로 밀려나고 기성 정치권이 원하는 대로 될지라도 말이다.

이러한 곤경에서 벗어나기 위해 카나크 독립파들은 1983년 에손 주 나인빌레로슈시에서 열린 원탁회의에서 결정적인 진전을 제안했다. 카나크 민족의 독립을 위한 활동과 선천적 권리를 인정받는 대신, 민족자결권을 역사의 피해자들과 공유하는 것을 제안했다. 역사의 피해자들은 본국인, 죄수들, 계약 노동자들의 후손들로서, 오랜 시간 이 나라에 정착한 모든 칼레도니인 또는 백인들을 가리킨다.(5)

(5) Louis-José Barbançon, 『Il y a vingt-cinq ans : le gouvernement Tjibaou (18 juin 1982 -18 novembre 1984) 20년 전 티바우 정부 (1982년 6월 18일~1984년 11월 18일)』, <Agence de développement de la culture kanake 카나크 문화발전 연구소>, 누메아, 2008년.

(6) Alban Bensa, Eric Wittersheim, 『À la recherche d'un destin commun en Nouvelle-Calédonie 누벨칼레도니의 운명공동체를 찾아서』, <르몽드 디플로마티크> 프랑스어판, 1998년 7월호.

다른 정치 주체자들이 이 제안의 중요성을 깨닫기도 전에 1984~1988년에 또 다시 비극이 일어났다. 그리고 1988년 미셸 로카르 프랑스 총리의 주도로 FLNKS, RPCR, 프랑스 정부는 마티뇽-우디노 협정에 서명했다. 협정 초기에는 평화가 찾아왔다. 일시적으로 독립 문제를 뒤로 하고, 카나크인들을 위한 '균형회복'이라는 대규모 정책을 시작했다. 그리고 1998년에는 리오넬 조스팽 총리의 주도로 '누메아 협정'이라는 새로운 타협안에 서명했다.(6)

프랑스 헌법에 명시된 누메아 협정은 20년 동안 프랑스령 누벨칼레도니의 (헌법에 등장하는 단어인) '식민지 독립' 프로세스를 3가지 주요 원칙을 중심으로 실행하는 것을 골자로 한다. 3가지 원칙은 프랑스 정부의 모든 권한을 누벨칼레도니로 불가역적이며 점진적으로 이양한다. 언어, 문화, 토지, 법, 기관 등 다양한 분야에서의 카나크 민족의 정체성을 인정한다. 현재로서는 프랑스 시민권 안에 칼레도니 시민권을 창설하며, 미래의 독립을 위해 카나크 민족과 다른 공동체들이 함께 '운명공동체' 프로젝트를 추진할 수 있도록 한다는 것이다.

현지 고용 보호법은 네오-칼레도니 시민 채용을 우선시하고, 지방 정부와 누벨칼레도니의 의회 구성을 결정짓는 선거에서 네오-칼레도니 시민만이 지방 선거에서 투표할 수 있다. 따라서 카나크 시민권에 사회적·정치적 권리가 부여되었다.

나인빌레로슈 회의 이후 25년 만인 1998년 칼레도니 시민권의 부여 범위라는 중대한 문제에 대한 역사적인 타협이 타결되었다. 누메아 협정의 서명자들은 1998년까지 누벨칼레도니에 정착한 모든 프랑스 시민 그리고 10년간의 거주를 증명한 사람들과 후

소속 공동체 인구

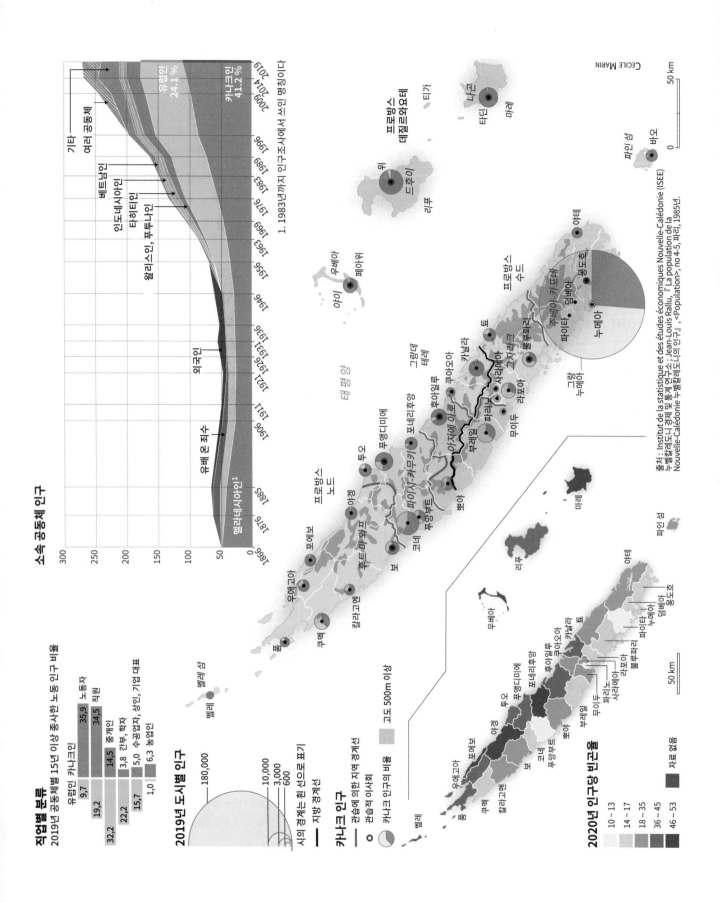

기타
여러 공동체

유럽인
24.1%

카나크인
41.2%

멜라네시아인[1]

1. 1983년까지 인구조사에서 쓰인 명칭이다

베트남인
인도네시아인
타히티인
왈리스인, 푸투나인
외국인
유배 온 죄수

300
250
200
150
100
50
0

1866 1876 1885 1906 1911 1921 1926 1931 1936 1946 1956 1963 1969 1976 1983 1989 1996 2009 2014 2019

직업별 분류
2019년 공동체별 15년 이상 종사한 노동 인구 비율

	유럽인	카나크인
노동자	9,7	35,9
직원	19,2	34,5
중개인	32,2	14,5
간부, 학자	22,2	3,8
수공업자, 상인, 기업 대표	15,7	5,0
농업인	1,0	6,3

2019년 도시별 인구

180,000
10,000
3,000
600

시의 경계는 흰 선으로 표기
지방 경계선

카나크 인구

관습에 의한 지역 경계선
관습적 이사회
카나크 인구의 비율

고도 500m 이상

2020년 인구당 빈곤율

10 ~ 13
14 ~ 17
18 ~ 35
36 ~ 45
46 ~ 53
자료 없음

태평양

프로방스 노드

프로방스 델랄로와요테

프로방스 수드

벨레 섬

CÉCILE MARIN

0 50 km

출처 : Institut de la statistique et des études économiques Nouvelle-Calédonie (ISEE) 누벨칼레도니 경제 및 통계 연구소; Jean-Louis Rallu, 『La population de la Nouvelle-Calédonie 누벨칼레도니의 인구』, <Population>, no 4-5, 파리, 1985년.

손들로 범위를 합의했다. 1998년 이후 이주한 프랑스인들 즉, 누벨칼레도니의 점진적인 식민지 독립 공식 프로세스의 시작 이후에 이주한 사람들은 협정 기간 동안 시민권에서 제외되었다.

프랑스 헌법재판소, 누메아 협정 일부 조항에 무효 판결

1998년이라는 시간적인 경계에 대한 중요한 세부 사항은 누메아 협정의 텍스트에서는 명확하게 기재되지 않았고, 1999년 2월 16일 헌법 부속법 초안에서 기재되었다. 그러나 헌법재판소는 1999년 3월 15일 이 조항을 무효화했다. 이로 인해 논란이 일어났고, RPCP는 이의를 제기했다. 따라서 정부는 1998년 지방 선거의 유권자 명부로 선거인단을 한정하기 위해 헌법을 다시 수정하려고 시도했다. 그러나 2007년에 이르러서야 상위 법령을 개정할 수 있었다. 그 사이 비독립파들은 한정된 선거인단 vs 유동적인 선거인단을 문제 삼으며 선동의 논거로 삼았다.

오늘날 이러한 문제 제기의 악영향이 드러났다. 칼레도니 시민권의 취득 조건과 범위에 대한 재논의가 불가피해졌다. 일종의 속지(屬地)주의는 현지 정치 세력들 사이에서 이미 합의되었다. 부모가 네오칼레도니 시민이 아니어도 현지에서 태어난 아이는 시민권을 받을 수 있다고 합의되었다.

그러나 FLNKS는 두 가지 조건하에서만 이러한 논의를 고려해보겠다고 했다. 프랑스 의회가 아닌 네오-칼레도니가 결정권을 가져야 하며, 나라의 미래에 대한 전반적인 정치협정과 분리되어서는 안된다는 조건이다.

그러나 가장 급진적인 충성파들과 동맹을 맺고, 그들의 지지에 힘입은 에마뉘엘 마크롱은 강력하게 밀어붙이기로 결정했다. 수많은 경고를 무시하고, 그는 한정된 선거인단을 개정하기 위해 현지와의 합의 없이 헌법 수정을 강행하려 했다. 헌법 수정안은 2024년 4월 2일 상원에서 통과되었고, 5월 14일 하원에서 통과되었다.

마크롱 대통령의 무리한 헌법 개정 추진에 반발 확산

베르사유에서 프랑스 연방 의회가 열리면 개정이 마무리된다.(프랑스 헌법 개정 시에는 베르사유 궁전에 모인다.– 역주). 같은 원인이 같은 결과를 낳듯이 누벨칼레도니는 40년 전으로 후퇴했다. 독립파들이 만장일치로 비난하는 이 헌법 개정안을 하원이 검토하기 시작한 바로 그날, 누메아는 불길에 휩싸였다.

선거인단 문제가 기폭제 역할을 했지만, 현재의 폭동은 전반적으로 협정으로 맺은 균형회복과 식민지 독립 프로세스의 한계와 범위 때문이기도 하다.

실제로 운명공동체 프로젝트는 공동체들 사이의 지속적인 깊은 사회적 불평등에 부딪히고 있다. 사회 계층의 맨 위에는 늘 백인이 있다. 가장 밑바닥에는 카나크인과 오세아니아인이 있다. 그리고 양극단 간의 간극은 어마어마하다. 상위 10%의 생활 수준은 하위 10%보다 7.1배 높다. 반면 프랑스에서는 3.5배 차이다.(7)

이러한 불평등은 지역별로도 관찰된다. 남부는 누메아 도심의 전반이 충성파들의 토지이며, 주민 대다수가 비(非)카나크인들이다. 북부와 로열티 제도는 독립파들이 다스리고, 주민 대다수가 카나크인들이다. 남부 지역 주민 중 45%가 중위 소득 아래에서 살

(7) Sonia Makhzoum, Valérie Molina, 『Étude sur la pauvreté en Nouvelle-Calédonie 누벨칼레도니의 빈곤 연구』, <Synthèse>, n° 64, 2023년 4월.

고 있다면, 북부에서는 62%이고, 로열티 제도에서는 77%가 중위 소득 아래에 살고있다.(8) 빈곤에 저항할 수 있는 보루인 취업률은 지정학적 위치, 출신 민족, 교육 수준과 같은 기준들과 밀접하게 연결되어 있다. 이러한 현실이 구조적으로 카나크인에게 불리하다. 누메아 협정에서 합의된 현지 고용 보호법은 뒤늦게 아주 약간 실행되었을 뿐이다.

독립파들이 다스리는 지방들은 1988년 이후 인프라와 공공 서비스 면에서 균형회복 정책의 상당한 혜택을 보았다. 누메아와 균형을 이루기 위해, FLNKS는 북부의 중심지인 코네(Koné)시에 대형 니켈 가공 공장을 설립하면서, 대규모 산업과 도시 개발 프로젝트를 추진했다. 2013년에 문을 연 공장은 기업과 자본과 주민을 끌어들였고, 누벨칼레도니에 새로운 정치적 경제적 비전을 살짝 보여주었다.(9) 그러나 현재 금속산업의 위기로 인해 성장에 급제동이 걸렸다.(10) 북부 공장은 가동이 중단되었고, 아무도 미래를 예측하지 못하고 있다. 이로써 독립파들의 전략에 차질이 생겼다.

청년 독립파,
누메아 폭동에 결정적 역할

북부와 로열티 제도를 위한 균형회복 정책은 누메아로 향하는 이주를 막지 못했다. 현재 카나크 인구의 절반은 대도시에 살고 있다. 카나크인들은 공장 노동자, 종업원, 기술자, 공무원, 일부는 간부로 일하고 있지만, 상당수의 카나크인들은 심각한 빈곤에 시달리고 있다. 부를 과시하는 부유한 백인 동네 옆에서 힘들게 살고 있다. 이러한 환경 속에서, 교육도 받지 못하고 빈곤에 시달린 일부 젊은이들은 범죄에 손을 댔고, 누메아의 교

도소에 수감되었다. 누메아의 교도소에 수감된 사람의 95%는 카나크인들이다.(11) 이렇게 소외된 청년들은 맹렬한 독립파로서 2024년 5월 도시 폭동에서 결정적인 역할을 하고 있다. 따라서 이들을 정치적, 사회적으로 떼어놓고 생각할 수 없다.

다른 지역에서는 이러한 규모의 폭동은 없었다. 5월 13일 이후에도 핵심 인구가 카나크인인 벽지의 섬들에서도 주민들 모두 계속해서 함께 살며, 칼레도니 시민권 원칙에 따라 행동하는 듯 보인다. 일부 농촌 지역의 바리케이드에서도 공동체 간의 화해 장면이 연출되었다. 따라서 누메아의 도심에서만 그 유명한 운명공동체가 멀어진 것이다.

1980년대 이후 칼레도니의 학교는 민주화되지도 않고, 카나크 언어와 문화를 고려하지 않은 채 대중화되었다. 균형회복과 식민지 독립의 목표는 파리에서 누메아로 권한을 이양하고, 정원 외 지역 선발 등을 통해 영토의 학업적 편차를 줄이는 것이다. 그러나 프랑스 정부가 여전히 교육 예산의 90% 이상을 담당하며, (국가 학위의 발급, 프로그램 정의, 교육과정 관리 등) 핵심 권한을 가지고 있다. 따라서 현지의 교육 프로젝트가 프랑스의 기준에서 벗어나기는 어렵다.(12)

교육과 취업에서 불평등과 차별 여전

정부와 누벨칼레도니가 함께 고등 교육에 대한 권한을 공유하면서, 고등 교육도 애매한 상황에 놓여있다. 정부 지원으로 현지 인프라가 눈부시게 발전하여, 대학생 수는 1987년 200명에서 오늘날에는 거의 4000명으로 늘었다.(13) 카나크인 우대 정책(학업 복귀 정책과 장학금), 교육 공급의 분산화(2020년 북부 캠퍼스 설립), 현지 연구소 창

(8) 같은 책

(9) Alban Bensa, Eric Wittersheim, 『En Nouvelle-Calédonie, société en ébullition, décolonisation en suspens 누벨칼레도니의 들끓는 사회, 보류된 식민지 독립』, <르몽드 디플로마티크> 프랑스어판, 2014년 8월호.

(10) Arthur Poncelet, 『Baisse des cours du nickel, l'avenir de la filière en suspens 니켈 가격 하락, 불확실한 시장 전망』 (podcast), <Radio France Internationale (RFI)>, 2024년 2월 7일, www.rfi.fr

(11) Sophie Joissains, Jean-Pierre Sueur, Catherine Tasca, 『Rapport d'information fait au nom de la commission des lois constitutionnelles, de législation, du suffrage universel, du règlement et d'administration générale sur la Nouvelle-Calédonie 누벨칼레도니의 전반적인 행정, 규범, 보통선거, 입법에 대한 헌법 위원회의 정보 보고서』, 2014년 11월 19일, www.senat.fr

(12) Marie Salaün, 『L'école en Nouvelle-Calédonie à l'heure des compétences transférées : quel legs colonial ? 권한을 이양받은 누벨칼레도니 학교에서 식민지 유산은 무엇?』, dans Stéphane Minvielle (sous la dir. de), 『L'École calédonienne du destin commun 운명공동체의 칼레도니 학교』, <Presses universitaires de Nouvelle-Calédonie>, 누메아, 2018년.

(13) 고등교육 평가 및 연구 고등위원회(Hcéres), 『Rapport d'évaluation de l'université de la Nouvelle-Calédonie. Campagne d'évaluation 2022-2023. Vague C 누벨칼레도니 대학 평가 보고서. 2022년~2023년 평가.』, 2024년 3월 14일, www.hceres.fr

(14) Samuel Gorohouna, Catherine Ris, 『Vingt-cinq ans de politiques de réduction des inégalités : quels impacts sur l'accès aux diplômes ? Inégalités à réduire pour les 25 ans de politiques. 학위 취득에는 어떤 영향을 주었나?』, <Mouvements>, n° 91, 파리, 2017년 가을호.

(15) 같은 책

(16) Amélie Chung, 『Politiques publiques éducatives et inégalités en Nouvelle-Calédonie 누벨칼레도니의 대중교육 정책과 불평등』, 박사논문, <université de Nouvelle-Calédonie>, 2021년.

(17) Mathieu Bunel, Samuel Gorohouna, Yannick L'Horty, Pascale Petit, Catherine Ris, 『Discriminations ethniques dans l'accès au logement en Nouvelle-Calédonie 누벨칼레도니의 주거 접근성에 있어서 민족적 차별』, <Cahiers du Laboratoire de recherche juridique et économique>, n° 2016-2, université de la Nouvelle-Calédonie, 2016년 7월, https://larje.unc.nc

참조 『Testé pour vous : racisme et discriminations en Nouvelle-Calédonie 당신을 위한 조사. 누벨칼레도니의 인종주의와 차별』, <Les Cahiers de la LDH-NC>, n° 5, 누메아, 2015년 7월.

(18) Jean-Marie Kohler, Loïc Wacquant, 『La question scolaire en Nouvelle-Calédonie : idéologies et sociologie 누벨칼레도니의 학업 문제. 이데올로기와 사회학』, <Les Temps modernes>, n° 464, 파리, 1985년.

립(네오칼레도니 농업 연구소 IAC), 태평양 협력을 통한 지역 정착 강화는 앞으로 나아갈 방향을 제시해주었다. 그러나 단지 일부만 고등 교육과 국가를 위한 연구와 과제를 위한 방향으로 실행되었을 뿐이다.

이곳 학교와 대학 인프라의 발전은 평균 교육 수준을 상승시킨다. 그러나 모든 인구의 전반적인 교육 수준의 상승이라는 대중화의 영역에 속하는 것과 질적인 측면의 현실은 구별할 필요가 있다. 최근 조사에 따르면 (2014), 비(非)카나크인은 카나크인보다 기술 바칼로레아를 취득할 기회를 1.2배 더 많이 가졌다. 일반 바칼로레아는 5.6배 더 많이, 고등 학위는 8.3배 더 높다.(14) 다시 말하자면 불평등은 사라지지 않았다. 불평등이 학업의 사다리 위쪽으로 이동했을 뿐이다. 교육 수준의 전반적인 개선이 모든 지역에서 확인되지만, 불평등은 더욱 깊어진 채 지속되고 있다. 대다수의 주민이 카나크 민족인 북부 주민의 39% 그리고 로열티 제도의 41%는 학위가 없다. 반면 남부 인구의 22%만이 학위가 없다. 대학원 학위를 가진 인구는 남부에서는 26%인 반면 북부는 10%, 로열티 제도에서는 8%뿐이다.(15)

이러한 불평등에 차별까지 더해진다. 계량 경제학 평가에 따르면, 카나크인 3학년 학생은 비(非)카나크인 학생보다 학년 말 현장 실습 과정에서 고용될 기회가 2.42배 적다고 한다.(16) 학교는 이러한 종류의 차별을 경험하는 첫 장소이다. 2010년대에 이루어진 여러 조사를 보면, 나이트 클럽 입장부터 임대주택까지 특히 누메아에서 카나크인과 오세아니아인들이 겪는 각종 차별이 잘 드러나 있다.(17)

그러나 모든 공동체에서도, 정치계 양 진영에서도 기성세대들은 이러한 현실을 잘 인정하지 않으며, 청년층을 비판한다. 청년층은 비정치적이며, 문화적 기준 없이 관습과 현대화 사이에서 방황한다. 40년 전에 카나크 선조들이 청년층을 유럽도 민족도 알지 못한 채, '다리 사이에서 흔들리는 소의 불알'에 비유했던 것처럼 현재의 청년층을 판단한다.(18) 위기에 빠진 청년층의 도덕적 패닉은 대상을 혼동하고 있는 만큼, 나라의 평화를 되찾기 위한 적절한 조건들을 생각하기를 거부한다.

폭동을 불러온 세 번째 국민투표

현재의 폭동을 멈추게 하기 위해서는 결국 프랑스 정부의 역할에 대해서 다시 생각해보아야 한다. 1988년 미셸 로카르 총리가 아주 어렵게 획득했던 중립 포지션을 프랑스 정부는 내던졌다. 에마뉘엘 마크롱은 사실상 충성파 지지자들의 선택지만을 넓히면서, 독립파들의 분노를 고조시켰다.

누메아 협정의 식민지 독립 프로세스는 특별 규칙에 따라 여러 번의 민족자결권 국민투표를 거쳐 종결되는 내용이다. 독립 국민투표에서 '찬성'표가 승리하면 주권을 완전히 획득할 수 있다. 만약 '반대'표가 승리한다면 두 번째 투표가 열리고, 필요할 경우 세 번째 투표까지 가능하다는 게 특별 규칙이다.

앞선 두 번의 국민투표에서는 프랑스령 유지를 원하는 지지자들이 승리했지만, 표차는 점점 줄어들었다. 2018년 11월 4일 국민투표에서 반대는 56.7%, 찬성은 43.3%였다 (투표율은 80.6%였다). 2020년 10월 4일 투표에서는 반대는 53.3%, 찬성은 46.7%였다 (투표율은 85%였다). 이날 밤 파리와 누메아에서는 다음 마지막 국민투표에서는 찬성이 승리할 수 있겠다고 생각했다.

코로나 팬데믹이 끝난 후, 독립파들은 카나크인의 관습적인 애도 절차를 위해, 투표를 연기할 것을 요구했지만, 마크롱 정부는 공개적으로 충성파 진영의 편을 들며, 2021년 12월 12일 마지막 국민투표를 실시했다. 투표 몇 달 전, 정부는 독립의 찬성과 반대의 결과에 대한 자료를 발간했다. 모든 것이 완전히 단절된 재앙적인 시나리오만 담긴, 찬성에 불리한 자료였다. 몇 년 전부터 독립파들이 주장해 온, 프랑스와의 협력관계의 독립 형태는 무시한 자료였다.

이러한 정부의 태도에 FLNKS는 유권자들에게 투표하지 말 것을 촉구했다. 2021년 12월 12일 투표에서 독립 반대표가 거의 97%를 획득했다. 그러나 기권율이 56%였다. 카나크인들이 이 민족자결권 투표에 참여하지 않았으므로 카나크인들은 이 투표를 무효로 간주했다. 그러나 정부와 충성파들은 모든 것이 끝났고, 칼레도니는 세 차례의 투표를 통해 프랑스령에 남기로 자유로이 결정했다고 평가했다.

그 이후 대립이 일어났다. 2022년 가장 강력한 충성파 리더인 소니아 배키스는 엘리자베트 보른 내각의 시민권부 장관이 되었다. 필요할 때마다 마크롱 정부와 동맹을 맺었음을 다시 한번 증명했다. 각자 이득을 얻기 위

해서이다. 프랑스 국기를 온몸에 두른 충성파는 식민지의 특권을 지속시키고 싶어 한다. 그들은 누메아에서 식민지 유산을 물려받은 수혜자들이다. 에마뉘엘 마크롱은 마크롱대로 그 유명한 인도태평양 외교 전략을 과시하기 위하여, 그리고 이 지역의 풍부한 천연자원(니켈, 배타적 경제 수역 등)에 대한 정부의 관리를 유지하기 위하여 누벨칼레도니를 간직하고 싶어 한다. 인도태평양은 중국과 관계된 지역이다.

누벨칼레도니는 3번의 국민투표로 프랑스령에 머물 것을 선택했으므로 식민지 독립 문제는 이미 끝났다고 생각한 마크롱 대통령은 충성파의 지지를 받으며 2023년 7월 선거인단 개정 절차에 착수했다. 그러나 카나크 독립파들은 절대 반대한다. 눈과 귀를 막은 정부에 맞서서 독립파들은 더 이상 마크롱 정부에 끌려다니지 않기로 결정했다. ⒹⒹ

글·마리 살라운 Marie Salaün
파리 시테 대학 교수
브누아 트레피에 Benoît Trépied
국립과학연구소(CNRS)의 연구원

번역·김영란
번역위원

Manière de voir

<마니에르 드 부아르> 13호
『언어는 권력이다』

권당 정가 18,000원
1년 정기구독 시 72,000원
⇨ 65,000원

팍스 아메리카 시대 이후 지구적 위기

프랑스와 유럽은 미국의 해법에 '노'를 외쳐야

군대 동원의 기준이 희미해지고, 갈등이 증가하는 가운데 그 확산 속도도 빨라졌으며, '모 아니면 도'라는 식의 논리가 자리를 잡았다. 그 결과 전 세계는 파멸로 향하고 있다. 그런데 핵전쟁의 가능성도 배제할 수 없는 이러한 일촉즉발의 상황에서, 각국은 그 어느 때보다 무기력한 모습이다. 특히 국제 관계에 관한 구체적인 전략도 전망도 없는 프랑스는 이제 드골식 외교를 복원해야 한다.

도미니크 드 빌팽 ▌전 프랑스 총리

'**팍**스 아메리카나'의 시대가 막을 내리자 전 세계가 대혼란에 빠졌다.

30년 전부터 미국과 그 동맹국들은 원하는 대로 세계를 마음대로 재구성할 수 있다고 믿어 왔다. 그래서 본보기를 자청하며 영향력을 행사하고, 스스로를 법의 근원이라 내세우며 각종 규제를 부과하고, 강대국으로 군림하며 무력을 사용했다. 그러나 그러는 동안 그들은 본래의 약속을 망각했고, 전 세계적으로 폭동과 시위가 일어났다. 그리고 오늘날 그 대가를 우리 모두가 함께 치르고 있다.(1)

시간을 되돌릴 수는 없지만, 과거 속에서 교훈을 얻고 미래를 예측해볼 수는 있다. 앞으로 도래할 세상, 즉 기계에 종속된 세상이자 세계 전쟁의 위기가 도사린 위험한 세상은 다음과 같은 세 가지 모습으로 요약된다.

강대국들이 초래한 공포의 만연화, 세계 전쟁의 위협

첫 번째는 세계의 분열이다.

이는 무엇보다도 무력의 사용이 전례 없이 증가한 결과이다. 각종 위기의 평화적 해결과 국제 질서 수호를 목표로 1945년에 채택된 국제연합(UN) 헌장은 냉전 기간에 단계적 긴장 완화를 위해 사용되었고, 그 이후에는 초강대국 미국이 '세계 경찰'의 역할을 자처하게 한 근거였지만, 이제는 수명을 다했다.

첫 번째 이유는 이러한 질서를 수호해오던 서구의 강대국들이 스스로 그 규칙을 무너뜨리고 국제법을 위반했기 때문이다. 1999년 코소보 사태, 2003년 이라크 전쟁, 2011년 리비아 내전, 2013년부터 지속되고 있는 사헬 지역의 위기가 그 예이다.(2)

두 번째 이유는 러시아와 중국과 같은 신흥 강대국들의 국제법 무시이다. 이들은 1945년에 만들어진 질서에는 자국의 입지가 좁다고 불만을 토로하면서, 위협과 무력 사용을 정당화하고 있다.

또한 이 세상을 점점 더 위험하게 만드는 각종 위기로 인해 분열 현상은 더욱더 가속화하고 있다. 분열은 특히 2011년 '아랍의 봄'으로 리비아, 시리아, 예멘에서 연이어 내

(1) Benoît Bréville 브누아 브레빌, 「Les États-Unis sont fatigués du monde 미국의 비(非)개입주의는 어디까지?」, <르몽드 디플로마티크> 프랑스어판·한국어판 2016년 5월호.

(2) Serge Halimi 세르주 알리미, 「Irak, une agression américaine impunie : "Punir la France, ignorer l'Allemagne" 이라크, 처벌받지 않은 미국 공격 : "프랑스 벌주기, 독일 무시하기"」, <르몽드 디플로마티크> 프랑스어판 2023년 5월호.

전이 일어난 뒤에 두드러지게 나타났다. 마치 1990년대에 중단됐던 모든 갈등이 근래 들어 한꺼번에 터지는 것처럼 보인다.

2014년부터 시작돼 2022년 전면전으로 번진 러시아와 우크라이나의 전쟁, 2020년과 2023년에 두 차례 일어난 아제르바이잔과 아르메니아의 나고르노카라바흐 전쟁, 2023년 발발한 이스라엘과 하마스의 전쟁이 대표적이다. 기회주의자, 테러 집단, 강자, 민족주의와 국수주의 활동가들이 세계 분열의 장기판에서 부지런히 자리를 움직이고 있다.

이러한 분열은 각종 제재의 범람으로 국제 시스템의 양극화가 심해지면서 악화했다. 중국과 미국 간의 경쟁이 치열해지면서 나머지 국가들은 둘 중 어느 진영을 택할지 선택을 강요받고 있다. 냉전 이후 우리는 양극화가 무기 경쟁, 분쟁 확대 위험, 그리고 민감한 분야에서의 갈등을 얼마나 증폭시키는지를 깨달았다.

그러나 오늘날 양극화는 이례적으로 확산하고 있으며, 힘의 관계는 미국 측에 절대적으로 유리하게 유지되고 있지 않다. 미국은 중국 인구의 고령화에도 불구하고 인구 측면에서도 크게 유리하지 않고, 중국 경제의 성장 위기에도 불구하고 경제적으로도 중국을 크게 앞서지 못하고 있다.

게다가 미국은 국제 사회에서 신뢰도는 떨어지고 요구받는 것은 많아지고 그러면서도 강대국의 지위는 유지하고 싶어 하는 상황이라, 정치적으로도 중국보다 결코 우위에 있다고 볼 수 없다.(3) 만약 미국이 여전히 미국은 중국보다 한 수 위라고 자만하고 있다면, 그것은 동맹국들을 종속화하고 나아가 포식하려는 시도로밖에 볼 수 없다.

지금에나 앞으로나 중국에 대한 미국의 비교 우위는, 전 세계에 영향력을 떨치고 있고 최신 무기로 무장했으며 한 세기 넘게 전쟁에 단련된 강력한 군사력이다. 중국은 직접적인 전쟁 경험에 노출될 가능성이 없기 때문이다. 오히려 전쟁의 부담감은 일본, 한국, 대만과 같은 아시아의 근거지와 간접적으로는 유럽 동맹국들이 안고 있다. 양극화 현상은 이전에는 서로 아무 관계도 아니던 중국과 러시아의 상호 접근과 심지어 전략적 협력을 초래하기 때문이다.

전쟁의 논리와 내전의 메커니즘이 맞닿아

두 번째는 완전한 대립의 논리이다.(4)

오늘날 우크라이나와 가자지구의 상황은 새로운 차원의 전쟁을 보여주고 있다. 제1차 세계 대전의 참호전과 제2차 세계 대전의 드레스덴 폭격이 전쟁의 새로운 장을 열었던 것과 유사하다. 그러나 더 근본적으로는, 최근의 전쟁은 '모 아니면 도'의 논리가 지배하고 그 어떤 화해와 중재의 시도도 용납되지 않는 새로운 유형의 갈등이 표출된 결과이다. 마치 나치의 노래가 끊임없이 울려 퍼지는 것과 같다.

교전국들에게 이는 단순한 영토 분쟁을 넘어서서 실존의 문제가 달린 갈등이다. 우크라이나는 국가와 문화와 언어를 말살하려는 명백한 의도를 가진 러시아의 공격에 맞서고 있다. 그러나 러시아 내에서 이 전쟁은 러시아가 서구권의 위협과 압력 속에서 자국의 권리를 지키려 애쓰는 실존적 전쟁이라는 여론이 우세하다.

이스라엘의 경우에 2023년 10월 7일은 실존적 무력의 감정을 일깨우고, 유대인들이 안전하게 살아갈 수 있는 확실한 공간을 제공하겠다는 이스라엘 정부의 근본적인 약속

(3) Martine Bullard 마르틴 뷜라르, 「Chine - États-Unis, où s'arrêtera l'escalade? 승자 없는 중 - 미 무역 전쟁의 진짜 이유는?」, <르몽드 디플로마티크> 2018년 10월호.

(4) John Mearsheimer 존 미어샤이머, 「Pourquoi les grandes puissances se font la guerre 서구 강대국들이 전쟁을 벌이는 진짜 이유는?」, <르몽드 디플로마티크> 프랑스어판·한국어판 2023년 8월호.

이 흔들린 날이었다. 이스라엘 영토 공격의 엄청난 규모와 그 참혹함, 그리고 이스라엘 정부의 정보기관과 군이 보여준 무능함은 국민들에게 의심과 두려움을 심어줬다. 가자지구에서는 쉴 새 없이 이어지는 폭격, 처참한 파괴 수준, 모든 문화, 보건, 교육, 공동 인프라가 공격받는 상황이 상대를 향한 무조건적인 분노와 미움을 키웠다.

게다가 이 전쟁들이 그렇게 진행될 수밖에 없는 이유는, 모두 과거의 기억과 연관되어 있기 때문이다. 역사의 망령이 소환되는 것이다. 러시아에서는 우크라이나를 나치 동맹국이자 적으로 인식했던 대조국전쟁(1941~1945)이, 우크라이나에서는 러시아의 스탈린 치하에서 발생한 홀로도모르 대기근(1932~1933)이 있었다.

이스라엘에서 지난해 10월 7일 일어난 하마스의 침공은 홀로코스트의 기억을 되살렸고, 일부에게 하마스의 가자지구 정복과 공격은 그간의 폭격, 군사적 점령, 그리고 향후 가자 지구 거주민들의 재교육을 정당화하는 일종의 '탈나치화' 작업으로 받아들여졌다. 팔레스타인인들에게는 결코 잊을 수 없는 1948년 참사(Nakba)의 기억이 있어서, 이스라엘이 언젠가는 팔레스타인인들을 이집트나 다른 곳으로 몰아낼 것이라는 불안감이 만연해 있다.

그러나 잊지 말자. 여러 전쟁을 통해 드러난, '타인'을 통해 자신의 정체성을 확인하는 악순환은 프랑스에서도 일어나고 있다. 모두가 두려움에 떨고 있다. 칼 슈미트가 분석한 '적의 논리'는 모든 사람은 적이 자신을 파

<죽어가는 프랑스의 골족>, 2014 - 알렌산더 마수라스

괴할까 두려워한다는 내용을 골자로 한다. 타인을 정형화하고 도식화하면서, 우리는 비밀스럽고 악한 의도를 갖고서 타인을 악마로 만들어버린다. 그리고 비극적이게도, 그 타인을 우리가 없애버리려 하는 대상으로만 여긴다. 내부적으로 그것은 내전의 메커니즘으로, 우리 사회의 곳곳에서 발견되며, 가깝게는 히스테리컬하게 변하고 있는 미 대선이 대표적인 예이다. 외부적으로 그것은 모든 전쟁의 논리와 맞닿아 있다.

전쟁은 묘지의 평화만을 가져올 뿐

세 번째는 전쟁의 세계화이다.

이 모든 갈등의 종착점은 결국 세계 전쟁이다. 세계화로 인해 국경 없는 전쟁이 증가하고 있다.

세계 전쟁은 그 확산 속도와 범위에 한계가 없다. 과거에는 공간적 장벽, 느린 소통, 교류의 한계 때문에 갈등이 적을 수밖에 없었다. 반면에 오늘날에는 어디든 전쟁이 일어나면 상호 연결된 다른 모든 국가에 영향을 미칠 수밖에 없어서, 경제적 충격 속에 반대 시위가 전 세계 곳곳에서 거의 동시다발적으로 나타나는 양상을 보인다. 현재 우리가 살아가는 세상은 과거의 그 어떤 국제 시스템보다 외부의 영향에 취약한 상태로, 아주 사소한 위기나 조작에도 쉽게 흔들린다.

세계 전쟁은 바다, 땅, 하늘은 물론 우주와 사이버 공간 등 실로 모든 장소에 침입해 있다. 그러면서 인류의 건강을 파괴하고, 사이버 공격과 정치적 불안 야기 등 하

이브리드 전쟁(hybrid war)을 일으키고, 국제적 갈등을 내전과 정체성 논쟁으로 확대하는 등 우리의 일상에 다양한 영향을 미친다.

세계 전쟁은 무제한적인 파괴력을 내재하고 있다. 핵전쟁의 위험, 교역 경로의 차단, 빈곤과 인플레이션의 위협, 물리적 충돌의 가능성은, 전쟁이 평화로 가는 가장 쉬운 방법이라고 생각하는 사람들에 의해 측정되어서는 안 된다는 점을 보여준다. 전쟁은 묘지의 평화만을 가져올 뿐이다.

세계 전쟁은 지구를 상대로 하는 자살 전쟁으로, 가뜩이나 부족한 에너지를 낭비하게 하면서 인류의 공동 목표인 탈탄소화에서 멀어지도록 만든다. 더욱더 심각한 것은, 전쟁은 우리 모두를 경쟁 구도 안에 밀어 넣는다는 사실이다. 이러한 구도에서 탈탄소화는 진영 간 대립의 변수가 되고, 전쟁 중에는 내가 에너지를 사용하지 않으면 결국 상대가 에너지를 사용해버리는 상황이 된다. 만약에 내가 에너지를 절약해서 라이벌 국가의 에너지 가격이 내려간다면, 누가 흔쾌히 에너지를 절약하려 들까? 이러한 잘못된 계산이 지구 온난화를 가속화하고 있다.

이처럼 외부의 영향에 취약한 세상에서, 프랑스는 와해하는 유럽 안에서조차 제자리를 찾지 못하고 방황하고 있다. 유럽은 국제사회에서 외면당하고, 프랑스는 유럽에서 외면당하는 형국이다.

'1956년 수에즈 모멘트'가 되풀이되는 프랑스

지난 60년 동안 제5공화국은 1940년 프랑스의 패망, 결국 패배로 끝난 식민지 전쟁, 양쪽 진영의 비판 속에서 프랑스를 궁지로 내몰았던 수에즈 전쟁을 겪은 후에, 이 세상에 새롭게 뿌리내리려 노력했다. 드골 장군은 4개의 역할을 중심으로 프랑스의 명성을 쌓아 나갔다.

즉, 1945년 이후 수립된 세계 질서의 주도국들 사이에서, 특유의 역동성을 바탕으로 한 다자간 질서의 보증인이자 개척자 역할, 양쪽 진영 중 어느 곳에도 속하지 않고 그렇다고 무관심하지도 않으면서, 진영 간 대립을 적당히 자극하는 동시에 중재하는 역할, 핵무기를 보유하고 전 세계 어느 국가와도 대등한 지위를 유지하는, 독립적인 강대국의 역할, 즉 서로 긴밀한 관계를 맺고 있고 계속해서 더 가까워지고 있는 유럽 국가들 가운데서, 국가 간의 대립에 휘말리지 않는 신중한 진행자의 역할이다.

그러나 지금은 프랑스의 뿌리가 흔들리고 있다. 이상하게 무력해 보이는 모습이다.(5) 1989년 이후 프랑스는 양쪽 진영의 와해, 독일의 세력 회복, 아프리카 대륙에서의 영향력 상실로 인해 균형을 잃어버렸다. 그래서 군대 파견, 강대국 미국의 보좌진 역할, 독일과의 갈등 상황 등에 몰입하며 이 문제를 회피해 왔다.

프랑스는 불안정하고 쉽게 변하는 정책을 취하고 있어서, 마치 한 발로만 위태롭게 춤을 추는 것 같다. 미국을 대할 때는 과거 도널드 트럼프와의 친밀한 우정과 사실상 '뇌사 상태'의 NATO에 대한 불신 사이에서 갈피를 잡지 못했으며, 지금도 같은 태도다. 독일과의 관계에서는 2017년에는 앙겔라 메르켈 총리를 유혹하려 노력했던 것과 달리, 2023년 브라티슬라바 정상회담 이후에는 모든 기술적인 문제와 관련해 대립각을 세우고 있으며 나아가 유럽 내 독일의 막강한 권위에 맞서기 위해 동유럽 국가들과 은밀한 동맹을 시도하고 있다. 우크라이나 사태에 대

(5) Dominique de Villepin 도미니크 드 빌팽, 「La France gesticule… mais ne dit rien 미 신보수주의적 정책에 반기를 들어야」, <르몽드 디플로마티크> 프랑스어판, 2014년 12월호 한국어판 2015년 2월호.

해서는 어떤 날에는 "러시아의 기를 꺾지는 말아야 한다"고 주장했다가 또 어떤 날에는 '주둔군'을 포함해 모든 지원을 '무제한으로' 제공하겠다고 말을 바꿨다. 가자 전쟁에 관해서는 어떤 날에는 하마스에 맞서기 위한 국제 연합을 결성하자고 이스라엘 측에 제안했다가, 또 어떤 날에는 휴전을 요청하기도 했다. 모두가 프랑스의 새로운 외교 정책에 적어도 한 번씩은 동조했지만, 그 동조 기간이 길지는 않았다.

게다가 프랑스의 외교 정책은 불균형하기까지 하다. 2007년에 프랑스는 제5공화국이 수립한 궤도를 벗어나 신보수주의라는, 중심축에서 더 멀리 벗어나는 경로를 택했다. 편파적인 언론을 등에 업고 모든 토론과 논쟁에 목숨을 거는 이 신보수주의의 대표적인 사상으로는 옥시덴탈리즘, 도덕주의, 군국주의, 그리고 세계의 다양성에는 관심이 없는 민주주의(democratism)가 있다.

그 결과 프랑스의 외교는 계속해서 실패해, 마그레브와 껄끄러운 관계가 되었고, 레바논에서는 힘을 잃었으며, 2021년 9월에는 호주 정부와 맺었던 잠수함 사업 계약을 영미권 동맹국에 밀려 파기 당하는 굴욕을 겪었고, 사헬 지역에서 프랑스 군대가 쫓겨나는 모욕적인 사건도 있었다. 반(反)프랑스 감정의 물결이 아프리카 대륙과 전 세계를 휩쓸고 있다. 잘못된 외교적 선택의 결과로 인해 '1956년 수에즈 모멘트'가 되풀이되는 듯한 모양새이다.

프랑스의 외교 정책은 특히 위기가 닥쳤을 때 모든 것을 군사적으로 해결하려 든다. "망치가 있는 사람에게는 모든 문제가 못으로 보인다"라고 버락 오바마 미 전 대통령은 여러 번 말했었다. 미국 군대가 그랬듯이 프랑스 군대도 그렇다. 그러나 외교는 스위스 칼이다. 만약의 상황에 대비하고 가장 덜 나쁜 해결책을 고안하기 위해서는 완벽하지 않은 도구들의 협력이 필요하다. 유능한 외교관은 사람들의 다양한 재능을 잘 조합하는 능력이 있고, 문화와 역사적 소양, 서비스 정신, 타인에 대한 배려를 갖춘 인물이다.

이러한 비극적인 악순환의 여파는 프랑스의 국력이 약화하게 된 원인이자 결과로, 프랑스를 점점 몰락으로

이끌고 있다. 국제 사회에서 전략적 줏대도 없이 이리저리 흔들리는 프랑스를 누가 과연 알아줄까?

미국에 의존하는 EU의 위태로운 현실

프랑스와 마찬가지로 유럽연합도 붕괴 위험에 처해 있다.

힘없는 지정학적 기관에 불과한 유럽연합은 시시각각 변하는 상황 속에서 중압감과 무력감에 시달리고 있다. 이 엄청난 중압감은 러시아, 중국, 미국으로 대표되는 강대국들에서 온다.

우크라이나 전쟁은 유럽이 얼마나 약한지를 일깨워줬다. 유럽의 영토 주권이 위협받고 있다. 매년 불확실해지는 미국의 지원에 의존하면서, 유럽은 이제 혼자 힘으로는 영토를 수호할 수 없는 지경에 이르렀다. 창고를 채울 만큼의 무기를 간신히 생산하면서도 우크라이나를 계속해서 돕고 있다. 공동으로 추진 중인 산업 프로젝트는 대부분 중단됐거나 어렵게 진행되고 있다. 프랑스와 독일의 전투기 공동 개발 프로젝트인 미래전투항공시스템(FCAS)과 차세대 전차를 위한 주요지상전투시스템(MGCS)이 그 예이다.

그러나 오늘날 유럽의 산업 주권은 그리 공고하지 못하다. 유럽 경제는 미국의 영향으로 힘을 쓰지 못하는 상태로, 트럼프와 바이든의 실용주의에서 비롯된 미국의 보호무역주의와 각종 산업 관련 계획의 압력을 받고 있다. 2008년만 해도 유럽과 미국의 GDP는 비슷했다. 그러나 지금은 유럽의 GDP가 미국의 GDP의 절반보다 조금 더 많은 수준이다.

서브프라임 금융 위기는 그 발원지인 미국의 경제는 약화하지 않고 오히려 강화하거나 쇄신했지만, 긴축정책이 실시되면서 유럽연합의 경제는 생사를 오갈 만큼 어려워졌다. 인플레이션 감축법(IRA, 2021)에 따라 시중에 풀린 보조금 3,690억 달러는 배터리와 반도체 분야에서 미국의 전략적 생산 능력을 엄청나게 향상시켰지만, 이는 유럽에는 독으로 돌아왔다.

또한 유럽은 무역 수지 측면에서 중국에 대한 의존

도가 지나치게 높은데, 프랑스는 명품 분야에서 그리고 독일은 자동차 분야에서 의존하고 있다. 유럽의 산업은 새롭게 떠오르는 분야인 전기 배터리와 전기차 분야에서도 뒤처져 있다. 이러한 이중 압력 때문에 유럽 산업 모델의 역사가 위기를 맞았고, 지나치게 엄격한 경쟁 정책으로 손발이 묶여 있는 데다가 보조금은 적고 27개 회원국의 각기 다른 이익이 골고루 반영된 무역 정책을 추구해야 하는 유럽은 미국의 보호무역주의와 보조금과의 경쟁에서 밀리고 있다.

기술 주권에서도 유럽의 위치는 결코 탄탄하지 못하다. 지금은 미국 나스닥의 7대 빅테크 기업을 일컫는 '매그니피센트 7'(알파벳, 아마존, 애플, 마이크로소프트, 메타, 엔비디아, 테슬라)이 세계를 지배하고 있다. 전 세계 IT 분야의 상위 50개 기업 중에는 유럽 기업이 4개뿐이다.

유럽의 '클라우드' 시장은 3개의 미국 기업이 무려 72%를 장악하고 있어서, 유럽 데이터의 해외 반출 가능성과 디지털 주권의 상실이 실질적인 위험이 되고 있다. 혁신의 물결, 인공지능, 양자 계산이 그 어느 때보다 중요한 이 시대에, 유럽은 잠재력 있는 스타트업을 보호하는 동시에 공공 주문을 유럽 기업에 몰아주고 '디지털 단일 시장'을 구축해야 한다.

그런데 이웃한 두 지역인 중동과 사하라 이남 아프리카에서 권력 공백이 발생해 사회가 불안과 혼란에 빠지고 그 결과 유럽 국경이 위협받게 되면서, 유럽의 경제는 더욱더 흔들리고 있다. 유럽은 이 이웃 지역을 파트너가 아닌 위험과 문제의 근원으로 여긴다. 동쪽에서는 전쟁이 터지고, 지원 정책은 실패로 돌아가고, 남쪽에서는 밀려드는 난민에 대한 우려가 커진 상황이다.

게다가 유럽연합의 내부적인 결속력은 나날이 느슨해지고, 공동체 민주주의는 연방제 강화와 각국의 권한 강화 사이에서 우왕좌왕하는 것처럼 보인다. 그리고 유럽연합의 지속적인 확대와 과도한 규제는 때로는 해결하기 어려운 문제들을 회피하고 다른 곳에 시선을 돌리려는 의도로 비치기도 한다. 이 모든 것이 유럽의 분열을 부추기고, 최근에 빅토르 오르반 헝가리 대통령이 다양

한 행보를 보이는 것에서 알 수 있듯이 내부적인 압력도 높아지고 있다. 에마뉘엘 마크롱 프랑스 대통령은 '유럽의 전략적 자립'을 강조하면서 7500억 유로 규모의 코로나19 회복 기금을 조성하는 실질적인 성과도 얻기도 했다. 그러나 유럽이 되살아나려면 아직도 멀었다.

프랑스, '미래가 없는 모임' G7에서 탈퇴해야

지금은 프랑스의 외교가 그 소명과 메시지에 집중하면서 더욱더 분발할 때다. 프랑스는 투쟁의 질서 안으로 들어가야 하며, 이를 위해서는 외교력을 집중하고, 오늘날 제대로 관리되고 있지 않은 군사 기관을 재정비해야 한다. 슬프고 무력한 현실에서 벗어나려면, 그리고 순진하고 무력한 이상에서 벗어나려면, 결국에는 프랑스, 유럽, 국제 사회가 강해져야 한다는 필요성을 인정하면서 이상적 현실의 길을 택해야 한다. 효율적인 외교를 추진한다는 것은 곧 프랑스의 신뢰를 회복할 수 있는 우선 과제를 선택할 줄 알아야 한다는 뜻이다.

첫 번째 우선 과제는 평화를 위한 참여 외교이다. 이는 장기간에 걸친 강도 높은 과제인데, 우선 남반부 국가들과의 연결고리를 다시 만들어야 하기 때문이다. 그러나 프랑스는 지난 20년 동안 남반부와의 접점을 완전히 잃어버린 나머지 이제는 그와 관련된 이야기를 듣지도, 이해하려 들지도 않는 지경에 이르렀다.

이제는 프랑스가 과거에 늘 그랬던 모습으로 되돌아갈 때다. 모든 것에 대해 발언할 수 있으며, 남반부와 선진국, 동양과 서양 간의 통로와 교차로 역할을 하는 '세계적 국가'로 말이다.

이에 따라 새로운 만남의 장, 즉 프랑스의 메시지가 공익을 향한 울림이 될 수 있는 자리가 필요하다. 지스카르 데스탱 전 대통령이 만든 G7은 전 세계 인구의 1/10만을 차지하면서 부의 절반을 독식하고 있는 국가들, 그 중에서도 서구권 국가들만 모인 그들만의 리그인 탓에 정당성이 부족하다. 프랑스는 미래가 없는 이 모임에서 탈퇴하겠다는 강력한 신호를 보내야 한다.

2008년 금융 위기 이후 니콜라 사르코지 대통령이

이끌었으며 한때는 세계금융 테크노크라시의 상징이었던 G20은 국제법의 수호자인 유엔 앞에서 좀 더 책임감 있는 모습을 보여야 한다. 유엔을 거부하고 차단하려는 움직임이 나타나는 이때, 프랑스는 유엔 안전보장이사회 개혁 프로젝트를 추진함으로써 새로운 상임국들과 함께 프랑스의 대표성을 높이고 거부권 행사권을 개선해야 한다.

비전문적인 회담 중에서는 브릭스 플러스에 주목할 만하다. 최근에 변화를 거듭하고 있는 브릭스 플러스는 앞으로 더 많은 국가들을 끌어들여 (비동맹 국가들이 많은) 남반부를 대표하는 조직이 되겠다는 야심을 보이고 있다. 회원국들의 인구를 합치면 이미 전 세계 인구의 절반에 육박하며, 각자의 역사와 문화는 다르지만 서구권에 대해 비슷한 감정을 공유한다는 공통점을 바탕으로 단합해 있다. 프랑스는 다수결의 논리를 받아들여 전 세계의 다수를 차지하는 이들의 목소리에 귀를 기울이고, 이를 통해 새로운 해결책을 도출하고 모두가 함께 변화를 통해 성장할 수 있는 방법을 찾아야 한다.

또한 '확대된 브릭스 플러스'로 가는 길을 프랑스가 주도적으로 개척해, 브릭스 플러스의 가입을 원하는 국가들이 기존 회원국들과 토론을 벌일 수 있게 하고, 세계 인구 절반의 지지를 받는 국제적 안건을 수립해야 한다. 무엇보다도 기후 변화와 국가 파산에 관해서는 공동 대응이 가장 효과적이라는 사실을 다시 한번 입증해야 한다. 특히 기후 변화의 공동 해결은 파리 협정과 유엔기후변화협약 당사국총회가 힘을 잃어가는 현 상황에서 더욱더 중요하며, 국가 파산은 오늘날 두 가지의 재앙, 즉 사헬 지역, 중동, 중앙아시아를 타락시키고 모든 강대국을 힘들게 하는 국제 테러와 모든 대륙에서 횡행하고 있는 조직범죄는 국경을 넘나드는 문제이기 때문에 그렇다.

그리고 다극적인 시각을 견지하고 또 보호해야 한다. 블록 간의 대립은 전 세계의 모든 다양성을 대변하지 못한다. 프랑스의 긴 역사와 여러 실패 경험은, 강대국 간의 균형 유지는 지금까지 시도됐던 다른 모든 형태를 제외한다면 최악의 국제 체계임을 우리에게 가르쳐줬다. 윈스턴 처칠이 '민주주의란 최악의 통치 형태이다. 지금까지 시도됐던 다른 모든 통치 형태를 제외한다면'이라

고 단언했던 것과 비슷하다. 중국이 두 세기에 걸친 침묵을 뚫고 국제무대의 리더로 귀환하는 것은 당연하고 또 필요한 일이며, 강력한 잠재력과 고유의 메시지를 가진 인도의 성장도 기대해볼 만하다.

두 번째 우선 과제는 준비와 자유로운 선택에 기반한 독립적인 정책이다. 프랑스는 필요하다면 전쟁도 일으킬 수 있어야 한다.

우리는 군대 규모에 대해 고민해보아야 한다. 군사계획법은 2030년까지 국방비를 4천억 유로 이상으로 올리는 것을 골자로 한다. 최근 몇 년간 군 관련 투자가 지지부진했던 상황을 고려해서 만들어진 이 법은 그러나 규모가 작고 비전문적인 군대, 강대국인 미국의 패권을 보조해주는 수준의 군대를 지향한다. 그러나 우리는 유럽 대륙과 프랑스 영토의 수호로 목표를 수정해야 한다. 1995년 자크 시라크 대통령이 추진했던, 강력하고 유연하고 현대적인 장비를 갖춘 전문적인 군대 양성의 논리를 계승할 필요가 있다.

우리는 또한 프랑스와 유럽의 주권을 가장 잘 보장할 수 있도록 유럽 전반적으로 국방 산업을 개편하고, 자금 지원을 쉽게 만드는 방안을 고민해야 한다. 또한 국방비는 미래를 위한 투자 가치가 있음을 강조함으로써, 새로운 안정성 협약의 경제적 목표에서 국방비 지출을 제외시켜야 한다. 그리고 최소한 1천억 유로의 유럽연합 공동 부채를 바탕으로 유럽 통합 국방 기관을 설립해, 회원국 간에 계획을 조율하고, 활동, 생산 기지, 연구 및 개발, 지식재산권을 지리적으로 배분하는 동시에 전 세계를 상대로 경쟁력을 확보해야 한다.

새로운 오슬로 협정과 헬싱키 협정 역할이 중요

국가와 군 사이의 관계도 다시 한번 강화해야 한다. 전쟁은 단순히 권력만의 문제가 아니라 사회의 저항성과도 관련되어 있다. 이것은 징병제의 장점과 단점을 분석해 국가적 자원을 개발하는 일을 고민해보아야 하는 이유이다. 이것은 더 분명하고 더 진지한 토론, 더 지속적인 합의, 더 존중할 만하고 더 존중되는 법을 만듦으로써

우리의 민주주의를 수호하고 강화해야 하는 이유이다. 이것은 우리에게 보호막이 필요한 이유이며, 군의 역할과 군사적 수단을 확대해 권력을 강화하고, 군국주의 악순환의 위험을 줄여야 하는 이유이다. 또한 군 문제에 관해서는 의회와 시민사회의 제어 능력을 향상시켜야 하며, 언론과 국방 관련 산업 간의 유착 관계를 끊어서 언론이 여론을 호도하는 일을 막아야 한다.

세 번째 우선 과제는, 세계 위기의 해결에 기여하는 그러나 공포심과 호전성을 조장하는 느낌은 주지 않는 외교 정책이다. 우크라이나 주둔군 파병, 프랑스의 핵 억지력을 '유럽 차원에서' 논하는 일 등은 주변에 대한 깊은 고민 없이 발표한 정책들이었다.

우리가 가만히 놔두면 상황이 악화하는 나라들, 우리가 반드시 도와주어야 하는 나라에서만 위기가 발생한다고 믿는 것은 무책임하다.

첫 번째에 해당하는 국가들, 세상의 불운으로 인해 위기에 빠진 국가들의 경우에, 국제 사회, 서구권, 프랑스는 도움을 줄 부분이 거의 없다. 아이티에서는 갱단이 파산한 국가를 장악하고 있고, 수단에서는 다르푸르 분쟁이 일어난 지 20년이 지난 지금 또다시 내전과 대학살이 일어나고 있으며, 미얀마도 내전에 시달리고 있다. 콩고민주공화국과 레바논도 비슷한 상황이다.

우리는 방법을 바꾸어야 하고, 현실 참여를 확대해야 하며, 이 비극적인 상황을 모든 강대국이 공동의 목표를 향해 협력할 기회로 만들어야 한다. 그리고 이를 통해 국제 시스템에 안정과 안전을 부여하고, 통제되지 않아서 발생하는 사건 사고를 줄여야 한다. 모든 갈등, 아주 사소하거나 먼 곳에서 일어나는 갈등도 세계를 위기에 빠뜨리는 도화선이 될 수 있다. 유엔 안보리를 중심으로 미국, 중국, 러시아, 유럽연합, 인도, 브라질 등 주요국의 당사자들로 구성된 '태스크포스'를 조직해, 현장에 걸맞은 정책적 해결 방안과 개발 협력 정책을 마련해야 한다.

두 번째에 해당하는 국가들에는 특별히 관심을 집중해야 한다. 세상의 비극 때문에 위기가 발생한 국가들, 부정과 전쟁의 악순환으로 고통받고 있는 경우이다. 가자지구와 우크라이나에서는 전쟁이 모든 것을 집어삼켰

고, 이제는 이 갈등이 전 세계로 확산할 조짐까지 보인다. 심지어 일부 호전주의자는 이러한 상황을 바라고 있을 수도 있다.

가자 전쟁과 관련해서는, 이스라엘과 팔레스타인이 공존할 수 있는 해결책에 기반한, 신뢰할 수 있고 신속한 정치적 목표를 제시해야 한다. 그리고 이를 위해서는 지속적인 휴전부터 보장되어야 할 것이다. 그러나 지금처럼 가자 전쟁이 주변 지역까지 확산할 위험이 있는 상황에서는, 좀 더 장기적이고 포괄적인 시각을 가지고 이 지역 당사자들이 모두 참여하는 중동 안전에 관한 회담을 개최해, 이것이 새로운 오슬로 협정(1993년 9월 13일 당시 빌 클린턴 미 대통령의 중재로 팔레스타인과 이스라엘이 2개 국가 해법에 합의해 체결한 평화협정-역주), 새로운 헬싱키 협정(1975년 7월 30일~8월 2일에 핀란드 헬싱키에서 미국과 유럽에서 35개국이 모여 주권 존중, 전쟁 방지, 인권 보호 등을 위해 체결한 안보협력 협정-역주)의 역할을 하도록 만들어야 한다.

50년이나 묵은 갈등을 단 몇 주 만에 해결하자는 것이 아니라, 모든 문제를 그 성질과 긴급성을 고려해 논의할 수 있는 틀과 절차를 마련하자는 뜻이다. 오늘날 가자 지구 거주민들이 겪고 있는 인도주의적 비극과 이스라엘 민간인들의 인질 문제를 종식하기 위해서는 지속적인 휴전이 절실하며, 미국과 일부 유럽 국가가 이해 관계자로 얽혀 있는 현재 위기의 비극적 및 상징적 차원을 올바르게 파악할 필요가 있다.

팔레스타인 문제의 해결을 앞당기기 위해, 프랑스는 강력한 신호를 보냄으로써 지속적으로 균형 잡힌 위치를 유지해야 한다. 팔레스타인을 국가로서 인정하는 것이 가장 먼저이다. 그리고 국제법을 최우선시하겠다는 의지를 표명하고, 이스라엘과 팔레스타인에서 행해진 범죄에 관한 특별 법정을 개최하자고 제안해, 2023년 10월 7일 하마스의 테러 공격, 가자지구에서 행해진 전쟁 범죄, 이스라엘의 요르단 서안지구 점령과 관련된 전쟁 범죄를 동등한 선상에서 다루어야 한다. 국제 정의에 기반해 평화를 구축하고, 끊임없이 전쟁을 벌일 수밖에 없는 이들의 고통을 더는 외면하지 않아야 한다.

남반부 국가들과 함께,
강대국들의 블록 논리 제지해야

우크라이나 사태에 관해서는, 세 개의 축 간에 적절한 균형을 장기적으로 수립하고, 우크라이나 국민에 절대적인 지원을 보내는 동시에 러시아의 국제법 위반을 규탄해야 한다. 최근에 미 의회가 610억 달러 규모의 우크라이나 원조금 지원을 가결한 덕분에, 우크라이나가 자국을 무너뜨리려는 위협에 타협하지 않아도 되는 기회를 얻은 것이 좋은 본보기이다.

그리고 서구권이 자신들에게 '이중잣대'를 들이대고 있으며 평화와 안전을 보장하는 국제 질서 수호에는 관심이 없다고 여기는 남반부 국가들에 대한 프랑스의 입장도 명확히 해야 한다.

마지막으로, 단계적 긴장 완화를 유도하고, 우크라이나 국민이 준비가 되었을 때 갈등 해결을 위한 합의를 도출하고, 러시아와 우크라이나 간의 협상에 물꼬를 틀 수 있는 휴전을 이끌어내는 외교적 절차를 마련해야 한다. 이 협상에는 세 가지 안건이 반드시 필요하다. 러시아가 점령하고 합병한 영토와 관련된 안건, 유럽에서 실현 가능한 안전 시스템과 관련된 안건, 2027년에 만료되는 전략무기감축협정(START)과 중거리핵전략조약(INF)을 갱신함으로써 국제 질서를 재정립하고 새로운 핵 위험을 통제하는 것과 관련된 안건이다. 그리고 원칙에 어긋나지만 않는다면, 협상에 따라 해결책은 얼마든지 바뀔 수 있다는 사실도 염두에 두어야 한다.

동아시아 국가에도 주목할 필요가 있다. 전통적인 두 개의 거대한 진영이 균열을 일으키자 새로운 진영을 구축하려는 움직임이 대만, 한국 등 아시아 곳곳에서 나타나고 있다. 인도양과 서태평양 인근 국가들을 억누르는 일은 전쟁의 악순환을 가져올 가능성이 있다. 지역적 균형을 추구하고 이 지역에서 급성장 중인 국가들을 존중해야 이러한 악몽을 방지할 수 있다. 미국이 너무 자주 그러는 것처럼, 전쟁은 불가피한 일이라고 섣불리 판단하지는 말자. 그리고 점진적인 해결책을 마련하기 위한 토론을 제안하자. 프랑스는 새로운 세계 전쟁과 새로운

얄타 체제 사이에서 양자택일할 필요가 없다. 블록 논리가 다시 고개를 드는 현상을 막아야 한다.

우리가 사는 세상은 과거의 그 어느 때보다 일촉즉발의 상황에 놓여있고 또 위험하다. 매일 우리는 고통받는 두 개의 세계, 상대와 전력을 다해 싸우고 있는 두 개의 세계와 마주한다. 한쪽은 불안정한 진보의 이름으로 세계를 주도하고, 쇠퇴를 두려워하며, 상대를 공격한다. 다른 한쪽은 자신에 맞추어 세계 질서를 개편하고 싶어 하며, 높은 울타리로 둘러싸인 제국주의적인 공간 안에 스스로를 가두고, 극도의 안정성을 추구하면서 모든 변화는 애초에 싹부터 잘라버리는 세계이다.

이 두 세계 사이에서, 프랑스는 양쪽 어디에도 속하지 않는 남반부 국가들과 함께 또 다른 세계를 창조해야 한다. 예고된 재앙을 막을 수 있도록 모든 것이 공유되고 균형적이고 안전한 세계를 만들고, 인류의 공동 재산인 기후, 생물다양성, 금융 안정성, 기초 연구를 보존하기 위한 공동의 장을 마련해야 한다.

이런 새로운 세계를 준비하고, 원칙에 기반하면서도 변화에 열려있는 새로운 정책을 수립하기에는 프랑스가 제격이다. 자국에만 집중하면 몰락할 수밖에 없는 요즘과 같은 시대에, 정의, 균형, 공동의 안전, 평화 추구는 프랑스를 이끄는 새로운 목표가 되어야 한다. **ID**

글·도미니크 드 빌팽 Dominique de Villepin
전 프랑스 총리(2005~2007), 전 외무부 장관(2002~2004), 저서로 『*Mémoires de paix pour temps de guerre* 전쟁의 시간을 위한 평화 회고록』(Grasset, 2016)이 있다.

번역·김소연
번역위원

파시스트 문화정책을 고수하는
멜로니 이탈리아 총리

앙트완 페케르 ▮기자

젠나로 산줄리아노(Gennaro Sangiuliano) 이탈리아 문화부 장관은 정부 관료 가운데 조르자 멜로니 이탈리아 총리의 가장 가까운 측근 중 한 명이다. 이탈리아 사회운동(MSI)을 비롯한 여러 네오파시스트 조직에 몸담았으며 언론인 및 미디어 디렉터로도 활동한 산줄리아노 장관은 항상 보수 노선을 고수해 왔다. 그런 그가 자기 성향에 맞게 이제 극우 문화를 고양하려 한다.(1)

그가 자신의 고향인 나폴리를 방문한 지난 3월 17일, 이날 나폴리에서는 이탈리아 통일을 기념하는 행사가 열렸다. 하지만 산줄리아노 장관은 그 행사에 참석하는 대신, 왕궁에서 열리는 유명 작가 톨킨의 회고전 개막식에 참석했다. 그가 수장으로 있는 문화부에서는 『반지의 제왕』을 쓴 톨킨을 회고하는 전국적 행사를 열고 있다. 11월 로마에서 열리는 J. R. R. 톨킨의 사후 50주년 기념 전시회에는 톨킨의 열렬한 팬인 멜로니 총리가 참석할 예정이다. 멜로니 총리는 이번 전시회의 핵심은 "기독교 신앙에 뿌리를 둔 『반지의 제왕』의 아름다움"을 드높이는 것이라고 말한 바 있다.

"현 정부는 민족주의 장악을 위해, 박물관을 점거"

이탈리아의 공연 연출가 로메오 카스텔루치는 "정부가 문화 공간을 국가 이념에 복무하는 공간으로 재활용하고 있습니다. 이제 문화는 전쟁터가 되었습니다. 이건 미친 짓이에요"라며 걱정했다. 몇 해 전, 멜로니 총리는 이 세계적 문화 아이콘이 된 인물을 "기독교의 상징을 모욕하는 자칭 예술가"(2)라 부르며 적의를 드러냈었다. 이탈리아 언론인이자 작가인 파올로 루미즈는 "현 정부는 민족주의를 전파하기 위해 박물관을 점거하고 TV를 장악하고 있습니다"라며, 현 정부의 행태를 1922년 베니토 무솔리니의 '로마 진군'에 비유했다.

현 이탈리아 정부는 진정 어떤 방향으로 가고 있는가? 여느 정부 수반과 마찬가지로 멜로니 총리도 규모 있는 기관의 기관장을 임명할 수 있는 권한을 갖고 있다. 그리고 많은 정부 수반이 그러하듯 멜로니 총리도 기관장을 발탁할 때 자신이 신뢰하는 이들을 선호한다. 토리노 국제도서전의 총감독을 역임한 작가 니콜라 라지오이아는 "능력과 상관없이 자신과 정치적 노선이 같은 이들을 자리에 앉히려는 것이죠"라며 총리의 선택에 유감을 나타냈다.

베니스 비엔날레 총감독을 맡은 피에트란젤로 부타푸오코는 전 이탈리아 사회운동 당원으로 이름이 꽤 알려진 문인이다. 최근 이슬람교로 개종한 시칠리아 출신의 부타푸오코는 "시칠리아의 정체성이 분명 이슬람

(1) 젠나로 산줄리아노 장관은 이 기사와 관련하여 인터뷰 요청에 응하지 않았다.

(2) Paolo Trentini, 「L'ira della Meloni: "Che schifo il teatro di Castellucci" 멜로니의 분노: "카스텔루치의 극장은 정말 역겹다"」, 2016년 4월 2일, www.giornaletrentino.it.

<로마 카르티지올로가(術)의 벽화>, 2019 - 블루

적"이기 때문에 이슬람교로 개종했다고 말해, 좌파로 분류되는 일간지 〈라 레푸블리카(La Repubblica)〉에서 종종 그의 글을 읽었던 동지나 정적 모두를 아연실색게 했다. 그런 그가 이제 비엔날레를 어떻게 이끌 것인가? 그는 자신의 말대로 "생산적인 침묵 속으로" 도피할 뿐, 대중에게 자신의 계획을 밝히려 하지 않는다.

문화부 장관은 베네치아보다 민주당이 접수한 캄파니아의 주도(州都) 나폴리에 더 신경 쓰는 눈치다. 정부는 나폴리에 있는 산카를로 극장의 프랑스인 관장 스테판 리스네를 축출하기 위해, 외국인 오페라 감독이 70세가 되면 직위를 떠나도록 강제하는 규정을 만들었다. 산카를로 극장의 클라리넷 솔로이스트 루카 사르토리는 이에 대해 "그건 어리석은 결정입니다. 리스네가 오기 전에 극장은 지역적으로 고립되어 있었죠. 그런데 오늘날에는 엄청난 청중을 끌어모으고 있습니다"라며 불편한 심정을 드러냈다.

결국 나폴리 법원은 리스네의 해고가 부당하다고 판결했다. 그런데 밀라노의 피나코테카 디 브레라 미술관의 경우 법원 판결에 호소할 필요가 없었다. 2016년 취임 후 미술관 전시에 혁명적 변화를 가져온 영국인 관장 제임스 브래드번의 두 번째 임기가 만료되었기 때문이다. 브래드번 관장의 후임으로는 실비오 베를루스코니 내각에서 문화부 장관 고문을 지낸 안젤로 크레스피가 발탁되었다.

또한 나폴리의 카포디몬테 박물관의 프랑스인 관장 실뱅 벨랑제의 후임으로는 피렌체의 우피치 미술관 관장을 역임한 아이케 슈미트가 임명되었다. 슈미트 관장은 독일인이지만 지난해 11월 이탈리아 시민이 되었고, 이어서 정부연합의 지원을 받아 피렌체 시장 후보가 되었다. 그는 "이탈리아는 오페라가 탄생한 나라입니다. 이런 나라의 주요 기관에 외국인이 기관장으로 임명되는 것은 안타까운 일입니다"라는 정부연합의 발언을 알아차리고, 재빠른 행보를 보였다.

"로마극장의 위기는, 좌파도 책임이 큽니다"

지난 1월, 이탈리아의 수도에서는 나폴리 출신의 극우 성향 감독 루카 데 푸스코의 로마극장 관장 임명에 반대하는 시위가 300여 명이 참가한 가운데 열렸다. 시위에 참가한 이들은 주로 예술가나 라이브 엔터테인먼트 종사자들이었는데, 그들 중 여배우 소니아 베르가마스코는 이렇게 말했다.

"(우리들의 시위는) 많은 이들의 지지를 받았습니다. 거리에서 사람들은 저를 멈춰 세우고 계속 싸워야 한다고 말했습니다. 유감스럽게도 (이탈리아에는) 프랑스 같은 시위 전통이 없어요. (…) 로마극장의 위기는 이번 정권에서 시작된 것이 아닙니다. 좌파도 이 위기에 책임이 큽니다."

또 다른 시위 참가자 카스텔루치는 "박물관 및 유산과 함께 너무 오랫동안 박제된 문화"를 개탄하며, "현대 창작을 위한 공간은 없다"라고 강조했다. 2014년부터 2022년까지 두 차례에 걸쳐 문화부 장관을 역임한 민주당 소속의 다리오 프란체스키니는 카스텔루치의 말에 동의하며 이렇게 말했다. "제가 장관으로 취임하면서 현대미술 부서를 신설했습니다. 그전까지는 그런 부서가 전혀 없었죠."

이탈리아 정부의 최근 결정은 문화 영역에서 수십 년간 퇴보가 이뤄진 후 나온 것이다. 밀라노의 문화 고문을 지낸 작곡가 필리포 델 코르노는 "전후에는 공공 당국이 문화를 사회 해방을 위한 도구로 이용했습니다. 알도 모로 내각은 1974년에 문화부 장관직을 신설했지요. 그러나 이때부터 모든 것이 내리막길로 접어들었습니다"라고 말했다.

또한, 영화 제작자로 최근까지 베니스 비엔날레 총감독을 맡았던 로베르토 치쿠토는 "베를루스코니 시절에 시청각 작품 수는 증가했지만 질적으로는 급격한 쇠퇴를 겪었습니다"라고 말했다. 그때부터 국영 라디오와 텔레비전은 주로 오락 프로그램에만 전념할 뿐 공익의 임무는 소홀히 했다. 그 당시 존재했던 네 개 교향악단 중 현재 활동 중인 교향악단은 단 하나뿐이다.

멜로니 총리의 집권 후 여러 방송 진행자들이 하차하고 그 자리를 친정부적 성향을 가진 이들이 채우면서 웃지 못할 해프닝도 벌어졌다. 지난 2월 래퍼 다르겐 다미코가 한 방송 인터뷰에서 이민의 이점에 대해 말하자 진행자는 갑자기 "이제 음악에 대해 이야기하자"며 말을 잘랐다. 이탈리아 공영방송 〈RAI〉는 무솔리니의 생애를 다룬 시리즈 소설의 저자 안토니오 스쿠라티를 이탈리아 해방 기념일 토론에 참가자로 초청할 예정이었으나 지난 4월 말 이를 취소했다.

산줄리아노 문화부 장관, "단테는 이탈리아 우파 사상의 창시자"

현재 이탈리아 문화부 예산은 35억 유로로, 이는 국가 예산의 약 0.4%에 해당한다. 2023년에서 2024년 사이 이탈리아 문화부 예산은 1억 2,400만 유로 삭감되었다. 게다가 박물관은 만성 인력 부족을 겪고 있다. 4만 9,000여 개 작품을 담당하는 미술사 전공 큐레이터가 단 한 명뿐인 카포디몬테 미술관에서 인력 부족률은 75퍼센트에 달한다. 급여도 매우 낮은 수준이다. 루카 사토리는 "저는 월 2000유로 정도의 급여를 받고 있습니다. 프랑스나 독일의 오케스트라에서 일하는 친구들이 받는 급여의 절반 수준이죠." 지난해 10월, 이탈리아 국내 13개 오페라극장은 직원 고용 조건을 규탄하기 위해 파업에 돌입했다.

이 상황에 대해 〈라 레푸블리카〉의 칼럼니스트 지안니 리오타는 이렇게 말했다.

"이제 합의에 따른 외교 정책을 추구해야 하는 멜로니 총리는 문화 정책에 있어서만은 파시스트적 노선을 취하고 있습니다."

이 방향의 정책은 문화 분야에 우파 인사들을 기용하는 것에 그치지 않았다. 산줄리아노 장관은 이야기를 지어내고 새로운 상상력을 발휘하면서, 오른쪽으로의 '복귀' 작업에 착수했다. 지난 1월에 열린 이탈리아형제들(FDL) 당대회에서 산줄리아노 장관은 단테를 "이탈리아 우파 사상의 창시자"로 묘사했다. 이에 대해 문학사가

조르지오 잉글레세는 "파시스트들은 1980년대에 이미 단테의 『신곡』 「지옥」편의 첫 번째 노래에서 무솔리니의 등장을 보고 단테를 소환하기 시작했습니다"라고 설명했다.

또한, 철학자 파올로 페체레는 "1980년대부터 이미 조르자 멜로니가 활동했던 파시스트 조직들은 무솔리니의 말이나 글을 사용하는 것이 법적으로는 금지되어 있었기 때문에 (대안으로) 톨킨의 작품과 명예 숭배, 종교적 차원에 집착하는 경향을 보였습니다"라고 회고했다. 이탈리아 사회운동의 청년조직은 "호빗 캠프"를 조직하기도 했다.

톨킨 전시회는 지금까지는 기대 이하의 실적을 보였다. 하지만 이탈리아 정부는 볼로냐에 이탈리아 문화박물관을 열거나 로마에 '포이베 대학살'—제2차 세계대전이 끝날 무렵 이탈리아, 슬로베니아, 크로아티아 사이의 국경 지역에 위치한 자연 땅굴에서 수많은 이탈리아 민간인들이 유고슬라비아 빨치산에 의해 학살된 사건—을 추모하는 새로운 박물관을 건립하는 등 또 다른 프로젝트도 진행하고 있다.(3)

(3) Jean-Arnault Dérens & Laurent Geslin, 「Trieste, la conscience d'une frontière 트리에스테, 기억에서 지워진 피의 국경」, <르몽드 디플로마티크> 프랑스어판, 2023년 9월호, 한국어판, 2023년 10월호.

스가로비 전 문화부 차관, "파시즘을 등에 업고 여러 걸작들이 생산돼"

멜로니 총리의 임기 첫 2년 동안 산줄리아노 문화부 장관과 함께 차관으로 임명돼 호흡을 맞춘 비토리오 스가르비는 텔레비전 방송 출연, 저질 발언, 수차례의 유죄 판결, 마피아와의 연관성 의혹 등으로 유명하다. 이탈리아 르네상스 화가들에 관한 수많은 글을 쓴 이 미술 평론가는 문화 행사에서 출연료 명목으로 돈을 받은 혐의(이탈리아의 고위 공무원이 행사 참석 시 대가를 받는 것은 법적으로 금지돼 있다)와 미술품 절도 및 변조 혐의 등으로 사임 압박을 받다가 지난 2월 결국 사임했다.

그는 사임 후 로마에 있는 자신의 아파트에서 가진 인터뷰에서 이렇게 말했다. "산줄리아노 장관은 우익 문화를 구축하기 위해 우익 인사들을 기용하고 말도 안 되는 연설을 하고 다닙니다. 그녀는 지식인 계층을 다른 인물들로 대체하려 하지만 그건 불가능한 일이죠! 사람들에게 각자 원하는 대로 생각할 자유를 줘야 합니다."

스가르비 전 문화부 차관은 우리 취재진을 아파트 옥상 테라스로 데려가더니 로마의 밤을 배경으로 우뚝 솟아있는 산티보 알라 사피엔차 성당의 돔을 회중전등으로 비추며 말했다.

"저 보로미니의 걸작을 보세요. 당시 이탈리아는 민주주의 국가는 아니었지만 예술가들이 자유롭게 창작하도록 허용했습니다."

스가르비는 이탈리아 북부 로베르토의 한 박물관에서 4월 14일부터 9월 1일까지 "예술과 파시즘"이라는 제목으로 400여 점의 작품을 전시하는 전시회를 기획했다. "제목에 파시즘이라는 단어가 들어가는 것을 겁내지 않고 전시를 기획한 것은 이번이 처음입니다. 우리는 진실을 감춰서는 안 됩니다. 우리는 20년간 예술과 건축 분야에서 파시즘을 등에 업고 여러 걸작이 생산되는 것을 봤습니다. 하지만 최고의 예술가는 세상의 질서에 굴복하지 않고 창의성을 지킨 이들입니다." **lD**

글·앙트완 페케르 Antoine Pecqueur
기자. 문화, 경제, 국제 분야 기사를 <르몽드 디플로마티크>프랑스어판, <라디오 프랑스 앵테르나시오날>, <메디아파르> 등에 게재하고 있다.

번역·김루치아
번역위원

새로운 '세계의 공장'이 나타났는가?

미국이 중국과의 무역을 제한하려는 의도를 드러내자, 아시아 강대국인 중국에 오랜 시간 의존해온 사업 모델을 기반으로 운영되는 다국적 기업이 큰 어려움을 겪고 있다. 그런데 기업이 표적 시장을 인도로 이전한다면 이 난관을 헤쳐나갈 수 있을까?

베네딕트 마니에 ▌인도 전문기자

2023년 12월, 인도 정부는 애플 아이폰의 주요 제조업체인 대만기업 폭스콘이 인도의 '실리콘 밸리'로 불리는 벵갈루루에 있는 공장에 초기 투자 예정금 약 5억 5천만 유로에 추가로 16억 7천만 달러(15억 3천만 유로)를 투자한다고 발표했다. 이 소식은 적지 않은 충격

을 주었다. 나렌드라 모디 인도 총리는 자기가 늘 주장해오듯 인도를 새로운 "전자제품 제조의 세계적 중심지"로 만드는 데 성공한 것일까?

의심할 나위 없이 인도는 현재 세계적인 '디리스킹(de-risking, 위험 제거)' 움직임의 수혜자다. 이는 경제

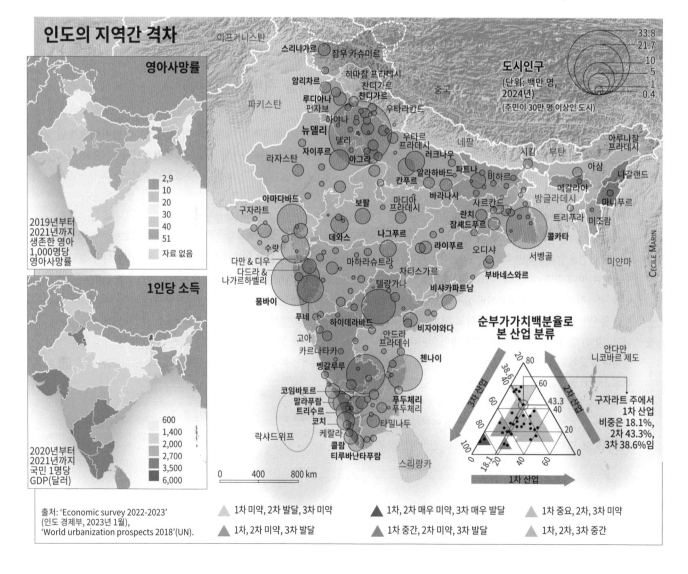

인도의 지역간 격차

영아사망률

2,9	
10	
20	
30	
40	
51	
자료 없음	

2019년부터 2021년까지 생존한 영아 1,000명당 영아사망률

1인당 소득

600	
1,400	
2,000	
2,700	
3,500	
6,000	

2020년부터 2021년까지 국민 1명당 GDP(달러)

도시인구
(단위: 백만 명, 2024년)
(주민이 30만 명 이상인 도시)
33.8 / 21.7 / 10 / 5 / 1 / 0.4

순부가가치백분율로 본 산업 분류

구자라트 주에서 1차 산업 비중은 18.1%, 2차 43.3%, 3차 38.6%임

출처: 'Economic survey 2022-2023' (인도 경제부, 2023년 1월), 'World urbanization prospects 2018'(UN).

△ 1차 미약, 2차 발달, 3차 미약
△ 1차, 2차 미약, 3차 발달
▲ 1차, 2차 매우 미약, 3차 매우 발달
▲ 1차 중간, 2차 미약, 3차 발달
△ 1차 중요, 2차, 3차 미약
△ 1차, 2차, 3차 중간

적 측면에서 기업들이 중국 '리스크' 노출을 제한하도록 권고하고 지정학적 측면에서 중국의 부상을 저지하는 것을 목표로 하는 전략이다. 언론을 살펴보면 아시아에서 '대대적인 전환'이 이뤄지기 위한 모든 조건이 갖춰진 것 같다.

인도는 2022년에 식민지배국이었던 영국을 제치고 세계 3위의 경제 대국(구매력 기준)이 되었다. 게다가 국제통화기금(IMF)은 인도가 세계적으로 가장 빠른 성장률을 기록하며 2023년 6.7%에 이어 2024년에도 6.5%를 달성할 것으로 예측했다. 반면 중국의 예상 성장률은 4.6%이다.(1)

2023년 8월에 인도의 성공적인 달 탐사선 발사는 많은 이들에게 인도의 부각에 대

한 은유로 여겨졌다. 인도가 '새로운 세계의 공장'이 되리라는 발상은 각국 정부와 언론을 매혹시켰지만, 현실에서는 신중하게 접근해야 한다.

인도의 인구는 약 14억 2천만 명으로, 2023년에 지구상에서 가장 인구가 많은 국가가 되었다. 국제연합(UN)에 따르면 인도의 경제활동인구도 세계에서 가장 많은 9억 7천만 명이고, 2030년에는 10억 명 이상에 달할 것이며 2050년까지 꾸준한 증가세가 예상된다.

**디리스킹의 수혜자이지만,
노동력 교육수준이 낮아 문제**

(1) 'Mise à jour des perspectives de l'économie mondiale 국제경제 전망 개정판', 국제통화기금(IMF), Washington, DC, 2024년 1월.

식민 지배 설명서

영국인 15만 명이 인도인 3억 명을 지배한 비결은?

소설가 아비르 무케르지는 역사 스릴러 『L'attaque du Calcutta-Darjeeling 캘커타-다르질링 침공』(프랑스어 번역서, 리아나 레비 출판사, 2019)에서 제1차 세계대전 이후 인도 식민지 사회를 살폈다. 인도의 독립운동은 대영제국 여왕 치하 군대의 거친 무력 진압을 불러왔다. 아래는 런던에서 온 한 상인이 수사관에게 현지 상황을 냉소적으로 분석해 설명하는 대목이다.

"제 의견을 말씀드리면, 최악인 사람들은 폭력적인 원주민이 아닙니다. '비폭력'을 설파하는 이들이 진짜 위험하지요. 그들은 이를 '평화적 비협조'라고 부르지만 실제로는 경제 전쟁입니다. 예를 들자면 영국산 직물 불매 운동이요. 이 업계에는 직격탄입니다. (중략) 그리고 이런 일은 벵골에서만이 아니라 전국적으로 일어나고 있어요. 끔찍하게도 우리는 아무것도 할 수 있는 게 없어요. (중략) 원단을 파는 일을 하는 저는 그 사람들(독립주의자들)을 전혀 동정하지 않는다고 장담합니다. 그렇지만 아일랜드인으로서는… (중략) 인도에 있는 영국인이 몇 명인지 아십니까, 대위님? (중략) 15만 명입니다. 딱 그 정도예요. 인도인은 몇 명일까

요? 제가 말씀드리죠, 3억 명입니다. 영국인 15만 명이 어떻게 인도인 3억 명을 좌지우지할 수 있다고 생각하십니까? (중략) 바로 정신적 우월감입니다. 소수가 다수를 지배하려면 지배자가 피지배자에게 우월한 아우라를 보여줘야 합니다. 물리적, 군사적 우월성뿐만 아니라 정신적 우월성도 필요한 것이지요. 더 중요한 게 있습니다. 피지배자들이 자신들이 열등하다고 여기며 지배를 받는 게 자신들을 위해서라고 믿어야 한다는 것입니다. 플라시 전투(1757년, 영국이 인도 통치를 시작한 계기가 된 전투) 이후에 우리가 한 일이라곤 원주민들에게 우리의 지도와 교육이 필요하다고 설득해서 그들을 제자리에 묶어두는 것뿐이었습니다. 그들의 문화는 야만적이고, 종교는 거짓된 신에 기반을 두고 있으며, 심지어 건축물도 우리보다 열등한 것으로 보여야 했습니다." **ID**

번역·서희정
번역위원

게다가 인도는 젊은 국가로, 국민의 40%가 25세 미만이며 중위 연령은 28세로 중국의 39세에 비해 낮다. 매년 천만 명 이상이 노동 시장에 진입하는 인도는 외국인 투자자들에게 놓칠 수 없는 시장이다.

그렇지만 인도 노동력의 상당수는 교육 수준이 심각하게 낮다. 특히 농촌 지역의 학생 수백만 명은 특별한 자격증 없이 교육 시스템에서 나가고, 기술 교육은 발전되지 못했다.(2) 인도는 중국보다 젊은 층 인구가 많지만, 과학, 기술, 공학, 수학 분야에서 공부한 학생의 수는 더 적다. 2020년 중국의 졸업생 수는 357만 명인데 비해 인도는 255만 명에 불과했다.(3)

더 큰 문제는 인도의 엔지니어 80% 이상이 기업이 요구하는 자격요건을 갖추지 못했다는 점이다.(4) 폭스콘은 중국 협력업체 14곳에서 인도 현장에 지원을 올 수 있도록 승인을 신청해야 했다.(5) 또한 세계은행에 따르면 인도의 문맹률과 영양실조 비율은 각각 24%와 17%로, 두 지표 모두 3%인 중국에 비해 꽤 높다.

산업계에서 모디 총리가 2014년 집권하면서 추진한 의욕적인 '메이크 인 인디아(제조업 활성화)' 정책은 결실을 보지 못했다. 이 정책은 2022년까지 제조업 비중을 국내 총생산(GDP)의 25%까지 끌어올리고 일자리 1억 개를 창출하는 것이 목표였다.

그렇지만 이 부문은 여전히 GDP의 약 15% 수준에 머물러 있고, 고용인구는 2016~2017년에 510만 명에서 2023년 356만 명으로 줄어들 것으로 예상된다.(6) 상상을 초월하게 낮은 이 숫자는 왜 노동력의 80%가 비공식 경제 부문에 종사하고 있는지 설명해준다.

인도는 기업에 효율적인 교통시설을 갖추고 창업 절차를 간소화한 경제특구(SEZ)와 국가투자제조특구(NIMZ) 등의 혜택을 제공하며 투자자 유치에 박차를 가하고 있다. 더불어 SEZ에서는 수출에 대한 세금 혜택(5년간 면세, 이후 5년간 50% 감면)을 주고, NIMZ에서는 노동법 및 환경법을 완화해준다.

또한 외국인직접투자(FDI) 절차도 간소화했다. 관료주의적 장벽을 허물고 기업에 매력적인 진출 조건을 갖추려고 공공서비스의 신속한 디지털화와 약 3만 9,000개의 규제 철폐를 약속했다. 각 주 정부도 기업을 유치하려고 대출 이자 할인, 전기세 특별요금제 도입, 용지 구매 시 보조금 지급 등의 조건을 제시하며 경쟁 중이다.

그러나 성과는 미진하다. 인도 정부 정책연구소 NITI Aayog의 라지브 쿠마르 부소장에 따르면, 국내투자(국내 경제주체들의 투자)는 감소세로 2012년에는 GDP의 39%를 차지했지만 2015년부터 2020년까지는 평균 31%에 그쳤다.(7) 인도 국내투자의 절반은 기업계, 3분의 1은 인도인들(부동산 투자, 초소형 및 중소기업 설립), 12~13%는 공공 부문에서 이루어졌다.

유엔무역개발회의(UNCTAD)는 인도의 외국인직접투자(FDI)가 점차 증가해 세계에서 8번째로 많이 유치했다고 보고했다.(8) 그렇지만 2022년에 인도가 유치한 투자금 490억 달러는 미국 2,850억 달러, 중국 1,890억 달러(거의 4배), 브라질 860억 달러 등 다른 주요 국가의 유치 자금에 비하면 여전히 미미한 수준이다.

2021년 말, 피유시 고얄 인도 산업통상부 장관은 국회에서 인도 내 외국기업 자회사 약 1만 2,500개가 있고, 1만 700개가 2014년부터 2021년까지 설립되었다고 발표했다. 그러나 포드, 제너럴 모터스, 홀심(시멘트), 할

(2) Santosh Mehrotra, 'Technical & vocational education and training in India : Lacking vision, strategy and coherence', <CSE Working Papers>, n° 37, Azim Premji University, Bangalore, 2021년 2월.

(3) Brendan Oliss, Cole McFaul & Jaret C. Riddick, 'The global distribution of STEM graduates : Which countries lead the way ?', Georgetown University, 2023년 11월 27일.

(4) '80% of Indian engineers not fit for jobs, says survey', 2019년 3월 25일, www.businesstoday.in

(5) François Miguet, 'La troisième économie mondiale en 2030, 2030년 세계경제 3위 국가', <Le Point>, Paris, 2023년 12월 21-28일.

(6) Udit Mishra, 'Explain Speaking : Why Indian manufacturing's productivity growth is plummeting and what can be done', <The Indian Express>, Noida, 2023년 7월 12일.

(7) Rajiv Kumar & Nikhil Gupta, 'India's investment rate declines to 31% of GDP from 39% peak', 2022년 9월 16일, https://economictimes.indiatimes.com

(8) 'Foreign direct investment', United Nations Conference on Trade and Development(UNCTAD), https://hbs.unctad.org

(9) Kirtika Suneja, '2,783 foreign companies shut India operations since 2014 : Govt to Parliament', 2021년 12월 8일, https://economictimes.indiatimes.com

(10) 'Profils tarifaires dans le monde 2023', World Trade Organization, www.wto.org

(11) 'Reimagining India's supply chain', Confederation of Indian Industry (CII), Arthur D. Little, 2020년 12월, www.adlittle.com

(12) Rosemary Coates, Michael Gherman & Rafael Ferraz, 'Global labor rate comparisons. The impact on manufacturing location decisions and reshoring', The Reshoring Institute, 2022년 9월, https://reshoringinstitute.org

리 데이비슨, 소매업체 까르푸와 메트로를 포함한 기업 2,700곳이 인도를 떠났다.(9)

코로나19로 기업 철수 현상을 어느 정도 설명할 수 있지만, 다른 이유는 기업들이 인도 내에서 기대하던 시장을 찾지 못했고 지지부진한 관료주의, 일관성없는 규제, 용지 취득상 어려움, 부패, 관세 장벽 등 불리한 사업환경에 직면해서다. 실제로 인도의 수입 관세는 평균 18.1%로 중국의 7.5%에 비해 훨씬 높다.(10)

인도는 사회간접자본(SOC) 개선도 필요하다. 인도 기업가들은 2020년 도로망이 제대로 정비되지 않고 물류망은 체계적인 조직과 현대식 창고가 부족해서 중국이나 태국보다 비용이 더 많이 든다고 불만을 토로했다.(11) 인도는 '산업 회랑(Industrial Corridors)'을 만들고, 철도를 현대화하고, 주요 대도시를 연결하는 고속도로를 건설하여 부족한 인프라를 보완하기 위해 노력 중이다. 그러나 일부 인프라는 지구온난화로 인한 혹독한 날씨 때문에 훼손됐다. 2023년 봄, 두 차례의 홍수로 인해 북쪽의 다리와 제

방, 고속도로 여러 구간과 100킬로미터가 넘는 철도 노선이 파손됐다. 또 태양광·태양열 발전소를 건설하고 화력발전소 가동을 위한 석탄 생산량도 늘렸지만 정전도 여전히 자주 발생하고 있다.

미국의 정책연구소 리쇼어링 인스티튜트에 따르면 인도는 다른 아시아 국가보다 '인건비'가 낮은 점이 장점이다. 기계공의 연봉은 약 2,500달러로 중국의 1만 5,000달러, 태국의 1만 달러, 베트남의 5,000달러에 비해서도 매우 낮다.(12) 그러나 인프라, 물류, 관세, 생산성 및 생산 품질 등 기업이 지출하는 전반적인 비용을 감안하면 중국이 여전히 더 매력적이라고 결론지었다. ⅬⅮ

글·베네딕트 마니에 *Bénédicte Manier*
인도 전문기자. 지난 30년 동안 인도 사회의 진화에 관해 지속적으로 보도했다.

번역·서희정
번역위원

Manière de voir

〈마니에르 드 부아르〉 11호
『'자유' 없는 자유』

권 당 정가 18,000원
1년 정기구독 시 72,000원
⇨ 65,000원

아르헨티나 밀레이의 '전기톱으로 문화 자르기'

하비에르 밀레이 아르헨티나 대통령은 문화 부문과 그 유관기구 그리고 관련 보조금 등을 별로 탐탁지 않게 생각한다. 문화는 국가에 기생하는 분야이자 진보주의 세계에 속한다고 생각하기 때문이다. 밀레이는 숫자를 토대로 문화를 공격하지만, 정작 그의 공격은 근본적으로 경제적 선택이 아닌, 정치적 비전에 입각한다. 그가 전기톱을 휘두르도록 이끄는 것은 바로 강박적인 성격의 '반공주의' 메시아니즘이다.

알란 파울스 ▮아르헨티나 작가

지난해 12월 11일 아르헨티나의 하비에르 밀레이는 대통령 취임 직후, 문화 부문에서 그가 추구하는 진정하고도 유일한 계획이 무엇인지 여실히 보여줬다. 그것이 바로 문화 말살이다.

첫째, 밀레이 대통령은 문화부를 문화청으로 격하한 데 이어, 민간연극 제작자를 그 수장으로 임명했다. 둘째, 일명 기본법(Ley de Bases)(664개 조항으로 이뤄진 대규모 법안 패키지라는 점에서 '옴니버스 법'(Ley Ômnibus)이라고도 불린다)으로 불리는 대규모 개혁안을 의회에 상정했다.

특히 문화 개혁이 주류를 이루는 이 법안의 제3장은 가장 왕성한 활동으로 눈부신 성과를 내고 있는 문화기관들 가운데 일부 기관의 예산을 삭감하거나 조직을 개편하거나, 경우에 따라 아예 폐지하는 내용을 담고 있다. 가령 프랑스 국립영화영상센터(CNC)에 해당하는 아르헨티나 국립영화영상예술연구소(INCAA)의 독자적 재정원인 두 재정기금을 전격 폐지하거나, 국립예술기금(FNA)과 국립공연예술협회(Instituo naciona del Teatro)의 문을 닫는 한편, 1,800개 공립도서관이 제공 중인 극히 소박한 가격 혜택 서비스조차 전격 중단하는 내용을 담고 있다.

출판계도 긴축의 칼날을 피해가지 못했다. 밀레이 대통령은 프랑스의 '랑법'을 벤치마킹한 도서가격 관련 법률 폐지를 발표했다. 이 법은 그동안 시장을 교란하거나 독립서점에 악영향을 미칠 위험이 높은 대형서점의 도서 가격 할인을 금지해왔다.

이 법안은 지난 1월 초 부결됐지만 5월 수정안이 다시 상정됐다. 본래 법안이 400여 개 조항으로 축소되는 한편, 제3장이 제외됐다. 또한 일부 논쟁이 된 부문도 가벼운 수정을 거쳤다. 가령 행정부가 '비상시국'을 이유로 다양한 분야에서 의회 표결 없이 법령을 선포할 수 있는 입법 권한을 누릴 수 있도록 한 조항의 경우, 본래 법안과 달리 그 기한을 2년이 아닌 1년으로 축소하는 한편, 적용 대상도 제한했다.

아르헨티나 의회는 이처럼 새 법안을 통과시킴으로써, 결국 밀레이 정권이 본래 제3장의 내용을 포함한 모든 문화 말살 정책을 아무런 걸림돌 없이 실행할 수 있는 전권을 손에 쥐어준 셈이 됐다. 사실 대통령은 의회 심의가 미처 끝나기도 전에 일찌감치 문화 말살 행보에 적극적으로 나서고 있다. 집권 초기 3개월 동안 이미 중남미 주요 뉴스통신사 '텔람'의 업무를 중단시키는가 하면, 공영 텔레비전과 라디오 폐쇄도 계획하고 있다. 밀레이는 INCAA 대표로 영화산업과 전혀 무관한 금융전문가를 지명했다. 새 INCAA 대표가 부임하자마자 내린 결정은 직

원 백여 명을 해고하고, 각종 핵심부서(홍보, 상영관 운영 및 관객 개발, 영상사업 감독)를 폐지하는 한편, '행정조직 개편'이라는 미명 아래 90일 동안 해당 기관과 더불어, 아르헨티나 영화 상영을 독점적으로 담당하는 부에노스아이레스의 단 하나뿐인 극장인 고몽 극장의 운영을 중단시키는 것이었다. 한 마디로 영화산업을 완전히 마비시키는 것이 목적이었다.

사실 문화는 밀레이의 입에 자주 오르내리는 분야는 아니다. 문화는 밀레이 대통령이 꿈꾸는 급진자유주의 국가에게 있어 불필요한 짐이자, 낭비·무책임·부정부패의 온상에 해당하기 때문이다. 특히 밀레이의 발언에 따르면, 모든 공공기관이 전부 그와 비슷하다. 재정균형, 예산축소, 중앙은행 발권 기능 폐지 등에 광적으로 집착하는 밀레이 대통령에게 문화는 골칫거리, 그것도 극도로 성가신 골칫거리에 불과하다.

밀레이에게 문화가 요구하는 돈은 영원히 돌려받기 힘들뿐더러, 돌려받더라도 즉각 수치로 환산하기 힘든 수익의 형태에 불과해, 문화가 산출하는 이익을 경제적으로 평가하거나 문화가 시장에서 차지하는 위상을 가늠하기가 매우 어렵다. 사실상 시장이야말로 밀레이 대통령이 머리 조아리기를 주저하지 않는 유일한 신인데

말이다. 문화는 아르헨티나 국내총생산(GDP)의 2.4%를 차지하지만, 정작 밀레이 대통령이 말하는 '가장 가성비 좋은 우수한 상품'에는 해당하지 않는다. 사실상 단순 무식하기 그지없는 이 문구를 밀레이 대통령은 효율적인 시장의 비결을 더할 나위 없이 훌륭하게 함축하는 표현이라고 생각한다.

평소 문화 관련 발언을 극도로 꺼리는 밀레이 대통령은 수주 전 문화와 관련해 이렇게 자문했다. "아무도 보지 않는 영화에 공공재정을 지원해야 할 이유가 무엇인가?" 사실 이러한 논리는 그다지 새로울 것도 없다. 밀레이가 선거 운동 때 한순간 빈곤층으로 전락한 유권자층을 유혹하기 위해 자주 사용하던 단골 멘트다.

밀레이, "영화가 아르헨티나 국민을 가난하게 만든 주범"

그는 빈곤층의 적으로 그들을 불행으로 내몬 주범인 엘리트층을 내세웠다. 가령 정치 계급(밀레이가 흔히 '카스트'라고 말하는 계급)부터 시작해, 확실히 '가장 가성비 좋은 우수한 상품'을 생산한다고 말할 수 없는 영화인들(하지만 루크레시아 마르텔, 마르틴 레흐만, 로드

<익명의 손들>, 1976~2019 - 카를로스 알론소

리고 모레노, 산티아고 미트레, 로라 시타렐라, 마리아노 지나스 등 수많은 영화인이 지난 30년에 걸쳐 아르헨티나의 명성을 높인 눈부신 영화들을 만들어내지 않았던가), 그리고 학생들을 교실에 방치한 채 파업에 나서는 교사들, 아무도 관심이 없는 문제를 연구한답시며 국가보조금을 축내는 학자들 등등, 소위 엘리트층은 만인의 미움을 살 만한 사악한 조커로 안성맞춤이다.

하지만 그가 주장하는 논리는 이치에 맞지 않는다. 먼저 밀레이는 영화가 아르헨티나 국민을 가난하게 만든 주범이라고 비판하며 경멸한다. 하지만 정작 이 영화들은 납세자의 혈세나 국가보조금으로 제작된 것이 아니다. 바로 기본법이 그토록 없애고 싶어 안달하는 INCAA의 특수한 재정기금 덕에 제작됐다. FNA의 경우도 마찬가지다. 국가 지원을 받은 적이 없는 FNA도 나랏돈을 축내는 기생충이라는 억울한 비판에 시달리고 있다.

다시 말해 밀레이의 논리는 사실상 정치적 성격의 결단을, 마치 수치로 환산된 경제성적표를 통해 증명할 수 있는 자명한 이치, 단순한 진실(소득과 지출, 투자와 수익 간의 비대칭적인 관계)인 양 간주한다는 점에서 분명 오류에 해당한다.

사실상 밀레이에게 문화의 문제는 결코 경제적인 문제가 아니라, 철저히 정치적인 문제다. (그리고 앞으로 필자가 문화에 대해 이야기하는 모든 내용은 공교육 분야에도 똑같이 적용된다고 봐야 한다. 밀레이에게 공교육은 또 다른 사악한 괴물의 일종으로, 그는 나름의 방식으로 괴물을 무찌르기 위해 노력하고 있다. 가령 350% 연간 물가 상승률은 한낱 신기루에 불과할 뿐이라는 듯, 2024년 교육 예산을 2024년 수준으로 동결한 것이 대표적인 예다.)

전반적으로 아르헨티나 문화계는 소위 '진보주의적'이라고 불린다. 비록 이 형용사는 매우 모호하고 때로는 이중적이기까지 하지만, 어쨌거나 이 단어는 아르헨티나에서 일정한 원칙과 가치, 성취, 다시는 돌이킬 수 없는 역사적 변곡점을 둘러싼 어느 정도 탄탄한 사회적 합의를 지칭하는 말임은 분명하다. 그리고 그 사회적 합의가 바로 군사 쿠데타가 부재한 지난 40년 동안 아르헨티나

인 모두가 공유하는 민주주의의 토대를 이루어왔다.

아르헨티나 문화계, 밀레이의 개혁안을 규탄하며 저항에 나서

문제는 밀레이 유권자 56% 가운데 과연 몇 퍼센트가 과거 이러한 민주주의 토대를 중요하게 생각했었는지, 그리고 왜 그 생각을 저버리게 됐는지, 또한 민주주의 토대를 정치적 구호로 삼은 이들이 선거를 승리로 이끄는 데 필요한 민심 확보에 어찌하여 실패했는지 일 것이다. 하지만 어쨌거나 지난 1월 문화계가 밀레이의 개혁안을 규탄하기 위해 거리로 나섰을 때, FNA와 INCAA 건물을 점거하고, 저항 시위를 조직하고, 문화계와 공공재정의 무관함을 명확히 밝히기 위해 대대적으로 언론사로 몰려갔을 때, 그들이 추구한 것은 단순히 문화계의 특수한 이권을 지키는 것만이 아니었다. 바로 민주주의 공존과 동의어로 통하던 바로 그 사회적 합의를 지키기 위해서였다. 적어도 밀레이가 집권하기 전까지 그 사회적 합의는 실제로 민주주의 공존의 동의어로 잘 작동했었다.

하지만 밀레이는 이 동의어 관계를 용인하지 않는다. 그는 경제적·법적 수단을 동원해 숨통을 조이거나, 정치적 홀대·적대·음해 공작 등을 동원해 그 동의어 관계를 뒤흔들고 무너뜨리려 한다. 이 문제와 관련해 사실상 부총리의 행보는 밀레이보다 훨씬 더 급진적이다. 군인의 딸인 빅토리아 비야루엘은 밀레이보다 훨씬 더 거친 방식으로 권력을 손에 넣었다.

그녀는 국가 테러 행위 부인, 법의 심판을 받고 철창에 갇힌 시민 학살의 주범인 군인들을 향한 지지를 바탕으로 집권에 성공했다. 민주주의 40년 역사에서 그녀만큼이나 극단적으로 나아간 사람은 아무도 찾아볼 수 없었다. 과거사 청산 및 인권 정책('진보주의'를 '민주주의'와 동의어로 간주하는 사회적 합의의 근간이 된 바로 그 '눈카마스'('이제 그만'이란 뜻을 지닌 단어로 과거 군부독재정권 치하에서 자행된 인권 유린 실태를 조사했던 국가위원회가 펴낸 보고서 제목으로, 흔히 중남미에서 과거사 청산 구호로 사용되는 표현이다-역주)는 언제나

미세한 의견 차이와 갈등, 내부 분열로 점철되어 왔지만, 그렇다고 권력의 상층부가 적극 나서서 과거를 부인하는 각종 수정주의적 수단을 동원해 아예 정책을 다시 새롭게 쓰려고 시도한 적은 찾아볼 수 없었다.

그러한 면이 바로 (1976년 독재정권, 1990년대 카를로스 메넴, 도밍고 카바요 정권의 계보를 잇는 밀레이 정권의 구조조정정책 이상으로) 밀레이 정권만의 독보적인 특징에 해당한다고 말할 수 있다. 밀레이 정권의 전투지는 문화다. 2015~2019년 아르헨티나 대통령을 지내며 신자유주의 정책을 공공연히 표방한 마우리시오 마크리와 같은 우익 정권조차 지금껏 이 문제에 있어서만큼은 극도로 몸을 사렸었다.

하지만 밀레이 정권은 모든 것을 전부 공격한다. 1970년대와 독재정권에 대한 진보주의적 해석은 물론, 인권, 공교육, 환경 인식, 낙태법, 동성결혼, 반(反)차별 외국인혐오인종주의국립연구소(INADI), 여성청(폐지 예정), 심지어 포용적 언어(소외된 집단을 배제할 수 있는 용어를 피하는 언어–역주)까지 전부 공격한다. 특히 ('사상을 주입'하고 '사회 가치를 훼손'한다는 이유로 행정기관에서 사용이 금지된) 포용적 언어의 경우 논쟁이 무성하지만, 아연실색할 강박적인 반공 분위기 속에서 사용이 금지된 바 있다.

그런 의미에서 밀레이 선거 운동의 상징인 전기톱은 소셜미디어가 봇물을 이루는 시대적 분위기 속에서 비단 대통령의 맹렬한 신자유주의 스타일을 홍보하기 위한 과감하면서도 이상적인 상징물에만 그치는 것이 아니다. 사실상 전기톱은 제거, 가지치기, 삭감, 경제조정 등을 상징하는 선혈이 낭자한 고어적(gore, 잔혹한) 심볼("모든 아르헨티나인을 위해 수익을 창출하지 못하는 모든 것을 전부 없애자"라고 몇 주 전 대통령 대변인이 한 마디로 요약한 바 있다)에 해당한다.

하지만 동시에 전기톱은 밀레이의 이념·문화 십자군을 고무하려는 광신적인 갈망을 여실히 보여주기도 한다. 사실상 밀레이는 연설 중 그 이념·문화 성전의 표적을 명명하기 위해, 아르헨티나 국민이 비델라 장군의 군부 독재 시대 이후(1976~1983년)로는 결코 들어본 적

이 없는 강경한 수사학을 동원한 바 있다. 사실 전기톱은 국가재정과 관련해 완벽하게 작동한 바 있지만, 아마도 'zurdos', 'surdaje'에 대해서도 마찬가지일 것이다. 이는 아르헨티나에서 좌파 인사를 경멸적으로 지칭하는 단어인데, 밀레이와 그 측근은 자신들의 모든 적의 정치적 아이덴티티를 이 말로 통칭하곤 한다. 가령 그중에는 공산주의자, 페론주의자, 포퓰리스트, 사회주의자, 국가관리주의자, 조합주의자, '물러 터진' 자유주의자, 복지국가지지자, 케인스주의자, 사회기독주의자, '동성애 지지 마르크스주의자', 페미니스트, LGBTQIA+(성소수자) 운동가, 낙태권 찬성자, 사회운동세력 등이 모두 포함된다.

한 마디로, 무정부주의적 자본주의에 속하지 않는 모든 세력이 전부 밀레이의 적인 셈이다. 밀레이가 지난 1월 17일 다보스 경제포럼이 세계의 모든 권력자들을 상대로 해야 할 일을 제대로 하지 않는다("서구가 위험에 처했다!")고 훈계하기 위해 모이는 자리)에서 했던 연설에 따르면 무정부주의적 자본주의는 가장 완성된 형태의 체제이자, 동시에 현 시대적 과제에 가장 적절히 부합하는 유일한 체제라고 할 수 있다. 그 시대적 과제가 바로 빨갱이 쓰레기를 축출하는 것이다. 사실 밀레이가 이러한 목표를 달성할 것이라고 단언하기는 힘들지만, 어쨌거나 그러한 목표가 부활하는 데 힘을 보태게 될 것만은 분명해 보인다.

가학적인 극단의 해법에 잠식된 아르헨티나의 시대정신

만일 진정으로 '밀레이 문화'란 것이 존재한다면(대통령이 등장하는 틱톡 분노 짤에 열광하는 여드름이 돋은 청소년들, 맞춤 정장을 빼입고 귀족의 성을 과시하는 카톨릭 형법주의자들, 규제에 질린 경영자들, 질서·철권 통치·가정을 지키는 여성·정치적 구호로 더럽혀지지 않은 담벼락 등을 그리워하는 세대 등, 밀레이의 모든 지지자들이 공유하는 문화), 그것은 바로 밀레이의 유전자 속에 뼛속 깊이 새겨진 반공주의 메시아니즘일 것이다. 그것은 말하자면 광신적이면서도 맹목적인 매카시즘 광풍

(밀레이는 연설 중에 종종 "승리는 군인의 숫자가 아닌, 하늘의 힘에 의해 좌우된다"라는 말을 인용하곤 한다)이자, 온갖 곳에서 '집산주의'의 징후를 발견하고, 조국을 위한 자신의 이상과 신념, 방식에 반대하는 모든 세력을 모조리 빨갱이 망령의 어두운 손길로 비판해버리는 순도 100%의 증오에 해당한다.

그런 의미에서, 밀레이는 자신의 선거운동의 최애 상징물로 전기톱을 선택함으로써, 1950년대 미국의 반공주의 시대정신(Zeitgeist)에 합류했다고도 볼 수 있으리라. 당시 미국도 B급 쓰레기 SF 장르를 선택함으로써, '블롭'(blobs)(1), '바디 스내처'(body snathcher) 등 온갖 끔찍한 외계생명체의 형태를 빌려 공산주의의 위협을 은유적으로 표현하곤 했다.

하지만 1950년대 미국의 시대 분위기는 근본적으로 편집증적인 성격을 띠었다. 수동태로 쓰인 영화 시나리오는 침입당하고, 소유당하고, 정복당했다고 표현하곤 했다. 하지만 밀레이 집권 이후 아르헨티나의 시대정신(Zeitgeist)은 과거 미국의 경우와는 달리 가학적인 성격을 지닌다. 아르헨티나의 시대정신은 폭력에 열광하고, 중재를 믿지 않으며, 협정과 협상을 혐오한다.

그리고 가장 기초적인 언어(때로는 군사적, 또 때로는 의학적 언어)를 사용해 무자비한 극단적 해법을 이야기한다. 대표적인 예가 잘라내다, 절제하다, 베어버리다, 격멸하다, 뿌리뽑다 등이다. 그런가 하면 국가를 제로의 상태부터 다시 재건하다와 같은 말로 극단적 임무를 완화해서 표현하거나, 미래에 대한 예견을 제시하는 방식으로 정권의 정당성을 확보하려 한다.

하지만 그들이 말하는 미래란 오히려 19세기 과거를 훨씬 많이 닮았다. 아르헨티나가 세계에 곡물을 공급하고, 3개 언어를 구사할 줄 아는 '젠틀맨'의 통치를 받고, 아직까지 이민자 물결에 휩쓸리지 않고, 레밍턴 총으로 원주민들을 학살하거나, 20세기에 예비된 붉은 세기, 국가·보통선거·사회권의 세기, 데카당스의 시대를 미처 짐작조차 하지 못했던, 그래서 아르헨티나인들이 널리 행복했던 그 시절을 말이다.

사실 '밀레이 유토피아'는 분명 실재한다. 하지만 그것은 복고풍의 역행적 유토피아이면서, 동시에 오로지 소수를 위한 국가의 틀 속에 주조된 유토피아에 불과하다. 말하자면 그것은 현대 세계가 생산해낼 수 있는 디스토피아에 가장 가까운 세계라고 말할 수 있다. <small>LD</small>

(1) 'blob'이란 단어는 척 러셀이 만든 미국 SF 공포 영화(1958년)의 제목에서 비롯된 표현이다. 영화에서 끈적끈적한 점액질의 거대한 외계인이 펜실베이니아의 한 마을을 공포에 빠뜨린다. 한편 'body snatcher'는 인간을 대체하는 신체 강탈자를 참조한 표현이다. 돈 시겔 감독은 잭 피니가 쓴 동명의 소설을 원작으로 제작한 영화 <바디 스내처>(1956)를 통해 새로운 장르를 창조했다.

글·알란 파울스 Alan Pauls
아르헨티나 작가. 주요 저서로는 크리스티앙 부르주아 출판사에서 출간된 『La Moitié fantôme 반유령』(2023), 『Histoire de larmes 눈물의 역사』(2009), 『La Vie pieds nus 맨발의 삶』(2007), 『Le facteur Borges 우체부 보르헤스』(2006), 『Le Passé 과거』(2005) 등이 있다.

번역·허보미
번역위원

르완다 집단학살 30년 그후

갈등의 탈출구가 멀고 먼, 아프리카 대호수 국가들

지금 "천 개 언덕의 나라" 르완다에서는 1994년 4월 7일부터 7월 17일까지 투치족을 비롯해 당시 정권에 반대했던 일부 후투족 등 80만 명의 목숨을 앗아간 집단학살에 대해 자유롭게 이야기하기 힘들다. 폴 카가메 르완다 대통령이 콩고민주공화국 등 이웃 국가들과 유지하는 관계에 있어서 이 비극의 기억은 너무나 중요하기 때문이다.

마리옹 피케 ▌기자

르완다 서쪽에 자리한 부게시 마을은 겉보기에는 평온해 보였다. 작은 마을의 중심가에는 회갈색 모자를 쓴 목동이 땅에 시선을 고정한 채 장화 신은 발로 땅을 밟으며 걷고 있었다. 왼손에 쥔 막대기도 두 발과 함께 박자를 맞췄다. 그는 커다란 감자 포대들을 쌓아 올리고 있던 십여 명의 청년 쪽으로 다가갔다. 선선한 날씨지만 청년들의 이마에는 땀방울이 송송 맺혀 있었다. 목동은 잠시 멈춰 서서 그들을 바라보고는 다시 걸음을 뗐다.

그때 갑자기 르완다 방위군 병사가 탄 오토바이 한 대가 나타났다. 오토바이는 요란한 엔진음을 내며 언뜻 비어 보이는 오두막 뒤로 흙먼지와 함께 사라졌다. 다른 군인 한 명은 나무 벽 뒤에서 굳은 표정으로 보초를 서고 있었다. 이 허름한 건물은 콩고민주공화국 북키부주와 맞닿은 국경검문소 중 하나다.

르완다와 콩고민주공화국, 외교관계 악화일로

46세의 에릭*도 부게시에 산다. 목공소에서 용접 중인 그의 주변으로 불꽃이 튀었다. 그는 용접 마스크를 머리 위로 올리고는 이렇게 말했다. "여기는 안전하다. 경제가 굴러가고 국가가 우리를 보호해 준다." 르완다의 이 마을은 평온하지만, 몇 km 떨어진 곳에서는 많은 무장단체가 활동한다. 키부주를 약탈하고 주민들을 공포로 몰아넣은 반란군 M23(3월 23일의 운동)도 있다. 2012년 등장한 M23 반군은 8년간의 휴지기를 보내고 2021년 말 다시 무기를 들었다.(1)

"국경 너머 상황은 난장판이다. 하지만 우리가 직접 볼 수는 없고, 언론에서 전하는 걸 들을 뿐이다"라고 40대의 쥐스틴*이 말했다. 그때 소총과 최신 안테나로 무장한 여섯 명의 순찰대가 픽업트럭을 타고 마을을 가로질렀다. 그러자 쥐스틴은 더는 대답하지 않

*인터뷰에 응한 사람들의 안전을 위해 가명을 사용했습니다.

(1) Sabine Cessou, 'Jours d'après-guerre au Congo 아직 끝나지 않은 콩고 내전', <르몽드 디플로마티크> 프랑스어판, 한국어판, 2014년 1월호.

(2) Gauthier de Villers, 'La guerre dans les évolutions du Congo-Kinshasa 킨샤사 콩고의 발전과 전쟁', <Afrique contemporaine>, n° 215, Paris, 2005년.

(3) Michela Wrong, 『Do Not Disturb : The Story of a Political Murder and an African Regime Gone Bad』, Public Affairs, New York, 2021년.

<우간다 접경지역이자 르완다에 인접한 콩고민주공화국 부나가나 마을 언덕에 기관총을 설치하고 서 있는 M23 반란군>, 2012 - <알자지라> 영어판

고 입을 다문 채 발끝만 쳐다봤다. 르완다에서는 항상 말을 조심해야 한다. 어디에서 말이 새어나갈지 모르기 때문이다. 인구 1,300만 명의 르완다는 유엔과 콩고민주공화국으로부터 M23 반군을 지원한다는 의혹을 받고 있기 때문이다. 하지만 폴 카가메 르완다 대통령은 펠릭스 치세케디 콩고 정부가 오히려 '르완다 해방민주군(FDLR)'을 돕고 있다고 비난한다. FDLR은 콩고로 망명한 르완다인들이 세운 단체로 1994년 집단학살에 가담한 혐의를 받고 있다.

양국의 이런 대립 관계는 어제오늘 일이 아니다. 1998년에서 2003년까지, 제1차 아프리카 대전이라고도 불리는 제2차 콩고전쟁 때문에 6백만 명이 사망했는데, 르완다도 전쟁에 상당 부분 책임이 있다. 콩고전쟁 이후에도 콩고 동부 지역에는 수많은 분쟁이 이어지고 있어 여전히 피해가 크다. 콩고 전문 작가인 고티에 드빌레는, 그렇다고 현재의 혼돈 상황이 전쟁 때문이라고 단정하는 건 "지나친 일반화"라고 주장했다.(2) 한 가지 확실한 점은, 후투족과 투치족 사이의 갈등과 1994년 집단학살 문제가 르완다와 이웃 국가들의 관계를 결정짓는다는 사실이다.

르완다와 콩고민주공화국의 관계가 지닌 본질을 이해하려면 우간다와 르완다의 관계를 먼저 살펴봐야 한다. 부게시에서 북동쪽으로 약 70km 떨어진 도시 시야니카는 우간다와 국경을 맞대고 있다. 푸르른 언덕들이 아름다운 풍경을 만들어내는 이 도시에서는 사파리와 하이킹이 관광객들에게 인기가 높다.

국경 너머 우간다에서는 오토바이 운전자들이 바람에 머리를 휘날리며 자유롭게 달리지만, 르완다에서는 헬멧 착용과 속도 제한이 엄격히 요구되고, 위반 시 강력한 처벌을 받는다. 두 나라가 가진 공통점이라고는 화산과 주위를 둘러싼 안개뿐이다. 최근 양국 관계가 더욱 악화하고 있지만, 항상 사이가 나빴던 것은 아니다.

1957년에 태어난 카가메 대통령과 그의 가족은 투치족의 박해를 피해 1961년 르완다에서 도망쳐 우간다로 갔다. 비행기 조종사를 꿈꿨던 카가메는 젊은 시절을 우간다의 수도 캄팔라에서 보냈고, 1976년에서 1978년 사이 여러 차례 불법으로 국경을 넘나들었다. 요웨리 무세베니 우간다 대통령을 처음 만난 것도 바로 이 시기였다. 무세베니는, 1979년 이디 아민 다다 정권을 전복시키는 데 일조한 혁명 단체 '구국전선(Fronasa)'을 창설한 상태였다.(3)

이해관계가 엇갈린 우간다와 르완다

투쟁에 목말랐던 카가메는 게릴라 부대에 합류했고, 몇 년 뒤 조직될 '르완다 애국전선(RPF)'의 첫 사령관 프레드 르위게마와도 친분을 쌓았다. 1986년 1월, 무세베니가 수도 캄팔라를 점령한 뒤, 카가메는 정보부 부국장, 르위게마는 국방부 차관 자리에 올랐다.

그러나 몇 년 후, 두 사람이 르완다 출신이라는 것을 문제 삼는 우간다 민족주의자들의 반발을 이기지 못한 무세베니 대통령은 무기로 맺은 두 형제를 물러나도록 했다.(4) 군사 훈련을 받으러 미국 캔자스로 떠났던 카가메는 1990년 10월 르위게마가 석연치 않은 정황으로 살해된 이후 그의 뒤를 이어 RPF의 수장이 됐다. 무세베니의 지원을 받은 RPF는 르완다를 장악할 수 있었고, 1994년 7월, 투치족 집단학살도 종식됐다. 이후 카가메는 르완다에서 정권을 잡았지만, 2000년이 돼서야 대통령으로 공식 선출됐다.

반군 출신의 카가메 르완다 대통령은 군대를 정비하고 콩고 2차 전쟁에도 끼어들었다. 그런데 이번에는 우간다와 르완다의 이해관계가 엇갈렸고, 두 나라의 군대는 1999년부터 콩고에서 맞서기 시작했다. 2021년 5월 카가메 대통령은 이렇게 설명했다. "양국의 불화는 무세베니와 나 사이의 신뢰 문제로만 설명할 수 있는 게 아니다. 20년도 더 된 일이고, 매번 이 주제를 언급할 때마다 불편하다. 한마디로 말하자면, 우리는 그 누구에게도 종속되지 않는다. 누군가의 통제를 받고 이용당하는 것을 용납하지 않을 것이다. 우리나라는 작지만 우리는 위대하다."(5)

르완다 대통령의 말은 또 다른 이웃 국가인 부룬디와의 관계에도 적용된다. 르완다 동쪽에 자리한 마하마 난민 캠프에서는 마을

주민과 부룬디 난민들의 공생 관계가 완벽한 듯 보인다. 바나나 나무 그늘에서 쉬던 농부들은 커다란 미소를 지어 보였다. 난민들이 이곳에 자리 잡으면서 마을 농부들은 농업 협동조합 프로그램에 참여할 수 있게 됐고, 덕분에 연간 수확량이 증가했다. 42세의 조합장 크리스토프는 "난민들이 있어서 상황이 개선됐다. 이곳 부룬디 사람들과 경제 협력도 맺었다"고 말했다.

그러나 양국의 외교 관계는 이런 화합과는 거리가 멀다. 벨기에의 식민지였고, 망명 무장단체의 영향을 받았다는 공통점을 가진 두 나라지만 좀처럼 합의점을 찾지 못한다. 르완다 애국전선을 이끈 것은 투치족이고, 부룬디의 여당인 '민주방위국민평의회-민주방위군(CNDD-FDD)'은 후투족이 다수였던 옛 반군단체에서 시작됐기 때문이다. 2005년, CNDD-FDD가 정권을 잡은 이후, 두 나라의 관계는 악화하기 시작했다. 부룬디는 르완다가 쿠데타 시도를 지원했다고 비난했고, 르완다는 부룬디가 집단학살을 일으킨 반군들을 숨겨줬다고 비난했다. "양국 관계에 있어 결정적인 쟁점 중 하나는 바로 추모 방식이다. 한쪽에서는 르완다 투치족들의 죽음을 추모하고, 다른 쪽에서는 부룬디의 후투족들을 추모한다. 어느 쪽도 상대방 희생자들을 언급하려 하지 않는다." 대호수 지역 전문가인 앙드레 기샤우아의 설명이다. 종족 갈등 때문에 화해란 불가능한 것일까?

마하마 캠프 맞은편에는 캠프 난민들의 규모를 가늠하기 힘든 탄자니아 부리기 국립공원이 자리하고 있다. 르완다와 탄자니아의 관계는 르완다가 다른 이웃 국가들과 맺고 있는 관계와 사뭇 다르다. 프랑스 국제관계연구소(IFRI) 사하라 이남 아프리카 센터의 시나 슐리메르는 "사미아 술루후 탄자

(4) Bernard Leloup, 'Le Rwanda et ses voisins. Activisme militaire et ambitions régionales 르완다와 이웃 국가들. 군사 행동주의와 지역적 야망', <Afrique contemporaine>, n° 215, Paris, 2005년.

(5) François Soudan, Romain Gras, 'Paul Kagame : "Tshisekedi, Kabila, Macron, Touadéra, ma famille et moi" 폴 카가메, "치세케디, 카빌라, 마크롱, 투아데라, 내 가족과 나"', <Jeune Afrique>, 2021년 5월 25일.

니아 대통령과 폴 카가메 대통령의 논의는 주로 경제적인 목표와 관련한다. 두 정상은 1980~1990년대의 정치적 문제보다 기반시설 건설 협력에 초점을 맞춘다. 탄자니아는 대호수 지역 국가들 사이에서 중재자 역할을 한다"라고 설명했다.

1992년 7월, 르완다 내전 종식을 위한 협정이 탄자니아의 도시 아루샤에서 체결됐다. 이 협정으로 1994년 집단학살 책임자들을 처벌하기 위한 르완다 국제형사재판소(ICTR)가 아루샤에 설치된 것만 봐도 그 맥락을 잘 알 수 있다. 2004년에는 '대호수 지역의 평화, 안전, 민주주의, 발전'을 위한 선언문이 탄자니아에서 채택되기도 했다.

그러나 두 나라의 관계도 혼란을 겪었다. 2013년, 아디스아바바에서 열린 아프리카연합 정상회담에서 외교 마찰이 발생한 것이다. 자카야 키퀘테 당시 탄자니아 대통령(임기 2005~2015년)이 르완다 대통령에게 르완다 해방민주군과 대화할 것을 제안하면서, 무장단체 M23 지원을 중단할 것을 촉구했기 때문이다. 두 나라의 긴장 관계는 2016년, 존 폼베 마구풀리 전 탄자니아 대통령의 방문 이후에야 정상으로 돌아왔다.

광물자원에 대한 탐욕 속에 혼란 지속

르완다의 외교 관계가 자국 역사를 만든 민족 갈등에 좌우되는 것처럼, 경제적 이해관계 역시 대호수 지역에 혼란을 일으킨다.(6) 부룬디, 우간다, 탄자니아, 르완다의 공통점은 무엇일까? 바로 콩고 키부주에 매장된 광물자원에 대한 탐욕이다. 키부주에는 100개가 넘는 무장단체가 활보하는데, 이는 만족할 줄 모르는 이웃들에게는 횡재나 마찬가지다. 이 지역 전문가인 비르쿨롱의 설명

(6) Sabine Cessou, 'Omniprésence des intérêts étrangers 카빌라, 국제형사재판소의 심판대에 설까?', <르몽드 디플로마티크> 프랑스어판, 한국어판, 2016년 12월호.

에 따르면 "금은 탄자니아와 부룬디를 거쳐 가고, (…) 르완다는 아랍에미리트로 불법 수출되는 콜탄, 주석, 텅스텐에 집중한다. 르완다는 탐욕스러워졌다. 2021년 이후 M23이 돌아와 이 세 가지 광물이 많은 지역을 통제하고 있다는 사실이 이를 증명한다. 르완다는 국경선까지 문제 삼고 있는데 그 태도가 대담해졌다."

하지만 르완다 정부는 이런 주장을 반박해왔다. 윌리 응고마 M23 대변인도 자신의 반군단체가 "광산 지역에서 활동하지 않으며, (…) 종족주의 근절을 위해 활동한다"고 주장했다. 어쨌든, 티에리 비르쿨롱의 주장처럼 르완다 당국이 북키부주의 자원 덕분에 "부를 축적"할는지는 몰라도 일반 르완다 국민은 아무런 혜택을 받지 못한다. 니라공고 화산 아래 자리한 키라로(Kiraro) 마을 주민들은 자국과 이웃 콩고의 분쟁에는 관심이 없다. M23이 활동을 재개한 이후로 국경을 넘나들기 힘들어졌고 주민들 사이에는 분노가 퍼졌다.

머리에 생선튀김 바구니를 이고 있던 자클린*이 "예전에는 콩고에 가서 생선을 사 왔다. 2만 5,000 르완다 프랑이면 두 상자를 사 올 수 있었는데, 여기에서는 한 상자도 사기 힘들다"며 불평을 쏟아냈다. 또 다른 이웃 주민 역시 "우리나라에는 부패가 만연하다. 그렇지만 자칫하면 목숨을 잃을 수도 있으니 입을 다무는 편이 낫다. 국경이든 어디든 가난한 사람들은 그 어떤 지원도 받지 못한다"고 토로했다. **lD**

글·마리옹 피케 Marion Fiquet
기자

번역·김자연
번역위원

걸그룹 에스파 ⓒSM엔터테인먼트 _ 관련기사 115면

CULTURE

문화

동지들이여, 포고 댄스를 추자

다니엘 파리스–클라벨 ▌저널리스트

1986년, 팬진(fanszine) 〈민중의 영웅은 영원하다 (Les héros du peuple sont immortels)〉는 이렇게 물었다.

"레 베뤼스(les Bérus)는 언더그라운드계의 비틀스인가?"

당시 보컬 팡쇼아(FanXoa, 본명은 프랑수아)와 기타리스트 로랑을 주축으로 한 록 그룹 베뤼리에 누아르(Bérurier noir), 일명 '레 베뤼스'가 프랑스 언론과 음악계에 혜성처럼 나타나 대중적 성공을 거뒀다. 상위 50위까지는 차분한 분위기의 음악이 차지했고, 50위권 밖으로는 몽펠리에의 OTH, 생테티엔의 바빌론 파이터스, 르망의 핵폭탄 등 전국 각지에서 열광적인 그룹이 결성됐다.

펑크 로커들은 사회에 반기를 들었고, 젊은 취향의 자유로운 라디오 방송을 장악하다시피했다. 자체적으로 팬진(fanzine, 동인지)를 만들고 미지의 영역에 기타 소리를 울려 퍼지게 했다. 이들은 관료적 문화의 눈가리개를 벗겨내고 대안적인 무대를 창조했다.

1982년 5월, OTH는 몽펠리에에 콘서트홀을 열어달라며 TGV 노선 개통을 방해하는 시위를 벌였다. 파리에서는 파리바록스(PariBarrocks) 연합이 카페에서 공연을 했고, 여기서 레 방파스(Les Wampas), 로스 카라요스(Los Carayos), 레 가르송 부셰(Les Garçons bouchers)가 탄생했다.

그런가 하면 레 베뤼스는 거리와 지하철을 점거하거나 시위 현장과 시장 등에서 공연했고, 이후 파격적인 입장료로 진행한 르 제니트 아레나 공연은 객석을 꽉 채웠다. 비자, 록 래디컬 레코드(지금의 본디지 레코드), 구냐프(Gougnaf), 부슈리 프로덕션 등, 록을 통해 이런 해방의 울림판 역할을 하는 독립 레이블이 늘어났다.

레 베뤼스는 홍보 책자(『엊저녁에 배꼽 잡고 웃었지!(A BieN MärréR HiieR Souàr!)』, 1986)에서 "아이디어는 창조, 개별적 지원, 교류, 상부상조를 위한 대규모 운동을 촉발한다"라고 말했다.

펑크 그룹의 역할은 정당한 반란의 대변인

일부 그룹은 '음악작가·작곡가·출판사협회(Sacem)' 가입을 거부했고, 음반 판매량에 따른 명예 보상도 거절했다. 콘서트에서는 입장료를 조절하고, 음반 판매대를 들여놓고, '주문 서비스'를 자체 운영했다. '얼터너티브 록'(클래식 록이나 메인스트림 록의 '대안'으로 시작된 록 음악-역주)은 격식을 차린 엔터테인먼트의 관습과 시장 논리에 순응하기를 거부했다.

1986년 팬진 〈데드 존〉은 노선을 이렇게 요약했다. "사실 베뤼리에의 태도는 그들이 펑크 그룹의 역할, 무엇보다 정당한 반란의 대변인 역할을 이해하고 있다는 걸 보여준다. 말하자면 그들은 대중의 말을 들을 줄 안다. 대중이 자신들의 첫 번째 공모자이기 때문이다."

라디오와 TV는 공허한 '버라이어티쇼 히트작'을 시청자들에게 강요했지만, 학생들 사이에서 유통되는 K7 레코드는 대안 정치교육을 퍼뜨렸다. 대부분의 펑크 그룹은 인종 차별, 경찰 탄압, 여성에 대한 폭력을 규탄했다. 예를 들어 라 수리 데글랭게(La Souris déglinguée, 부서진 쥐)의 〈야스미나 P.A〉, 레 베뤼스의 〈헬렌과 피〉를 떠올릴 수 있다.

또한 이들은 감옥이나 정신병원 감금, 전망이 좋지 않은 베드타운을 비난하면서 젊은이들에게 허무주의보다는 좀 더 건설적인 반항을 촉구했다. 프랑스 내무부는 펑크그룹의 다음과 같은 문구를 보고, 레 베뤼스를 악시옹 디렉트(Action directe, '직접 행동'이라는 뜻의 프랑

스 극좌 비밀 게릴라 조직-역주)의 문화적 분파라고 여기며 우려를 표했다. 포고 댄스를 추자, 동지들이여, 낡은 세계는 지나갔다.

이 문구가 20세기 유럽 학생 혁명운동의 역사를 다룬 장루이 브로의 『달려라 동지들이여, 낡은 세계는 지나갔다!(Cours, camarade, le vieux monde est derrière toi!)』를 연상케 하는 것도 프랑스정부의 우려를 자아냈다.

"얼터너티브 록은 그룹이 아니라 운동이다!"

그러나 대형 음반사들은 재빨리 전열을 가다듬고 수표책을 꺼내들었다. 1988년 소니(Sony)는 레 베뤼스에 영입을 제안했으나 거절당했다. 버진(Virgin)은 라 마노 네그라(La Mano Negra)와 석연치 않은 계약을 맺었지만, 어쨌든 좀 더 큰 행운을 누릴 수 있었다.

그룹 핵폭탄의 보컬 파스칼 카르드는 이렇게 말했다. "당시 기관차 역할을 한 것은 레 베뤼스였다. 레 베뤼스가 멈추자, 라 마노가 도착하며 모두를 간발의 차로 앞섰다. 그러더니 그들은 사람들이 처음부터 싸워왔던 것을 택하고, 펑 하고 사라졌다. 의외인 점은, 그들이 일궈낸 성과를 고려할 때 라 마노 역시 레 베뤼스와 같은 방식으로 대안 운동의 원동력이 되어 그 일을 계속할 수 있었다는 점이다."(1)

본디지 레코드 레이블의 지주이

<작은 동요>, 2022-라니에로

자 레 베뤼스의 메니저인 마르쉬는 이렇게 분석한다. "그룹들은 '자신들을 표현하기 위해 음악을 하는' 단계에서 '이제 음악으로 먹고 살아야겠다'는 단계로 옮겨 갔다.(2) 더구나 그들은 그렇게 할 수 있는 힘의 균형을 이루고 있었다. 음악으로 먹고 산다는 게 나쁜 생각은 아니었지만 사

람들의 반응은 냉랭했다.

자유 라디오 방송국, 음악동호지, 콘서트 조직 위원회 및 이 운동을 주도한 모든 이들이 이 운동의 기관차에 실망하고 버림받은 것처럼 느꼈다. 그렇지만 아직 모든 게 끝났다는 뜻은 아니었다." 레 베뤼스의 멤버 로랑도 비슷한 생각을 한다.(3)

"레 베뤼스가 멈추면 '오 이런, 더 이상 얼터너티브 록은 없어, 더 이상 아무것도 없어!'라고들 했다. 하지만 얼터너티브 록은 그룹이 아니라 운동이다!"

많은 이들이 프랑스 랩의 부상(浮上)에서 이 운동의 연속성을 보고 싶어 한다. 결국 펑크나 스킨헤드처럼 힙합도 하나의 집단적이고 집합적인 문화다. 벽에 한 낙서들은 스텐실 그림과 그라피티로 이어졌다. 쉬프렘 NTM의 노래 〈폭탄 속의 파리〉는 오베르캄프의 〈파리의 색채〉를 반영했다.

"나에게 랩은 얼터너티브 록의 연속"

그러나 이런 계보는 계속해서 이어지지 못했다. 라디오 뵈르의 진행자이자 나중에 그룹 '암살자'의 매니저가 되는 마지(Madj)의 주선으로, 1990년 올랭피아 공연의 1부를 NTM이 맡도록 라 수리 데글랭게를 초대했으나 청중은 이들을 따르지 않았다. 가르송 부셰, OTH, 레 베뤼스가 몇 차례 '랩'을 시도했지만, 그 기억은 당황스러울 뿐이다.

로랑은 이렇게 말한다. "나에게 랩은 거의 얼터너티브 록의 연속이었다. 그러니까 랩은 스스로 자신의 삶을 돌보는 도시 남자들의 음악이다. 그러나 랩도 별반 다를 게 없다. 우리는 그들에게 돈을 보여줬고, 그게 전부였다. 미친 짓으로 끝났을 수도 있는 일이었다! 이 돈이 좋은 차를 굴리는 데 쓰이는 대신 집단적으로 사용됐다고 상상해보자!"(4) 팡쇼아는 "랩은 일부분 그런 식으로 작동했던 측면이 있다"며 격앙된 분위기를 진정시켰다.

이렇게 보면 1990년 (레 베뤼스의 〈비바 베르타가〉 실황을 녹음한) 믹스잇 스튜디오에서 NTM, 암살자, 레 베뤼스의 만남을 기획한 마지가 의심스러워진다. 팡쇼아는 "로랑이 래퍼들에게 바통을 넘기고 싶어 했지만, 그들은 서로 말이 통하지 않는 것 같았다"(5)고 회상한다. "NTM과 달리 레 베뤼스는 말보다 행동으로 더 열심히 헌신했다. 그러나 래퍼들은 메이저 레이블과 계약해 스타가 되는 것을 모델로 삼았다. 담론을 정치적 행동으로 이어나가려는 의지는 전혀 없었다."

그럼에도 그룹 '암살자'는 1992년에 자신의 레이블을 설립했고, 경찰의 폭력이나 이중처벌에 반대하는 후원 콘서트를 늘려나갔다. 오늘날 스티키 스네이크(브레스트)나 라갈(로잔) 같은 래퍼들이 이 두 가지 유산을 흡수했다.

"각 시대는 자신의 새장을 부순다"

2024년, 프랑스 펑크는 다시 비밀스러운 것이 되었지만 그래도 여전히 살아 있다. 루트비히 폰 88이나 워싱턴 데드캐츠 같은 '대선배들'은 개혁을 거듭했고, 드물기는 하지만 레 방파스나 바룸 조(Warum Joe) 같은 이들도 음악을 결코 중단하지 않았다. 그러나 타협을 거부하는 펑크록의 풍부함은 신랄한 자유주의적 활동을 추구하는 '새로운' 그룹들이 범람하는 상황에서 다시 찾아볼 수 있다. 그중에서도 라 프락시옹(1992년부터 활동), 파리의 메리 벨 & 크랑, 브레스트의 신드롬 81, 생테티엔의 무한지대를 꼽을 수 있다.

툴루즈의 크라브 보카도 놀라운데, 이들은 랩송과 광란의 기타 연주, 불을 뿜는 곡예사의 무대를 혼합한 쇼를 보여준다. 또한 펑크, 랩, 사회적 투쟁에 초점을 맞춘 국제적 팬진도 3개월마다 발행하고 있다. 렌(Rennes)의 마스 프로덕션이나 디종(Dijon)의 말로카 같은 레이블은 콘서트 조직과 음반 제작을 겸하며, 이 부문을 장악한 대기업에 맞선 대안을 지속적으로 제공한다.

이런 자기관리 방식은 메탈, 스카(ska, 리듬 앤 블루스와 재즈 형식이 결합된 자메이카 기원의 음악-역주), 덥(dub, 1970년대 레게에서 비롯된 자메이카 음악의 한 종류-역주), 테크노와도 접목됐다. 콘서트는 바, 시청 및 자체 관리하는 장소들에서 이어졌다. 팬진은 인터넷 일색인 환경에 굴복하지 않았고, 다수의 소규모 지역 라디오 방송국에서 펑크 음악을 내보낸다. 그러나 수시로 새로운 모습을 보여주는 이런 신(scene)은 또다시 상업 언론의 레이더에서 사라졌다. 상업 언론은 과거에도 그 흔적을 놓치더니, 지금도 제대로 포착하지 못하고 있다.

최근에는 1980년대 얼터너티브 록의 경험을 회고하

는 기사와 책, 다큐멘터리가 흥행하고 있다. 특히 팡쇼아와 마스토(MastO, 레 베뤼스의 색소폰 주자)가 프랑스 국립도서관(BNF)에 그들의 아카이브를 기증하면서 더 활발해졌다. 이것은 서사시적인 한 시대를 증언하는 문서들을 대량 공개하기 위한(6) 선택이다. 그룹 라모뇌르 드 메니르(Ramoneurs de menhirs선돌의 굴뚝 청소부)에서 아직 활동하는 로랑은 제도화에 반대한다는 이유로 기증을 거부했다. 두 관점은 서로 다르지만 둘 다 일관성이 있다.

2월 27일~4월 28일에 프랑스 국립도서관에서 '베뤼리에 누아르의 팡쇼아와 마스토의 아카이브'라는 소규모 무료 전시회도 열렸다. 움직이는 물체를 정지시키는 여느 전시회와 마찬가지로, 전시품 배열은 신체의 부재를 보완하려고 시도했다. PIND('Punk is not dead'의 머리글자로, 펑크를 분석하는 저작물을 다수 출판하는 연구 집단)가 출간한 베뤼리에 누아르의 책도 마찬가지다. 이 책에는 논란이 분분한 관심을 일으키는 이 그룹의 다양한 업적들을 모아놓았는데,(7) 이 그룹보다는 한 시대의 향수에 대해 더 많은 이야기를 한다.

사회과학이라는 프리즘을 통해 펑크를 연구하는 것이 정말 합당하다면, 그 결과물은 그런 현상을 놓쳤거나, '청춘의 어떤 틈', 즉 대열에 합류하기 전 청소년기의 사소한 반항으로만 펑크를 경험한 이들을 위한 만회를 정당화한다는 인상을 주기 십상이기 때문이다. 그것은 실제 장면을 생생하게 구현하는 게 아니라, 우리가 만들고 상상하는 신화다.

물론 각자는 자기만의 생각을 만들어야 한다.(8) 하지만 베뤼에르 누아르와 얼터너티브 록의 기억에 어떤 양분을 지속적으로 공급해야 한다면, 그것은 투쟁을 실행하는 관점이다. 1990년대 극좌파 잡지 <모르디쿠스>가 선언한 것처럼, "각 시대는 자신의 새장을 부수고 있다." **LD**

크리티크M 4호
『시뮬라르크 세계의
'박찬욱들'』
권 당 정가 16,500원

글·다니엘 파리스-클라벨 Daniel Paris-Clavel
대중문화 팬진 <셰리비비(ChériBibi)> 운영자

번역·조민영
번역위원

(1), (2) Daniel Paris-Clavel & Patrick Carde, 『45 Révolutions par minute – Nuclear Device, 1982-1989. Histoire d'un groupe rock alternatif 분당 45회전 – 핵폭탄, 1982-1989. 한 얼터너티브 록 그룹의 역사』(Libertalia, Montreuil, 2015)를 위해 2012년에 한 인터뷰.
(3), (4) Fanzine <ChériBibi> 14 & 15호, Ivry-sur-Seine, 2004, 2006.
(5) 저자가 2024년 4월에 수집한 말.
(6) 이 아카이브는 빠른 시일 내에 Gallica.bnf.fr에서 이용할 수 있다.
(7) 『Bérurier noir 베뤼리에 누아르』, Benoît Cailmail, Luc Robène et Solveig Serre 편집, Riveneuve, Paris, 2023.
(8) 참고 서적은 Arno Rudeboy의 『Nyark nyark. Fragment de la scène punk et rock alternatif en France (1976-1989) 냐크냐크. 프랑스 펑크 신과 얼터너티브 록에 대하여(1976~1989)』, Folklore de la zone mondiale, Zones, 2007, nyarknyark. fr. Arnaud Le Gouëfflec & Nicolas Moog의 만화 『Vivre libre ou mourir 자유롭게 살거나 죽거나』, Glénat, Paris, 2024도 참고.

독일 혁명가 톨러의 대표작, 『아이고, 우리는 살아있네!』

나치즘에 분노하고, 뉴욕에서 절망한 혁명가의 삶

에른스트 톨러는 독일의 시인이자 극작가, 투사였다. 그는 1918~1919년 바이에른 평의회 혁명에 참전했고, 오직 프롤레타리아의 단결만이 나치즘의 부상을 저지할 수 있다는 신념을 전파하고자 혼신의 노력을 다했다. 망명과 함께 정치적, 개인적 절망을 겪은 그는 혁명의 열정과 그 열정을 꺾는 요인을 동시에 대변한 존재였다.

리오넬 리샤르 ▮피카르디 쥘 베른 대학교 명예교수

반세기 전, 파리 시민들은 충격적인 연극을 접하게 된다. 독일 혁명을 다룬 탕크레트 도르스트의 『톨러』라는 작품이다. 이 연극은 1919년 4월 7일~5월 3일의 바이에른 평의회 공화국의 혁명 과정을 역사적 인물을 통해 연속적으로 묘사하며, 자본주의 사회에 대항하려 실패한 봉기를 격정적 리듬으로 풀어냈다. 이 4시간짜리 장막극을 연출한 파트리스 셰로 감독은 주인공 에른스트 톨러의 학생 역을 직접 연기했다. 톨러는 혁명중앙위원회 의장으로 활동한 지 일주일도 채 되지 않아 군사재판에서 5년 형을 선고받았다.

1971년, 셰로 감독은 밀라노의 피콜로 테아트로 극장에서 초연을 올렸다. 이어 1973년에는 프랑스 동부 빌뢰르반의 국립극장, 이듬해에는 파리 오데옹 극장에서 공연했다. 1974년 4월 24일자 〈르몽드〉에서 비평가 콜레트 고다르는 "밀라노에서는 실현해야 하는 목표 앞에서 무력함을 드러낸 부르주아 지식인을 묘사했고, 프랑스에서는 목표를 달성해 한 달간 지속된 유토피아의 성공을 그렸다"고 대조했다.

과거 투쟁의 선구자? 아니면 현재 투쟁의 동지?

노동자 평의회에 놀란 보수주의자들에게 이 공연은 이상주의자가 비극으로 치달은 참극인 반면, 사회변혁을 꿈꾸는 자유사상가들에게는 현실화된 찰나의 꿈이자 더 나은 미래에 대한 동경을 살찌우는 양분이었다. 그렇다면 톨러는 '과거 투쟁의 선구자인가 아니면 현재 투쟁의 동지인가?' 역사학자 발트라우트 엥겔베르크는 1978년에 이런 질문을 던졌다.(1) 바꿔 말하면, 이것은 단순한 과거 사건인가 아니면 살기 좋은 미래를 구축하는 유산일까?

1893년, 톨러는 동프로이센의 유대인 가정에서 태어났다. 그의 어린 시절은 독일제국의 부르주아 계층에 편입하려는 열망으로 가득했다. 1914년 4월, 그르노블 대학 문학과에 진학하지만, 그해 8월에 전쟁이 일어났다. 1915년, 그는 호전적인 혈기로 전쟁에 자원했으나 이듬해 질병과 부상 때문에 제대한 후 뮌헨에서 법학과 문학 공부를 재개했다. 서서히 평화주의로 전향하게 되고, 1918년 10월 파업에 참여했다. 이후 다시 징집됐다가 투옥되지만, 정신병을 가장해 석방됐다. 그리고 쿠르트 아이스너의 사회주의(좌파) 혁명에 가담했다. 1919년 4월 7일, 평의회 공화국이 선포되지만, 5월에 무산되고 그해 6월 4일 톨러는 다시 체포됐다.

5년 후인 1924년 7월, 톨러는 감옥에서 나왔다. 그리고 시집 『제비의 책』과 특히 1917년부터 집필해 1919년 10월 베를린에서 상연된 희곡 『변화』로 작가로서의 명성을 떨쳤다. 톨러는 조각가 견습생 프리드리히라는 인물에게 자신의 변화를 투영시켰다. 애국적 군인이 비

폭력 운동가가 되어, 인본주의적 복음을 설파했다. 당시 미학적 흐름인 표현주의에 맞춰, 이 작품은 젊은 베를린 관객들에게 죽음의 무도로 여겨지며 어마어마한 인기를 끌었다.

톨러는 복역 중에 희곡 네 작품을 집필했다. 『인간과 대중』과 『힝케만』은 전쟁을 배경으로 혁명 속 인물들 간의 대립, 사상적 토론, 고통을 다룬다. 『기계 파괴자』는 산업화가 한창이던 19세기 영국을 배경으로 기계의 신성화에 대항하는 노동자의 혁명을 그린다. 『해방된 보탄』은 풍속 희극으로, 이발사 빌헬름 보탄이 자신을 구세주로 착각하는 이야기다. 톨러는 비합리적이고 조악한 것에 쉽게 매료되는 독일 사회를 풍자하는 통찰력과 선견지명을 선보였다.

톨러가 새로운 독일, 즉 바이마르 공화국으로 돌아왔을 때는 아무런 연고가 없었다. 1924년 봄에 독일을 떠날 당시 그는 사회민주당(SPD)에서 분리된 독립사회민주당(USPD) 소속 당원이었다. 그는 항의운동이나 연대운동에만 전념했고, 노동계급 단결에 기여하는 것이 자신의 임무이자 승리를 위한 첫 번째 조건이라 철석같이 믿었다.

톨러의 머릿속은 2차 세계대전 발발 가능성으로 가득했다. 1929년, 그는 "우리는 반동파가 지배하는 시대의 문턱에 있다"고 경고했다.(2) 그로부터 2년 후에는 한 남자가 베를린 문턱에서 자신은 총리로 즉위하길 기다리고 있다고 예언했다. 다름 아닌 아돌프 히틀러였다. 1932년

<베를린의 풍자 잡지 '심플리시무스'에 실린 에르빈 피스카토르의 연극 '호플라, 비어 라이프' 초연 당시 관객의 캐리커처>, 1927년 - 칼 아놀드

6월에는 바리케이드에서의 고립된 전투와 반란의 시기는 지났으며 오직 낭만적인 혁명가만이 여전히 그것을 믿는다고 경고했다.

그리고 파시스트를 실패로 몰아가려면 "노동계급 전체를 하나로 묶는 조직을 창설해야 하며, 분명한 투쟁 목표를 설정해야 한다"라고 강조했다.(3) 그러나 이는 실현되지 않았다. 히틀러가 자신의 예언대로 권력을 잡았던 것이다. 이윽고 1933년 2월 28일, 국회의사당 방화사건이 벌어지면서 첫 번째 체포 물결이 일었다. 게슈타포 대원들은 화재 소식을 듣자마자 톨러의 집을 급습했지만, 당시 그는 라디오 강연 때문에 스위스 취리히에 있었다. 사실 체포자 명단은 사전에 작성돼 있었다. 톨러는 "내 아파트는 마지막 셔츠 한 장과 원

고까지 탈탈 털렸다. 내 이름은 독일 국적을 박탈당한 첫 번째 명예의 전당에 올랐다"라고 1934년 12월 31일 서신에 썼다.(4)

표현주의를 포기하고 신즉물주의 흐름 속에

1933년 4월 1일 나치 장관 요제프 괴벨스는 '독일 전역의 유대인 가게 불매 운동'을 촉구하는 베를린 연설에서 "플랑드르와 폴란드에서 독일군 200만 명이 유대인 톨러를 처벌하기 위해 무덤에서 일어났다. 그는 감히 우리 영웅의 이상이 세상에서 가장 어리석다고 썼다"라고 외쳤다.

이때부터 톨러의 방랑이 시작됐다. 영어에 능통했던 그는 모든 작가들의 학회를 방방곡곡 찾아다니

며 대재앙이 닥치기 전에 나치 독일을 무너뜨려야 한다고 주장했다. 그는 나치 반대파가 의견 차이를 극복하고 단결하는 것이 가장 중요하다고 생각했다. 또한 소위 민주주의 정부들이 이 투쟁의 중심에 서야 한다고 믿었다. 1936년 12월 12일, 톨러는 자신이 정착한 뉴욕에서 개최된 '독일의 날' 행사에서 "세계가 히틀러에게 평화를 보장하도록 강제하지 않는다면, 히틀러는 독일과 유럽을 폐허로 만들고 문명을 파괴할 것이다"라고 연설했다.(5)

그렇다면 그의 문학은 어떻게 변했을까? 그는 과장스러운 고뇌로 점철된 표현주의를 포기하고, 『아이고, 우리는 살아있네!』를 계기로 표현주의를 대체한 새로운 흐름인 '신즉물주의(1차 세계대전 이후 독일에서 일어난 반표현주의적 전위예술운동. 사물 자체에 접근하여 객관적인 실재를 철저히 파악하려는 경향-역주)'로 넘어갔다. 이 작품은 에르빈 피스카토어의 연출 덕분에 1927년 베를린에서 엄청난 성공을 거뒀다.

1933년, 톨러는 암스테르담에서 자서전 『독일에서의 청춘』을 출간하고, 두 편의 희곡을 더 썼다. 1936년에는 아시시의 성 프란치스코와 나폴레옹이 등장하는 풍자적 판타지 『더 이상 평화는 없다』, 1939년에는 최초의 강제수용소를 목도한 일부 나치의 양심의 가책을 다룬 현실적 드라마 『홀 목사』를 발표했다.(6) 그러나 그의 연극은 더 이상 프롤레타리아 군중을 대상으로 하지 않았다. 대중을 위한 공연과 집단적 환상은 끝이었다.

나치와 파시스트에 맞서 투쟁 ··· 절망 속 자살

1937년, 미국에서의 톨러의 삶은 비참해졌다. 이혼과 만성 우울증에 시달리고 저작료는 거의 바닥났지만, 그래도 그는 버텼다. 나치즘을 무너뜨려야 한다는 당위성 외에도, 스페인에서 공화파 연합의 승리를 보장해야 한다는 시급한 대의가 있었기 때문이다. 톨러는 프랭클린 루스벨트 미 대통령의 지원을 받아 스페인 민간인 지원 프로젝트를 구상했고, 1939년 초에 프로젝트를 개시했다. 그는 식량 60만 톤을 실어 나를 자금을 모금했고, 이는 큰 성공을 거두었다. 그러나 1939년 3월 28일, 스페인 파시스트 프랑코 장군의 군대는 마드리드 입성에 성공한다.

1939년 5월 22일, 톨러는 뉴욕 호텔 14층 방에서 의자에 쓰러진 채 비서에게 발견됐다. 목욕가운 허리띠를 창문에 걸어 목을 매 자살한 것이다. 500명의 인파가 그의 장례식에 참석했다. 바이에른 출신 친구이자 동료 작가 오스카 마리아 그라프, 미국 소설가 싱클레어 루이스, 후안 네그린 스페인 전 총리, 독일 소설가 토마스 만의 장남 클라우스 등이 추모 연설을 했다. 클라우스 만은 1941년에 영어로 작성한 글(본래 출판 의도 없었음)에서, 당시 연설은 '정직'하지 않았다고 언급했다.(7) 클라우스는 톨러와 그의 작품이 나치 정권 붕괴 이후 독일로 성공적인 복귀를 할 것이라 예언했지만, 실제로는 전혀 그렇게 생각하지 않았다. 오히려 톨러가 사망한 이유는 복귀 가능성이 전혀 없음을 깨달았기 때문이라 믿었다.

프랑스에서는 이제 『톨러』가 거의 상연되지 않는다. 톨러가 후대에 남긴 것은 청렴한 이상주의자로서의 본보기다. 그리고 결코 사소하지 않은 그의 작품도 마찬가지다. 🅛🅓

글 · 리오넬 리샤르 Lionel Richard
피카르디 쥘 베른 대학교 명예교수. 『D'une apocalypse à l'autre. Sur l'Allemagne et ses productions intellectuelles, du XIXe siècle à la fin des années 1930, 종말에서 또 다른 종말로: 19세기부터 1930년대 말까지 독일과 그 지적 생산물』의 저자

번역 · 이보미
번역위원

(1) Waltraut Engelberg, 'Feuerprobe des ethischen Sozialismus', Helmut Bock, Wolfgang Ruge, Marianne Thoms, 『Gewalten und Gestalten. Miniaturen und Porträts zur deutschen Novemberrevolution 1918-1919』, <Urania-Verlag>, Leipzig-Iéna-Berlin, 1978년.
(2) Ernst Toller, 『Kritische Schriften. Reden und Reportagen. Gesammelte Werke Band 1』, <Hanser>, Munich, 1978년.
(3) Ibid.
(4) Ernst Toller, Digitale Briefedition, www.tolleredition.de
(5) 『Kritische Schriften. Reden und Reportagen···』, op. cit.
(6) 『Hop là, nous vivons! 아이고, 우리는 살아있네!』, <Les Éditeurs français réunis>, Paris, 1966년; 『Une jeunesse en Allemagne 독일에서의 청춘』 <L'Âge d'homme>, Lausanne, 1974년; 『Pièces écrites au pénitencier. L'homme et la masse, Hinkemann 옥중 작품. 인간과 대중, 힝케만』, <Éditions Comp'Act>, Chambéry, 2002년; 『Pièces écrites en exil. Plus jamais la paix, Pasteur Hall 망명중 작품. 더 이상 평화는 없다, 홀 목사』, <Éditions Comp'Act>, 2003년; 『Le Livre des hirondelles, Allemagne 1893-1933. Souvenirs d'un lanceur d'alertes 제비의 책, 독일 1893~1933년. 내부고발자의 추억』, <Séguier>, Paris, 2020년.
(7) Klaus Mann, 『Le Condamné à vivre 삶을 선고받은 자』, Dominique Miermont 번역, <Denoël>, Paris, 1999년.

조금 더 넓어진 세계 – '2014년 생' 시원에게

양근애 ▋문화평론가

안녕하세요. 저는 2022년 신촌극장에서 백송시원 배우님이 출연한 연극 〈2014년 생〉을 본 관객입니다. 그리고 세월호 10주기가 된 올해 나온 책 『2014년 생』(아를, 2024)을 꼼꼼히 읽은 독자이기도 합니다. 배우님께 오래전부터 말을 걸고 싶었는데 무슨 말을 먼저 할지 잘 몰랐어요. 망설임을 담아 편지를 보냅니다. 이제부터 시원이라고 불러볼게요. 실은 시원이 미취학 아동일 때 어느 연극 뒤풀이에서 처음 시원을 만났고 그 후에도 멀찍이서 여러 차례 본 기억이 있어요. 엄마를 찾지 않고 이모 삼촌들 사이에서 야무지게 고기를 먹던 시원이 자라 어느새 열 살이 되었다니 정말 시간이 마법을 부린 것 같아요. 시원이 출연했던 연극 〈시소와 그네와 긴 줄넘기〉(2021)도 보았어요. 그날은 어린이날이었는데 시원이 또박또박 알려주었던 유엔아동권리협약이 인상적인 기억으로 남아 있어요. 거기엔 이런 조항도 있었습니다. "제4조. 국가는 아동의 권리를 실현하기 위해 모든 책임을 다해야 한다."

"어린이는 시민이 아닌가요?"라는 질문

그때 들은 '국가'라는 단어와 〈2014년 생〉에서 들었던 "어린이는 시민이 아닌가요?"라는 질문을 겹쳐봅니다. 그때 시원은 거의 없거나 있어도 고장 나 있기 일쑤인 화장실 세면대를 예로 들면서 어린이의 시민성에 대해 물었지요. 실은 그 장면을 보고 저는 조금 충격을 받았어요. 휠체어가 들어갈 수 없는 건물, 점자블록이 없는 인도, 자막이 없는 공연장처럼 장애인을 배제하는 공간에 대해서는 생각했어도 어린이의 눈높이에서 세상이 어떻게 보일지 미처 생각지 못했기 때문이에요.

출생률이 0.7명인 나라에서 어린이는 어른들의 보호를 받고 자라야 할 귀한 존재라고만 생각했지 주체적인 존재라고 생각지 못했습니다. 그런데 시원의 질문은 정말 예리하고 또렷해서 어린이의 시민권뿐만 아니라 어른의 시민권까지 되짚어 보게 만들었습니다. 유엔아동권리협약이 정하는 아동은 만 18세 미만의 모든 사람으로 생명에 대한 고유한 권리를 가졌고, 아동과 법정대리인의 인종, 피부색, 성, 언어, 종교, 정치적 견해 또는 기타 의견, 출신, 재산, 장애, 태생, 신분 등의 차별 없이 권리를 존중하고 보장하도록 되어 있습니다. 아동의 인권 보장은 곧 인간의 존엄과 인권에 대한 보장인 셈이에요. 그

리고 이 권리는 차별금지법 개정의 근거와 다르지 않아요.

'어린이다움'과 '어른다움'의 이분법

그렇지만 그 권리가 제대로 보장되고 있는지에 대해 어른인 제가 할 말이 없어집니다. 아, 그렇다고 제가 어린이의 몫과 어른의 몫을 나누겠다는 것은 아니에요. 이 편지를 최대한 정중하고 정성스럽게 써야겠다고 다짐한 까닭은 〈2014년 생〉이 '어린이다움'과 '어른다움'의 이분법을 묻고 시민권의 세부를 들여다보고 애도와 윤리에 관한 생각을 다른 곳으로 이동시켰기 때문인걸요. 세

월호 이전에도 세월호 이후에도 위험에 노출된 아동을 구하지 못하고 안전한 사회를 만들지 못한 것은 분명 어른의 책임이지만, 그 이후의 사회를 함께 만들어 갈 시민에 분명 어린이가 속해 있다는 사실을 잊지 말아야겠다고 다짐하게 됩니다.

책에서 읽었어요. 열 살이 된 시원은 공사로 인해 보행이 위험해진 교차로 문제를 해결하기 위해 경찰서에 갑니다. 거기서 경찰은 시원에게 친절을 베풀지만 ("나중에 커서 경찰대학에 가서 좋은 경찰이 되라.", "사탕 줄까?") 시원의 질문에 진지하게 답하지 않습니다. 시원은 노들장애인야학에 갔을 때 배웠던 '돕는다'와 '조력한다'의 차이, '돕는

다'와 '친절을 베푼다'의 차이를 떠올리며 자신이 동등한 권리를 가진 사람으로 존중받지 못했음을 알아차립니다. 어른들이 어린이의 말을 그저 '귀여움'으로 치부하고 내용을 제대로 듣지 않는 이유는 아마도 '어린이다움'에 대한 고정관념 때문이겠지요. 그 '─다움'이 차별을 만드는 게 아닐까 싶어요. '여성다움', '남성다움', '피해자다움', '장애인다움', '노인다움'처럼 말이에요. 그 대목을 읽으면서 전국장애인차별철폐연대(전장연) 시위에서 "장애인도 시민이다!"라고 구호를 외치는 시원의 모습을 떠올려 보았어요. 시원이 특별한 어린이로 보이지 않고 어린이들이 권리를 외치는 자리에 존재하는 것이 자연스러워지는 세상을 상상하면서 말이에요.

시원은 세월호 참사가 어린이 보행 교통사고와 닮았다는 점을 발견합니다. 세월호 참사 이후에도 사회적 참사는 끊이지 않았고 시원의 말대로 "안전한 사회를 만드는 대신 '안전 교육 받고 알아서 살아남으라'는 대한민국"에서 생존하는 일은 개인의 몫이 되었어요. 연극에서 잘 말해준 것처럼 스쿨존 뿐만 아니라 학생인권조례, 노키즈존, 성평등도서, 현장체험학습 등 아동청소년의 권리에 관한 일들은 사회제도를 바꾸는 일과 무관하지 않고, 나와 가장 가깝게 일어나는 일들이 결국 다른 이들의 생명과 안전과 연결되어 있다는 자각이 변화의 출발일 거예요. (참, 〈2014년 생〉은 거기서 더 나아가 북

극곰과 지구에 닥친 기후위기까지 다루는 멋진 공연이라는 사실도 잊지 않을게요)

〈2014년 생〉은 시원이와 이나리 배우가 함께 등장하는 공연이지만, 이 공연에 세월호 생존자 주희와 도연이 함께 있다는 사실을 알아요. 공연 시작 전 모르는 관객들끼리 둘러앉은 어색함을 깰 겸 수건돌리기를 시작했을 때, 비어 있는 '자리'를 돌아보며 생각했어요. 여기 없는 사람들의 자리를 느껴봐야겠다고요. 그래서 책에 실린 주희와 도연의 에세이는 정말 여러 번 읽고 마음에 담았습니다. 그동안 세월호 생존자들이 성인이 되었고 이십 대 후반의 시민으로 살아가고 있다는 걸, 사회적 참사를 겪은 많은 당사자들이 함께 살아가고 있다는 걸 이 사회는 자주 잊어버린 것 같아요. 잊으라고 말하는 사회에서 잊을 수 없는 기억을 가지고 살아가는 사람들에게 세상은 참 무심하다는 생각이 듭니다. 세월호 참사 후 십 년이 지나는 동안 생존자들끼리도 만남을 가지기가 어려웠다는 이야기를 들었는데 그 마음이 어떨지 짐작도 잘 되지 않아요. 올해 세월호 생존자와 형제자매 이야기를 담은 『봄을 마주하고 10년을 걸었다』가 나왔고 그 책과 관련한 행사에서 시원을 다시 만났어요. 그 자리에서 시원은 "어른들이 차별이나 편견 없이 어린이와 약한 사람, 작은 동물을 배려해 주면 좋겠다"는 취지의 말을 했어요. 그 당연한 말을 십 년이 넘게 반복했지만, 앞으로의 십 년은 조금 달랐으면 좋겠어요.

"다 같이 슬퍼하자,
그러나 다 같이 바보가 되지는 말자"

그날 2부 토크에서 이태원 참사로 동생을 잃은 누나에게 세월호 참사로 동생을 잃은 언니가 "이런 일이 또 일어날 거라고 생각했어요. 그런데 너무 빨리 왔어요."라고 말하며 울음을 터뜨린 순간, 저도 참았던 눈물을 주르륵 흘리고 말았어요. 연이은 참사는 이제 무슨 일을 해야 할까 무슨 일을 할 수나 있을까 무력감을 느끼게 합니다. 그런데 십 년 전의 무력감과는 조금 다른 것도 같아요. 시원처럼, 저도 이 일들이 나와 무관하지 않은 나의 일이

라고 느끼고 비슷한 생각을 하는 사람들과 나눌 것이 있는지 둘러보게 되었기 때문입니다. 그래서 꼬박꼬박 연극을 보러 다녀요.

제가 좋아하는 책 중에 수전 손택이라는 사람이 쓴 『타인의 고통』이라는 책이 있어요. 이 책의 부록에는 "다 같이 슬퍼하자, 그러나 다 같이 바보가 되지는 말자"라는 제목의 글이 실려 있어요. 2001년 미국에서 9.11 테러가 일어났을 때 손택이 한 말이에요. 그 책에서 던진 질문 중에는 이런 것도 있습니다. "우리는 타인의 고통에 개입할 능력을 잃어가고 있는가?" 말하자면, 타인의 고통에 대해 연민하지 말고 연대하자는 취지의 글인 셈이에요. 세월호 참사를 대하는 시원의 태도를 보면서 저는 이 질문을 무겁게 받아들이지 않고 곧장 실천으로 옮겨가는 산뜻함에 감탄했어요. 어른들이 온갖 생각에 사로잡혀 망설이는 동안 시원은 무엇을 돌파해야 하는지 알려주듯 곧장 앞으로 나아갑니다. 그 모습이 묘하게 힘을 주었어요. 아마 주희나 도연도, 또 무대에 함께 선 나리도 그렇게 생각하지 않았을까 싶어요. 〈2014년 생〉 공연의 관객 사백 명과 함께 만든 노란 리본은 거대한 리본이 되어 기억저장소에 갔다고 들었어요. 시원이 팽목항이 쓸쓸해 보여서 만들고 싶다고 했던 노란 리본은 하나의 마음이 되어 여러 사람에게 전달된 것 같아요. 제 마음도 거기 들어 있어요. 2014년에 태어난 시원은 미래에 태어날 아이들에게 세월호가 무엇인지 잘 설명해 주고 싶다고 했지요. 세월호를 과거의 사건으로 기억하지 않고 미래로 보낼 수 있다면, 그건 당사자가 되어 곁에 있는 사람들, 그 곁에 있는 다음 사람들, 그렇게 리본으로 연결된 사람들이 세월호를 자기 삶에 넣고 그 이후를 살아가기 때문일 거예요.

소중한 사람을 잃고 난 뒤에 오는 슬픔은 그 사람을 잊는 것으로 해결될 수 없겠지요. 〈2014년 생〉은 애도에 대해서도 다시 생각하게 해준 공연이에요. 세월호 유가족들에게는 아이들을 잊고 잘 살라는 말이 더 가혹하게 들릴 거예요. 어떻게 잊을 수가 있겠어요. 잊으라 말하는 대신, 한 사람 한 사람을 세세하게 기억하고 소중했던 날들을 더듬고 잊을 수 없는 일들을 애써 잊지 않아도 된다

고 말해주는 게 진짜 애도일 거예요. 그렇게 사랑했던 사람들의 자리를 마련하고 그들의 흔적으로 살아가는 사람의 마음은 점점 더 넓어져서 더 큰 세상을 그려볼 수 있을 거예요.

좁았던 어른 세계의
닫힌 문을 열고…

말이 너무 길어지고 있어서 미안해요. 사실 제가 하고 싶은 말은 이거예요. 2014년에 태어난 시원을 처음 보았을 때, 그러니까 한 세계가 와르르 무너지던 순간에 새로 태어난 존재가 있다는 사실을 알았을 때, 그 존재가 지난 십 년을 건너뛰지 않고 부조리와 모순을 차곡차곡 밟아나가는 모습을 볼 때, 그 힘이 다른 힘들과 연결되어 이 세계가 조금은 더 넓어진다는 느낌이 들어요. 그래서 고맙습니다. 좁았던 어른 세계의 닫힌 문을 열고 여기로 와보세요, 손 흔들어줘서 고마워요. 세월호 참사는, 이태원 참사는, 누구에게나 닥칠 수 있는 일이에요. 사람은 누구나 약하고 다른 존재들에게 의존하면서 살아가지요. 덕분에 약한 사람들과 더 약한 사람들이 함께 존재하는 이 세계를 조금씩 넓혀가야겠다고 다짐하게 돼요. 시원이 어린이의 권리를 탐색하는 방식으로 세월호를 기억하듯, 각자의 방식으로 세월호를 기억한다면 사회에서 벌어지는 모순된 일들을 조금씩 해결해 갈 수 있지 않을까 그런 희망을 품게 됩니다.

열 살이 된 걸 축하해요. 그리고 열 살 이후의 세상을 더 씩씩하게 살아가길 응원해요. 언젠가 직접 만나서 이야기를 나눌 기회가 생긴다면 요즘 시원의 관심사와 그 관심사로 인해 더 다채로워졌을 시원의 세계에 대해 들어보고 싶어요. 그 속에 무수히 많은 세계가 겹쳐 있어서 우리가 우리일 수 있지 않을까 그런 생각을 해봅니다. 우리 또 극장에서 만나요. **ID**

'나이듦'을 배워야 행복하다

그 어떤 인류도 경험하지 못한 초고령사회
우리 부모의 문제! 내가 마주할 그것!

영화로 읽는 백세 시대의 삶과 교육

21세기 노년

이로미 · 권승태 지음

"경험은 절대 늙지 않아요."
- 인턴

"소중한 순간이 오면
따지지 말고 노려라,
우리에게 내일이 있으란 보장은
없으니까."
- 창문 넘어 도망친 100세 노인

"장례식의 메인 게스트는
나니까."
- 엔딩노트

이로미(방송대 교육학과 전임대우강의교수) · **권승태**(방송대 미디어영상학과 전임대우강의교수) 지음 | 300쪽 | 18,000원

교육학자와 영화학자가 답하다!
영화 속 '21세기 노년'에 대한 모델링

지식의날개

글·양근애
명지대학교 문예창작학과 교수. 극작, 드라마터그, 평론을 병행하며 대중문화에 대한 글을 쓰고 공연에 참여하고 있다. 경계에 파열을 일으키는 문화의 정치성 수행성에 관심을 두고 글을 쓴다.

케이팝 아이돌 산업의 환경오염과 AI의 가능성

이지혜 ▮ 문화평론가

기후위기란 전 지구적 기후변화를 말한다. 해수부는 최근 55년간 한국 해역의 표층 수온이 약 1.36도 상승했으며, 이로 인해 김 양식에 문제가 발생하고 있다고 발표했다. 한편 한라산에만 서식하는 멸종위기 야생 생물인 산굴뚝나비(천연기념물)의 서식지는 점점 고지대로 변하는 중이다. 이에 세계유산본부는 생태 연구를 위해 산굴뚝나비 연구에 돌입했다. 기후변화로 인해 동·식물의 생에 문제가 생기거나 삶의 터전이 옮겨지는 것이다. 그런데 이는 비단 동식물이나 곤충에만 해당하는 문제는 아니다.

아이돌 문화와 환경의 순환논리

최근 몇 년간 케이팝 아이돌 산업이 전 세계적으로 엄청난 인기를 끌고 있다. 케이팝이 한국의 대중문화를 평가하는 세계적 지표로 기능하고 있다고 말해도 과언이 아닐 것이다. 최근 이러한 인기와 성과 이면에 다양한 문제가 제기되기 시작했다. '케이팝 문화'에 대해 고찰해야 한다는 자성적 목소리가 나오기 시작한 것이다. 예를 들어 환경과의 지속가능성의 측면과 윤리의 개념으로 아이돌 산업을 재평가해야 한다는 팬과 제작자의 자성적 목소리가 그것이다.

지난 5월, 기획사 어도어의 민희진 대표는 기자회견을 통해 '앨범깡'을 거론했다. '앨범깡'이란 포토카드 등 랜덤 굿즈를 얻기 위해 동일한 가수나 그룹의 앨범을 구매해 연속해서 열어보는 행위를 말한다. 팬들은 팬 사인회 응모권이나 좋아하는 멤버의 새로운 사진을 얻기 위해 많게는 수십 장, 수백 장의 앨범을 구매하고, 그대로 버린다.

이러한 팬덤 문화가 국내 팬에게만 국한된 것이 아니라는 점이 문제가 되었다. 쓰레기가 되어 전 세계를 떠도는 케이팝 아이돌들의 앨범은 그대로 환경문제가 된다. 더 정확하게 말하자면 기후위기와 직결되는 것이다.

이러한 문제점을 인지한 일부 기획사는 오일이나 녹는 종이를 활용한 소재로 앨범을 제작하기도 한다. 그러나 민희진 대표는 "종이는 다 녹는다. 차라리 앨범을 덜 찍는"것이 유효하다는 의견을 내기도 했다.

이는 팬덤 문화 중 하나인 '밀어내기'와도 연관되어 있다. '밀어내기'란 기획사와 유통사가 판매처에 음반을 대규모로 떠넘기는 일을 말한다. 판매처에 남은 재고는 고스란히 판매처의 손해가 된다. 따라서 물량을 소진할 수밖에 없다. 계속해서 팬 사인회를 열어 초동판매량을 올리고 눈으로 확인 가능한 앨범 판매 수치를 만드는 악순환을 만든다.

이러한 문제점을 인지한 케이팝 팬들이 만든 비영리 단체 '케이팝포플래닛'은 "기후에 진심인 케이팝 팬들이 모여 기후 행동하는 비영리 NGO 단체"(@kpop4planet, SNS 'X' 소개글 인용, 2024.07.16.)이다. 이들은 지난 6월부터 각종 SNS를 통해 활동 중이다.

해당 단체는 엔터산업에 대한 첫 번째 문제점을 크게 두 가지로 꼽았다. 첫째, 본래 사용 목적을 잃어버린 '플라스틱 앨범', 둘째, '앨범 중복 구매를 조장하는 기괴한 마케팅'이다. 이들은 "최애를 응원하는 마음을 이용당한 것도 모자라 플라스틱 앨범 쓰레기까지 떠안아야 하는 현실"에 대해 문제점을 제기한다.

AI(인공지능) 기술과 아이돌

문제는 오프라인뿐만 아니라 온라인에서도 벌어지고 있다. AI(인공지능) 기술의 발전 때문이다. 대부분 사

보이그룹 세븐틴 ⓒ뉴스1

람은 AI 기술에 호의적이다. 아직까지는 작업의 효율성을 높이고 자원을 절약한다고 믿는다. 이로써 환경에 긍정적인 영향을 미친다고 생각한다.

걸그룹 에스파가 최근 발표한 앨범 〈슈퍼노바〉의 뮤직비디오는 AI 기술을 적극적으로 활용한 것으로 유명하다. 이 뮤직비디오에는 도입부터 AI로 만든 에스파 멤버가 등장하기도 한다. 해당 작품은 그룹이 가지고 있는 세계관의 특성상 작품에 AI 기술 사용이 필수이기도 했다.

이와 같은 현상에 대해 영국 〈BBC〉는 「케이팝의 AI 실험이 성과를 거둘 수 있을까?」라는 제목의 기사를 발표했다. (2024.07.16.일자 기사 참조) 이 기사에서 〈BBC〉는 "현재 케이팝 팬들을 분열시키고 있는 이슈는 AI(인공지능)"라고 말했다.

기사를 위해 진행한 팬들과의 인터뷰에서 "AI는 팬과 아티스트를 연결하는 중요한 요소를 제거할 수 있다"라는 목소리를 포착해 초점을 맞춘 것이었다. 창작의 장애물이 있을 때 AI 기술을 사용해 도움을 받는 것은 인정하지만, 앨범 전체가 인공지능이 만든 가사로 채워질 경우 자신이 좋아하는 아티스트와 감정적 연결이 끊길까봐 걱정된다는 의견도 주를 이뤘다.

보이그룹 세븐틴의 우지는 "AI 작사·작곡을 해봤다.

불평을 하기보다 발맞춰 연습을 할 필요가 있다"라고 말하며 AI 기술의 "단점과 장점을 찾아보고 고민하며 우리의 고유한 아이덴티티(정체성)를 어떻게 지킬 것인지 고민할 필요가 있다"라고 밝히기도 했다.

실제로 AI는 음악 제작에만 사용되지 않는다. 팬과의 소통, 공연 기획에 이르기까지 다양한 분야에서 활용 중이다. 나아가 '아이돌'이라는 존재 자체를 만들어 내기도 한다. AI 기술을 이용한 가상 아이돌 '이세계아이돌(이세돌)', 플레이브 등이 등장했으며, 팬들과의 실시간 소통을 위한 챗봇 기술도 발전하고 있다. 또한, 음악 추천 알고리즘을 통해 팬들이 더 쉽게 음악을 발견하고 즐길 수 있도록 돕고 있다. 이런 기술들은 팬 경험을 혁신적으로 변화시키고 있다는 점에선 분명 유의미하다.

그러나 이러한 AI 기술의 발전이 환경에 부정적인 영향을 미친다는 데 주목할 필요가 있다. AI 모델을 학습시키고 운영하기 위해서는 대규모 데이터 센터가 필요하다. 특히 데이터 센터는 막대한 전력을 소비한다. 전력 소비는 상당한 양의 탄소 배출로 이어진다. 한 연구에 따르면, 자연어 처리 모델인 GPT-3를 학습시키는 데 필요한 전력 소비는 수백 가구의 연간 전력 소비량에 맞먹는다.

AI 기술을 운영하기 위한 하드웨어 장비의 생산과

폐기 과정에서도 수많은 쓰레기가 발생한다. 폐기물은 당연히 환경오염을 야기한다. 특히 개발도상국의 전자 폐기물 처리는 심각한 사회 문제로 대두되고 있다. 철학자 한스 요나스는 그의 저서 『책임의 원칙』에서 현대 기술의 윤리적 책임을 강조하며, 기술 발전이 환경에 미치는 영향을 깊이 고려해야 한다고 주장하기도 했다.

케이팝 산업과 기후위기

케이팝 산업 자체도 환경에 큰 영향을 미친다. 글로벌 투어와 대규모 공연은 항공 이동, 공연장 운영 등에서 많은 탄소를 배출한다. 또한 필연적으로 대규모 소비문화를 형성한다. 이는 일회용 제품 사용 증가로 이어진다. 앨범 생산 및 배송 과정에서 발생하는 환경적 부담 역시 무시할 수 없다. 팬들이 앨범을 구매하고, 팬미팅을 위해 이동하는 과정에서도 많은 자원이 소비된다. 사회학자 울리히 벡(Ulrich Beck)은 그의 저서 『위험 사회』에서 현대 사회가 직면한 위험과 불확실성을 논의하며, 대규모 소비가 환경에 미치는 부정적 영향을 강조하기도 했다.

이처럼 케이팝 산업과 AI 기술이 환경에 미치는 영향은 지구 온난화와 기후변화에 직결된다. 전력 소비와 탄소 배출이 지구 온난화에 미치는 영향은 상당하다. 그러나 기술의 진보와 문화의 발전에 따라 자연히 형성되는 이용자의 행동 양식, 한편으로는 소비 방식을 마음대로 저지할 수도 없다. 따라서 우리는 이러한 산업 활동이 환경에 미치는 영향을 인식하고, 기술과 문화가 자연, 즉 우리의 삶과 함께 가기 위해 지속가능한 방법을 모색할 필요가 있다. **LD**

글·이지혜
문화평론가. 제16회 <쿨투라> 신인상 영화평론부문 신인상으로 등단. K-컬처·스토리콘텐츠연구소 연구원으로 문화현상을 연구하고, 경희대에서 강의중이다. <르몽드 문화톡톡>에 문화평론을, <쿨투라>등에 영화평론을, <서울책보고> 웹진에 에세이를 정기적으로 기고한다.(leehey@khu.ac.kr)

Manière de voir

〈마니에르 드 부아르〉 12호
『SF, 내일의 메시아』

권 당 정가 18,000원
1년 정기구독 시 72,000원
⇨ 65,000원

사랑받고 버려진, K-콘텐츠의 딜레마

각자도생의 늪에 빠진 K-콘텐츠

이현재 ▮ 영화평론가

한류와 K-콘텐츠는 여러 해 동안 좌우를 막론하고 한국 정부의 주요한 대외 성과로 소개되어왔다. 문재인 정부는 "문재인 정부 4년간 '한류'는 역사상 가장 빛나는 순간을 만들며 글로벌 시장에서 입지를 굳건히 했다"며 2020년 '한류협력위원회'와 '신한류 진흥정책 추진계획'을 통해 한류 산업을 고도화시켰다고 홍보했다.(1)

윤석열 정부는 지난 5월 "국제무대 진출에 대해 긍정적인 전망이 커지면서 효율적이고 체계적인 정책에 대한 요구도 증가"하고 있다며 문체부를 통해 '글로벌 문화 중추 국가로 도약하기 위한 국제문화정책 추진전략'을 마련해 국제문화정책 지원체계를 혁신하겠다고 공표했다.(2)

정부가 나서서 문화산업을 부흥시키겠다는 의지는 분명 좋은 일이다. 그러나 내실은 그 어느 때보다 위태로워 보인다.

가장 대표적인 한류 정책의 성과로 뽑히는 분야는 크게 세 분야가 있다. 하나는 〈BTS〉, 〈블랙핑크〉 등의 수많은 그룹을 배출해낸 음악산업 분야가 있다. 그리고 국내에서 인지도는 낮지만 〈PUBG〉, 〈P의 거짓〉, 〈데이브 더 다이버〉 등의 걸작을 내놓은 게임산업 분야가 있으며, 마지막으로 〈오징어 게임〉과 〈기생충〉으로 대변되는 영상산업 분야가 있다.

이 셋 중 '팬덤 산업'을 떼놓고 이야기할 수 있을 정도로 가장 일반적이며 대중적인 파급력을 생산한 분야는 영상산업 분야다. 그러나 오늘날 한국의 영상산업 분야는 그 어느 때보다 강력한 위기를 겪고 있다.

위기의 진원에는 넷플릭스가 있다. 넷플릭스는 포스트 코로나 시대의 K-콘텐츠 성공 신화를 만든 바탕이었다. 하지만 동시에 K-콘텐츠를 은밀하게 장악한 정복자이기도 했다. 넷플릭스가 한국의 영상산업 시장을 손아귀에 넣을 수 있었던 배경은 단순히 넷플릭스의 자본력만으로 충분한 설명을 할 수 없다. 넷플릭스가 한국의 생산과 소비 채널 모두를 장악할 수 있었던 것은 소프트웨어 생태의 특징이 크게 작용했기 때문이다. 당연한 이야기겠지만, 넷플릭스의 플랫폼 산업은 소프트웨어 산업의 생태를 바탕으로 한다.

소프트웨어는 새로운 기능이 아니거나 특출하게 뛰어난 품질을 제공하지 못한다면 가격이 낮은 서비스로 빠르게 대체되는 특징이 있는 서비스다. 그리고 일정 시간이 지나면 이용자의 경로 의존성을 형성해 서비스 간 경쟁의 결과로 만들어진 승자와 패자의 격차를 크게 벌려놓는다. 독과점이 일어나기 쉬운 구조라는 뜻이다. 넷플릭스는 이러한 소프트웨어 산업의 생태에 최적화된 사업을 전개하고 있다. 다시 말해, 넷플릭스의 전략은 필연적으로 시장 독점을 목표로 할 수밖에 없다. 그리고 정부는 넷플릭스의 독점 전략을 효과적으로 방어하기는커녕, 당장 눈앞의 가시적인 성과를 위해 넷플릭스를 부추긴 측면이 없지 않아 있다.

제작비 인플레를 불러들인 콘텐츠 버블

넷플릭스가 성공적인 독점 전략을 구사하며 투자금을 늘려나갈수록 한국의 영상산업 시장은 과열을 피하지 못했고, 시장의 자정력과 자생력을 잃어갔다. 창작자에

영화관을 찾은 시민들 ⓒ뉴스1

게 최고의 자유를 부여하겠다는 넷플릭스의 투자 정책은 영상산업의 생산자와 공급자들에게 매력적인 미끼가 아닐 수 없었다.

최고의 자본을 줄 테니 최고의 성과를 만들어달라는 넷플릭스의 미끼를 물기 위해 수많은 영상산업 생산자들이 달려들었고, 미끼를 문 창작자들은 넷플릭스가 요구하는 '최고의 성과'를 위해 넷플릭스의 압도적인 자본을 자기 것인 양 마음껏 휘둘렀다. 이 공모의 장에는 프로덕션들의 탐욕 또한 있었던 셈이다. 그리고 여기에는 한 가지 함정이 있었다.

제도의 한계를 벗어난 자본은 압도적인 협상력을 발휘하지만 자연스럽게 인플레이션을 불러일으킨다. 그리고 그 인플레이션은 스타뿐만이 아니라 스탭들 전반에 해당되었다. 이는 자연스럽게 콘텐츠의 제작비 상승을 불러 일으켰다. SKT의 Wavve, CJ ENM의 TVING 등 국내 OTT 서비스 사업자들도 뒤늦게 콘텐츠 수급을 위한 경쟁에 뛰어들었지만 규모 자체가 다른 넷플릭스의 자본력을 밀어내기에는 역부족이었다. 국내 OTT들이 수급 경쟁에서 밀리며 콘텐츠 생산을 감산하는 사이, 넷플릭스는 자연스럽게 한국 영상산업의 소비와 생산 채널을 모두 장악했다.

이제 한국 영상산업은 넷플릭스라는 거대한 유통 플랫폼의 그림자 안으로 들어가는 중이다. 그리고 이러한 위기의 뿌리에는 K-콘텐츠라는 성공 신화의 이면에 가려진 위험 요소가 있었다. 하나는 그간 개선되지 못했던 영상산업 스태프들에 대한 처우다. 프로젝트 중심으로 돌아가는 영상산업 생애주기의 특성상 스태프들은 프로젝트 단위로 고용된다. 이는 기업이 제공하는 비가시적 인프라에서 제외된다는 의미이며, 멀게는 평판을 포함한 사회적 압력을 가장 강하게 받는 위치에 있다는 것이다. 그리고 다른 한편으로는 스태프에 대한 정규 임금이 정해지지 않아 임금의 상한선이 제시되어 있지 않은 시장이기 때문에 과열에 쉽게 노출된다.

정리되지 않은 한국 영상산업 내 스태프들의 처우는 넷플릭스 이전에도 꾸준히 지적되어왔던 사안이다. 그러나 문재인 정부도, 지금의 윤석열 정부도 한국 영상산업의 성과가 정책적인 수혜의 결과라고 주장하면서 정작 가장 취약한 부분은 시장의 몫이라며 그 책임을 방기해왔고, 여전히 방기하는 중이다.

오히려 한국 영상산업의 취약점은 아이러니하게도

스태프들을 꾸준히 착취해온 대기업의 몫으로 남아 이런저런 방법으로 돌려막아지고 있다. 한국 정부가 K-콘텐츠라는 브랜드 뒤로 무능을 감추는 사이, CJ ENM을 비롯한 대기업은 한국 영상산업의 가해자이자 해결사인 난감한 상황에 직면했다.

딜레마에 빠진 K-콘텐츠

정부가 손을 놓은 사이, 한국 영상산업 생태계는 큰 딜레마에 빠졌다. 매체 생태계의 건전함을 위해 유지되어야 할 다양성 확보에 큰 위기가 온 것이다. 무엇보다 발 빠른 자본은 구시대의 매체를 빠르게 폐기처분해나가고 있다. 넷플릭스는 21세기의 공간을 창출했다. 시공간의 제약으로부터 자유로운 감상 환경을 제공하는 데 큰 기여를 했다. 이는 소비자들에게 큰 매력일 수밖에 없었다.

그러나 한편으로는 시공간이 고정되어 있어야 하는 영화관이라는 20세기의 공간에 근본적인 위기를

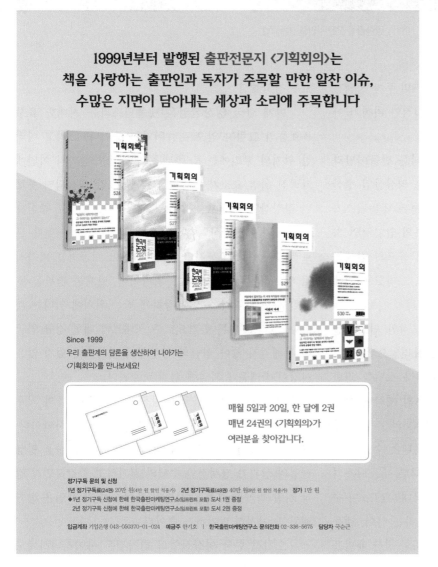

1999년부터 발행된 출판전문지 〈기획회의〉는
책을 사랑하는 출판인과 독자가 주목할 만한 알찬 이슈,
수많은 지면이 담아내는 세상과 소리에 주목합니다

Since 1999
우리 출판계의 담론을 생산하여 나아가는
〈기획회의〉를 만나보세요!

매월 5일과 20일, 한 달에 2권
매년 24권의 〈기획회의〉가
여러분을 찾아갑니다.

정기구독 문의 및 신청
1년 정기구독료(24권) 20만 원(4만 원 할인 적용가) 2년 정기구독료(48권) 40만 원(8만 원 할인 적용가) 정가 1만 원
◆1년 정기구독 신청에 의해 한국출판마케팅연구소(임프린트 포함) 도서 1권 증정
  2년 정기구독 신청에 의해 한국출판마케팅연구소(임프린트 포함) 도서 2권 증정

입금계좌 기업은행 043-050370-01-024 예금주 한기호 한국출판마케팅연구소 문의전화 02-336-5675 담당자 국순근

불러들였다. 공간에 갈 수 없으니 수익이 창출될 수 없었고, 수익을 창출하지 못하게 된 공간은 자본주의적 가치를 잃어갔으며, 자본주의적 가치를 잃은 공간은 장소의 의의를 상실해갔다.

영화관이 장소의 의의를 상실해가는 사이, 영상산업은 자신 생산품을 공급할 채널을 하나 잃어가고 있다. 올해 상반기 한국에서 영화관을 방문한 관객 수는 총 3,730만 명이다. 그리고 두 편의 천만 관객 영화(〈범죄도시4〉, 〈파묘〉)가 나왔다.

문제는 그 두 편의 천만 관객 영화가 상반기 총 관객수의 60%을 넘게 차지했다는 것이다. 이는 영상산업의 큰 기둥 중 하나인 영화 산업의 쇠퇴를 의미하기도 한다. 다행히 넷플릭스에서 드라마 콘텐츠는 세계인의 호응을 얻고 있지만, 영화는 아직 뚜렷한 성과를 내지 못했다.

그러는 사이 넷플릭스는 높아져가는 한국의 콘텐츠 생산 단가를 피하기 위해 한국을 대체할만한 또다른 콘텐츠 생산국을 찾아다니는 중이다. 지난 6월 넷플릭스는 인도네시아 페이몬트 자카르타 호텔에서 아시아 태평양(APAC) 쇼케이스를 진행하며 동남아시아 프로젝트를 중심으로 새로운 프로젝트들을 늘려나가겠다고 공언했다.

인도네시아의 〈Cigarette Girl〉과 태국의 〈Hunger〉 등 동남아시아에서 현지 제작한 넷플릭스 오리지널 작품이 시장의 호응을 얻어냈기 때문이다. 이제 K-콘텐츠는 단순히

국내뿐만 아니라 국제 시장에서도 그 존재를 입증해야 한다.

　〈오징어 게임〉과 〈기생충〉의 대외적인 성공이 정부의 무능을 가리는 사이에 K-콘텐츠는 이제 딜레마에 빠졌다. 넷플릭스라는 콘텐츠 유통 공룡이 K-콘텐츠 성공 신화의 바탕을 제공했다는 사실을 부정하기 어렵다. 그러나 동시에 넷플릭스는 한국 영상산업의 가장 큰 위기를 만들어가고 있는 중이다. 지난 정부와 현 정부 모두 K-콘텐츠라는 국가적 브랜드를 위해 정책적 지원을 아끼지 않겠다고 공언했었고, 이는 여전히 유효하다. 그러나 그 방향이 어디로 흘러가야 하는지 숙고해봐야 한다. 그리고 시간은 K-콘텐츠의 편이 아니다. Ⓛⅅ

글·이현재

경희대학교 K컬쳐·스토리콘텐츠연구소, 리서치앤컨설팅그룹 STRABASE 뉴미디어·콘텐츠 섹터 연구원. 「한류 스토리콘텐츠의 캐릭터 유형 및 동기화 이론 연구」 (경제·인문사회연구회) 「글로벌 게임산업 트렌드」 (한국콘텐츠진흥원) 「저작권 기술 산업 동향 조사 분석」 (한국저작권위원회) 등에 참여했다. 2020 동아일보 신춘문예 영화평론부문, 2021 한국만화영상진흥원 만화평론부문 신인평론상, 2023 게임제네레이션 비평상에 당선되어 다양한 분야에서 평론 활동을 하고 있다.

(1) "[문재인정부 4년] 문화강국 실현, 코로나 팬데믹 속에서도 한류는 더욱 빛났다", 「대한민국 정책브리핑」, 2021.05.17.

(2) "케이-컬처 확산 위해 '코리아시즌' 확대…한류 비즈니스센터도 신설", 「대한민국 정책브리핑」, 2021.05.17.

Manière de voir

〈마니에르 드 부아르〉 10호
『동물, 또 다른 시민』

권 당 정가 18,000원
1년 정기구독 시 72,000원
⇨ 65,000원

경기도, ESG 수준 가장 높아

이윤진 ▌편집위원

경기도가 대한민국 광역 지방자치단체 가운데 ESG 수준이 가장 높은 것으로 나타났다.

ESG연구소(소장 안치용)와 〈르몽드 디플로마티크〉가 공동으로 기획해 7월 30일 발표한 '2024 대한민국 광역지자체 ESG지수'에서 경기도는 675.39점(만점 1000점)을 받아 세종시를 제외한 전국 16개 광역시도 중 1위를 차지했다.

사회 부문에서 강세를 보인 서울특별시(666.68점)는 경기도와 8.71점의 차이로 2위를 기록했고, 3위는 전라남도(655.38점)였다. 충청남도(652.33점)는 3.05점의 근소한 차이로 4위, 경상남도(631.85점)가 5위에 올랐다.

경기도는 경제(150점 만점) 부문에서 118.4점으로 1위, 환경(250점 만점) 부문에서 180점으로 2위에 올라 전체 수위에 올랐다. 사회(350점 만점) 부문과 거버넌

2022순위	2024순위	부문	경제	사회	환경	거버넌스 & 재정	총점
		배점	150	350	250	250	1000
1	1	경기도	118.40	212.35	180.00	164.63	675.39
2	2	서울특별시	91.94	238.85	152.50	183.40	666.6
3	3	전라남도	104.42	232.53	139.25	179.17	655.38
6	4	충청남도	108.67	213.36	170.25	160.05	652.33
4	5	경상남도	84.08	210.70	185.00	152.06	631.85
7	6	제주특별자치도	111.87	199.53	151.00	149.78	612.17
8	7	강원도	93.88	203.74	148.00	163.78	609.40
12	8	울산광역시	77.06	200.53	162.25	160.90	600.74
5	9	인천광역시	95.57	201.79	127.00	161.17	585.54
13	10	전라북도	83.74	218.69	164.50	116.68	583.61
9	11	대전광역시	89.16	219.82	135.00	163.76	580.74
11	12	광주광역시	75.40	223.75	135.00	145.33	579.48
14	13	경상북도	90.15	192.83	150.50	144.38	577.86
15	14	충청북도	100.24	202.36	120.50	145.59	568.69
10	15	부산광역시	68.20	211.07	152.75	111.35	543.37
16	16	대구광역시	64.68	196.32	126.50	124.95	512.45

스&재정 부문(250점)에서는 각각 212.35점과 164.63점을 받았다.

전체 순위에서 대구광역시(512.45점, 16위), 부산광역시(543.37점, 15위)가 최하위권을 기록했고, 남북도로 나뉜 도에서는 공통적으로 '북도'보다는 '남도'가 더 ESG 성과가 좋았다.

6~8위의 중위권인 제주특별자치도(612.17점), 강원도(609.4점), 울산광역시(600.74점)는 600점대 초반에 큰 점수 차이 없이 몰려 있었다.

'202* 대한민국 광역지자체 ESG지수'를 산출하는 데 사용한 자료는 2022년 말을 공시 기준시점으로 하여 최근 3개년 자료를 사용했으며, 자료는 통계청, 행정안전부, 지방재정365 등 공개 영역의 공신력 있는 출처에 한하였다. 부문별 배점은 1,000점 만점 중 경제 150점, 사회 350점, 환경 250점, 거버넌스&재정 250점이다. 4개 부문에 걸친 전체 평가지표는 총 143개이다.

조사를 총괄한 안치용 ESG연구소장은 "광역지자체의 ESG 수준이 대한민국의 국가경쟁력 및 지속가능한 발전과 직결된다"며 "평가를 통해 광역지자체의 ESG 행정수준 제고와 여건 개선을 촉구할 것"이라고 말했다. **ld**

글·이윤진
편집위원

2024 대한민국 광역지방자치단체 ESG지수, 어떻게 평가했나

'2024 대한민국 광역지방자치단체 ESG지수'는 우리나라 광역지방자치단체의 사회책임 이행수준과 지속가능성을 측정함으로써 각 지자체가 본연의 기능을 얼마나 충실히 이행하였는지를 알아보았다.

지방자치단체의 지속가능성은 시민의 삶과 직결된 문제이다. 한 사회가 지속가능한 사회가 되는 데에는 중앙정부, 노동조합, 대학, 기업, 시민사회 등이 복합적으로 영향을 미치지만, 시민의 일상의 삶에 직접적으로 영향을 미치는 것은 지자체이다. 공공성을 수행하는 공공기관의 하나인 지자체가 전체 공동체를 위한 책임과 의무를 얼마나 충실히 수행하고 있는지를 가늠할 정확한 잣대가 필요하다는 인식에서 '지방자치단체 ESG지수'가 개발됐다.

'2024 대한민국 광역지방자치단체 ESG지수'는 경제, 사회, 환경, 거버넌스&재정 등 4개 부문 성과를 측정했다.

이번 평가에서 ESG연구소는 학문적으로 통용되는 지속가능성 및 사회책임 평가 틀인 ESG(환경 · 사회 · 거버넌스) 성과측정 모델을 준용하였다. 평가 항목은 경제 부문의 생산/소비, 인구, 고용 등 하위 부문의 35개 지표, 사회 부문 건강, 교육, 문화, 복지, 구난, 안전, 주택, 사회적 성과, 삶의 질 등 하위 부문의 82개 지표, 환경 부문의 폐기물, 상하수도, 산림/녹지, 에너지, 온실가스 등 하위 부문의 17개 지표, 거버넌스&재정 부문의 재정, 청렴도, 시민의식 등 하위 부문의 9개 지표로 상세지표 수는 총 143개이다.

2022년 말을 공시 기준시점으로 하여 최근 3개년 자료를 취합한 뒤 공시기준으로 최근 연도에 가중치(5:3:2)를 두는 가중평균값을 측정치로 사용하였다. 3개년 전체 자료가 없는 일부 항목에서는 공시기준 최근 2개년 자료를 썼다. 자료 수집은 통계청, 행정안전부, 지방재정365 등 공개 영역의 공신력 있는 출처에 한하였다.

부문별 배점은 1,000점 만점에서 경제 150점, 사회 350점, 환경 250점, 거버넌스&재정 250점이다.

안치용 ESG연구소장은 "지속가능성과 사회책임 이행수준을 결과 측면에서 파악하려면 ESG 혹은 TBL을 보게 된다"면서 "광역지자체 ESG지수에서는 TBL의 경제를 경제와 거버넌스 · 재정으로 세분화했고, 경제성과로 볼 수 있는 일부 항목을 사회 부문에 넘겨서 평가했다."고 말했다.

평가 대상은 세종특별자치시를 제외한 전국 16개 광역지자체이다. **ld**

글·이윤진
편집위원

2023 광역지자체 ESG 평가 지표				
부문	하위부문	세부항목	no.	세부지표
경제	생산/소비	생산	1	GRDP (지역내 총생산)
			2	일인당 지역내 총생산
			3	경제성장률
		사업체	4	사업체수
			5	인구 천명당 사업체수
			6	사업체수 증감률
			7	어음부도율 (역지표)
			8	창업기업수
			9	가구당 경상소득
			10	개인소득
			11	농가소득
			12	가구 자산 및 부채
			13	1인당 민간소비
			14	소득만족도
			15	소비생활 만족도
	인구	인구	16	인구증가율
			17	합계출산율
			18	주민등록인구
			19	순이동인구 (역지표)
			20	남녀성비
			21	결혼
			22	고령인구비율 (역지표)
			23	노령화지수 (역지표)
			24	인구대비 출생아수
			25	평균연령
	고용	고용	26	고용률
			27	실업률 (역지표)
			28	경제활동 참가율
			29	취업자수 증가율
			30	청년 고용률
			31	사업체 종사자 증감률
			32	비정규직비율 (역지표)
		여성	33	여성경제활동 참가율
			34	경력단절여성 인구비율 (역지표)
		기타	35	근로여건만족도
사회	건강	의료환경	36	인구 천명당 의료시설 병상수
			37	인구 천명당 의료기관 종사 의사수
			38	보건의료기관현황
			39	의료서비스 만족도
		건강상태	40	음주율
			41	연간음주자의 고위험음주율
			42	흡연율

		43	주관적건강수준 인지율
		44	스트레스인지율
		45	기대여명
	질병예방	46	건강보험 적용인구 현황
		47	인플루엔자 예방접종률
교육	미취학아동	48	유아(0~4세) 천명당 보육시설수
		49	교원1인당 원아수(유치원)
	초등학교	50	교원1인당 학생수 (초등학교)
		51	학급당 학생수 (초등학교)
	중고등학생	52	학급당 학생수 (중·고)
	정보이용	53	인터넷이용률
	학교생활	54	학교교육의 효과
		55	학생의 학교생활 만족도
문화	시설	56	인구 십만명당 문화기반시설수
		57	인구 십만명당 체육시설수
		58	인구 십만명당 평생교육 기관수
		59	공공도서관
		60	공공도서관 활용
		61	문예회관 공연 프로그램 가동률
	기금	62	문화예산/문화예술예산/공연예술예산 금액
		63	주민 1만명당 문화예술진흥기금
복지	기금	64	일반회계중 사회복지예산비중
		65	주민 1인당 사회복지예산액
		66	사회복지예산 증감률
		67	맞춤형 복지비 비율
	노인	68	노인(60세이상) 천 명당 노인 여가복지시설수
		69	노인 주거복지시설 총괄표
		70	노인 의료복지시설 총괄표
		71	지역별 노인학대 신고접수율 (노인인구 천명당)
구난	재난	72	재난재해관리금
		73	119안전센터 1개소당 담당주민수
	화재	74	주민 1만명당 화재발생건수
		75	소방공무원 1명당 담당주민수
		76	소방서 1개소당 담당주민수
		77	소방안전교육 이수율
	구급	78	119구급대 구급운영 현황
		79	구조·구급대원 1인당 담당주민수
안전	범죄	80	인구 천명당 범죄발생건수
		81	소년 천명당 소년범죄 발생건수
	교통	82	자동차 천대당 교통사고발생건수
		83	자동차 1만대당 교통사고 사망자수
		84	음주운전 교통사고 비율
		85	교통문화지수
		86	뺑소니 교통사고율

		어린이 교통 안전	87	아동 십만명당 안전사고사망률
			88	어린이 교통사고건수
		안전	89	지역안전도 진단현황
			90	공공기관 CCTV 설치 현황
			91	경찰공무원 1인당 담당주민수
	주택	주택	92	주택보급률
			93	주택건설(인허가)실적
			94	노후주택비율
			95	빈집비율
		사회기반	96	도로포장률
			97	주차장확보율
			98	건축허가면적증감률
	사회적 성과		99	지속가능발전대상 수상실적
			100	지속가능교통도시 수상실적
			101	지자체환경관리실태평가
			102	지속가능발전협의회 구성유무
			103	지속가능발전목표 수립여부
			104	지속가능보고서 발간여부
	삶의 질	삶의 질	105	삶의 만족도
			106	가족관계 만족도
			107	야간보행에 대한 안전도
			108	인구 십만명당 자살률
			109	1인가구 비율
			110	독거노인가구 비율
			111	생활여건의 변화
			112	건강생활 실천율
			113	미충족 의료율
			114	국내관광 여행 횟수
			115	문화예술 및 스포츠 관람 현황
			116	해외여행 경험
			117	사회적 관계망
거버넌스&재정	재정	재정	118	재정자주도
			119	재정자립도
			120	자치단체 부채비율
			121	지방공기업 부채비율
	청렴도	청렴도	122	자치단체 청렴도 등급
	시민의식	시민의식	123	자원봉사활동 참여율
			124	지방선거 투표율
			125	사회단체참여율
			126	기부율
	거버넌스&재정	폐기물	127	일반폐기물 재활용률
			128	주민1인당 생활폐기물 배출량
			129	주민 1인당 건설폐기물 배출량
			130	건설폐기물 재활용률

환경	상하수도	상하수도	131	상수 및 하수도 보급률
	산림 / 녹지	산림 / 녹지	132	개발제한구역
			133	인구 천명당 도시공원조성면적
			134	녹지환경 만족도
			135	친환경농산물 인증현황
			136	유기·무항생제 축산물 인증현황
			137	친환경농업 인증면적(ha) 비율
	에너지	에너지	138	지역별 에너지 소비 현황
			139	1인당 지역별 에너지소비량
			140	재생에너지 발전량
	온실가스	온실가스	142	1인당 온실가스 배출량
			143	지역 GDP(GRDP)당 온실가스 배출량
			143	온실가스 감축률

르몽드 디플로마티크 구독 안내

정가 1만 8,000원	1년 10% 할인	2년 15% 할인	3년 20% 할인
종이	21만 6,000원 19만 4,400원	43만 2,000원 36만 7,200원	64만 8,000원 51만 8,400원
온라인	1년 13만원	2년 25만원	3년 34만원
	1년 13만 원, 1개월 2만원, 1주일 1만 5,000원		
	* 온라인 구독 시 구독기간 중에 창간호부터 모든 기사를 보실 수 있습니다. * 1주일 및 1개월 온라인 구독은 결제 후 환불이 불가합니다(기간 변경 및 연장은 가능)		
계좌 안내	신한은행 140-008-223669 ㈜르몽드코리아		
	계좌 입금 시 계좌 입금 내역 사진과 함께 〈르몽드 코리아〉 본사에 문의를 남겨주시거나, 전화/메일을 통해 구독 신청을 해주셔야 구독 신청이 완료됩니다.		

계간지 구독 안내

	낱권 1만 8,000원	1년 7만원 2,000원 ⇨ 6만 5,000원	2년 14만원 4,000원 ⇨ 12만 2,400원
마니에르 드 부아르		계좌 : 신한은행 100-034-216204	
		계좌 입금 시 계좌 입금 내역 사진과 함께 〈르몽드 코리아〉 본사에 문의를 남겨주시거나, 전화/메일을 통해 구독 신청을 해주셔야 구독 신청이 완료됩니다.	
크리티크 M		낱권 1만 6,500원	

Economy Insight

Economy Insight
economyinsight.co.kr Vol.163 2023.11

쇠락의 길 걷는 중국 대형마트
흡수자 대한밀 어떻게 잡을까
중국서 백 못 추는 월마우드 하이로
다밀릴 우리 사장은 사이로?
중국과의 디커플링은 몽상

챗GPT에 말했다 신약개발 부탁해

'중국·유럽의 글로벌 경제월간지 〈이코노미 인사이트〉

글로벌 경제월간지 〈이코노미 인사이트〉는 '진보적 경제'를 향해 열린 창입니다

혼돈스러워 보이는 세계경제를 깊이 있게 이해하고자 하십니까? 한겨레가 발행하는 글로벌 경제월간지 〈이코노미 인사이트〉를 펼쳐보세요. 급변하는 세계경제 소식을 미국 중심의 시각이 아닌 유럽과 브릭스(BRICs)의 시각으로 전해드립니다. 〈이코노미 인사이트〉는 독일 〈슈피겔〉 〈차이트〉, 프랑스 〈알테르나티브 에코노미크〉, 중국 〈차이신주간〉, 영국 경제정책연구센터의 정책 포털(VoxEU.org) 등 세계적인 매체와 제휴를 맺고, 새로운 시각과 입체적인 분석으로 세계경제 소식을 전달해드립니다.

2010 ▶

▶ 2023

구독신청 및 판매 문의 1566-9585 | p-dokja@hani.co.kr 구독료 1년 150,000원 | 2년 240,000원(20% 할인) *약정한 구독 기간에 구독을 중단하면 할인 혜택이 없어지며 구독한 부수는 정가 기준으로 적용합니다.